大学生走向成功的12把金钥匙

十二个为什么

李百吉　王钰鉴　马丽多　主编

知识产权出版社
全国百佳图书出版单位

内容提要

本书针对大学生正在面对与将要面对的一系列重要问题，以"十二个为什么"的形式，提出提升大学生综合素质的必要性与主要途径，目的是全面提升学生的思想品质、综合素质和整体能力，尤其是情商的培养与提高，让大学生掌握打开成功之门的"12把金钥匙"。

本书结构新颖，内容全面，案例丰富。全书集科学性、知识性、实用性和生动性于一体，特别适合青少年群体，尤其是大学生群体与白领工作者群体阅读，同时适合对本书感兴趣的其他读者阅读。

本书也可作为高等院校思想品德与素质教育的教材及参考用书。

责任编辑：荆成恭 **责任出版：刘译文**

图书在版编目（CIP）数据

十二个为什么/李百吉，王钰鉴，马丽多主编. —北京：知识产权出版社，2013.8
ISBN 978-7-5130-2171-5

Ⅰ.①十… Ⅱ.①李…②王…③马… Ⅲ.①大学生—素质教育—高等学校—教学参考资料 Ⅳ.①G640

中国版本图书馆CIP数据核字（2013）第176115号

十二个为什么
SHIERGE WEISHENME

李百吉　王钰鉴　马丽多　主编

出版发行：知识产权出版社	
社　　址：北京市海淀区马甸南村1号	邮　编：100088
网　　址：http://www.ipph.cn	邮　箱：bjb@cnipr.com
发行电话：010-82000860 转 8101/8102	传　真：010-82005070/82000893
责编电话：010-82000860 转 8341	责编邮箱：jcggxj219@163.com
印　　刷：保定市中画美凯印刷有限公司	经　销：新华书店及相关销售网点
开　　本：787mm×1092mm　1/16	印　张：16.5
版　　次：2013年8月第1版	印　次：2013年8月第1次印刷
字　　数：262千字	定　价：49.00元
ISBN 978-7-5130-2171-5	

出版权专有　侵权必究
如有印装质量问题，本社负责调换。

序

寒窗苦读，春秋冬夏；独木桥横，千军万马。

金榜题名，竞相绽放；天之骄子，前路茫茫。

从小学到中学，经过 12 年漫长的基础知识的学习与积累，通过高考独木桥的竞争成功进入大学。喜悦过后，面对大学中同样优秀的同学间的竞争与进入社会后的就业压力，大学生们往往产生彷徨和迷惘情绪，面对未来不知所措。

中小学阶段，他们养成了对课程学习分数的惯性依赖。进入大学后，这种惯性持续发挥作用。在同学间的竞争中，比的仍然是学习成绩的高低，并自然而然地认为课程学习分数是聪明与智慧的表现，甚至是大学学习的全部。与此同时，高校也存在更加注重培养大学生的专业能力，忽视培养大学生的综合素质与整体能力的现象。

上述内外因素影响的结果，集中表现为一些大学生重视课程学习分数忽视自身素质培养，不能正确面对就业压力，毕业时不适应社会环境与工作岗位，敬业精神不够，责任心不强，动手能力不足，抗风险与挫折能力弱等现象，个别学生在压力下选择逃避甚至自杀。

许多大学生并不清楚用人单位究竟需要什么样的毕业生。事实上，用人单位对人才的衡量标准可以概括为：对应届毕业生看重素质，对社会人员看重能力。

2013 年 5 月 14 日，习近平总书记在天津和高校毕业生、失业人员等座谈时指出，做实际工作情商很重要，更多需要的是做群众工作和解决问题的能力，也就是适应社会的能力。

因此，大学生在学好自己专业的同时，应特别注重培养适应社会工作所需要的综合素质与整体能力，尤其是注重情商的培养与提高。加强这方面的教育工作已刻不容缓。

十二个为什么

　　本书以十二个问题的形式对当代大学生的素质与能力培养进行分析：为什么要深入了解社会、为什么要早做职业规划、为什么要培养积极心态、为什么要正确对待名利、为什么要增强法制观念、为什么要树立责任意识、为什么要坚持科学信仰、为什么要正确对待爱情、为什么要正视风险与失败、为什么要锻炼处事与决策能力、为什么要提高讲话与写作能力、为什么要培养营销与管理能力。

　　本书结构新颖，内容全面，案例丰富。全书思想集科学性、知识性、实用性和生动性于一体，主题定位准确涵盖了大学生正在面对和将要面对的十二个重要问题，对全面提升学生的思想品质、综合素质和整体能力，必将起到十分积极的指导与引导作用，是大学生走向成功的十二把金钥匙。

　　全书的创意、结构与内容的确定由李百吉完成。在具体编写过程中，王钰鉴负责全书策划，马丽多负责全书总纂，李百吉对全书最后统稿与定稿。编写工作是分工完成的：王晓玉编写第一章、第四章；李向编写第二章、第十二章；侯彩霞编写第三章、第九章；张肇申编写第五章、第六章；马丽多编写第七章、第十一章；李百吉编写第八章；王钰鉴编写第十章。

　　本书参考文献中列出的大学生教育方面的研究成果和案例，都为本书的编写提供了帮助。在此，一并表示诚挚的敬意和感谢！同时也希望广大读者对本书的瑕疵之处不吝赐教。

李百吉
2013 年 7 月

目 录

第一章 为什么要深入了解社会 ……………………………………… (1)

 【案例1.1】人类的社会化需求 ……………………………… (1)

 第一节 大学生需要了解社会 ………………………………… (2)

  一、社会万花筒 …………………………………………… (2)

  二、种种不适应 …………………………………………… (2)

  三、不可或缺的功课 ……………………………………… (3)

 第二节 什么是社会 …………………………………………… (3)

  一、社会的产生 …………………………………………… (3)

  二、社会的构成 …………………………………………… (4)

  三、社会的功能 …………………………………………… (6)

  四、人与社会的关系 ……………………………………… (7)

 第三节 大学生如何了解社会 ………………………………… (8)

  一、了解社会政治 ………………………………………… (8)

  二、了解社会经济 ………………………………………… (9)

  三、了解社会文化 ………………………………………… (10)

  四、学习适应社会环境 …………………………………… (10)

  五、学会社会人际交往 …………………………………… (11)

 【案例1.2】盲人摸象新说 …………………………………… (12)

第二章 为什么要早做职业规划 ……………………………………… (14)

 【案例2.1】职业规划成就人生 ……………………………… (14)

第一节　职业生涯规划概述 ··· (15)
　　一、大学生职业规划的必要性 ································ (15)
　　二、职业规划的含义与特点 ···································· (16)
　　三、大学生职业生涯规划的作用 ································ (18)
　　四、大学生职业生涯规划的分类 ································ (20)

第二节　个人因素对职业选择的影响 ································ (23)
【案例2.2】我从法学系转入计算机系 ································ (23)
　　一、兴趣与职业 ··· (23)
　　二、性格与职业 ··· (25)
　　三、价值观与职业 ··· (26)
　　四、能力与职业 ··· (27)

第三节　大学生如何进行职业生涯规划 ······························ (27)
　　一、明确自身优势 ··· (27)
　　二、发现自己的不足 ··· (28)
　　三、确立职业目标 ··· (29)
【案例2.3】勇敢冲过人生"关卡" ··································· (29)
　　四、向着目标出发 ··· (30)
【案例2.4】美国职业生涯教育的一个成功做法 ······················· (30)
【案例2.5】实习：增加就业机会的重要筹码 ························· (33)

第三章　为什么要培养积极心态 ···································· (36)

【案例3.1】积极心态是成功的指南针 ································ (36)
第一节　心态的重要影响 ·· (36)
　　一、积极心态是一种自我激励 ································· (36)
　　二、积极心态是一种志气 ····································· (37)

第二节　积极心态的力量 ·· (37)
　　一、增加克服困难的勇气 ····································· (38)
　　二、为你赢得成功的机遇 ····································· (39)
　　三、使你拥有幸福的人生 ····································· (39)

四、影响人的生理健康 ………………………………… (40)

　第三节　如何培养积极心态 ………………………………… (41)

　　一、采用积极的思维反应模式 ………………………………… (41)

　　二、确定最佳的注意力范围 ………………………………… (42)

　【案例 3.2】积极心态是美丽的魔镜 ………………………………… (43)

　　三、让自己拥有更高的情商 ………………………………… (43)

　【案例 3.3】积极心态是宽容的信任 ………………………………… (47)

　【案例 3.4】积极心态是快乐的源泉 ………………………………… (49)

第四章　为什么要正确对待名利 ………………………………… (52)

　【案例 4.1】袁隆平的名利观 ………………………………… (52)

　第一节　名利与名利观 ………………………………… (53)

　　一、多元化的名利观 ………………………………… (53)

　　二、当代大学生的名利观 ………………………………… (54)

　第二节　对追求名利的科学认识 ………………………………… (57)

　　一、从社会学角度分析 ………………………………… (57)

　　二、从经济学角度分析 ………………………………… (58)

　　三、从伦理学角度分析 ………………………………… (59)

　第三节　如何树立正确的名利观 ………………………………… (61)

　　一、树立远大的理想和目标 ………………………………… (61)

　　二、把为社会做贡献作为谋求个人名利的渠道 ………………… (63)

　　三、把物质追求和精神提升结合起来 ………………………… (63)

　【案例 4.2】曹汝霖的功过由历史评说 ………………………………… (64)

第五章　为什么要增强法制观念 ………………………………… (66)

　【案例 5.1】游走在法律边缘的大学生 ………………………………… (66)

　第一节　自由、道德与法律 ………………………………… (66)

　　一、法律的内涵 ………………………………… (67)

　　二、自由与法律 ………………………………… (68)

— 3 —

三、道德与法律 ································ (70)

　【案例5.2】从肖志军案看道德与法律 ················ (73)

　第二节　大学生的法律意识 ··························· (74)

　　一、大学生法律意识的构成 ························· (74)

　　二、大学生法律意识的现状 ························· (76)

　　三、大学生法制观念缺失原因分析 ··················· (79)

　　四、大学生增强法制观念的意义 ····················· (80)

　【案例5.3】药家鑫从钢琴少年到杀人者 ··············· (82)

　第三节　如何树立正确的法制观念 ····················· (83)

　　一、培养法律意识 ································· (83)

　　二、学习法律知识 ································· (84)

　　三、学会法律思维 ································· (86)

　　四、参与法律实践 ································· (87)

　【案例5.4】硕士刀捅情敌 ··························· (88)

第六章　为什么要树立责任意识 ························· (90)

　【案例6.1】托起"嫦娥"的年轻人 ··················· (90)

　第一节　责任的内涵 ································· (90)

　　一、责任的概念 ··································· (91)

　　二、责任相关概念的界定 ··························· (92)

　第二节　当代大学生的责任意识 ······················· (95)

　　一、当代大学生的责任意识现状 ····················· (96)

　　二、当代大学生责任意识缺失的原因 ················· (99)

　　三、大学生的责任 ································ (103)

　第三节　如何提高当代大学生的责任意识 ·············· (105)

　　一、社会方面 ···································· (106)

　　二、学校方面 ···································· (106)

　　三、家庭方面 ···································· (107)

　　四、自身角度 ···································· (108)

【案例6.2】奉献社会——人生主旋律 ……………………………… (109)

第七章　为什么要坚持科学信仰 ……………………………… (111)

【案例7.1】爱因斯坦的宗教观 …………………………………… (111)

第一节　宗教文化概述 ……………………………………… (112)
　　一、宗教的起源 ……………………………………… (112)
　　二、宗教的本质与分类 ……………………………… (113)
　　三、宗教的社会作用与影响 ………………………… (114)

第二节　信仰与宗教和科学的关系 ………………………… (117)
　　一、信仰与宗教 ……………………………………… (117)
　　二、信仰与科学 ……………………………………… (118)
　　三、科学信仰与其他信仰 …………………………… (119)
　　四、自觉追求科学信仰 ……………………………… (120)

【案例7.2】让坚持成为一种信仰 ………………………………… (120)

第三节　科学信仰的力量 …………………………………… (121)
　　一、科学信仰的重要意义 …………………………… (121)
　　二、当代大学生信仰现状 …………………………… (124)
　　三、如何树立科学的信仰 …………………………… (125)

【案例7.3】当职业上升为一种信仰 ……………………………… (128)

第八章　为什么要正确对待爱情 ……………………………… (130)

【案例8.1】昂贵的惊喜 …………………………………………… (130)

第一节　当代大学生的恋爱现状及分析 …………………… (131)
　　一、大学生恋爱的现状 ……………………………… (131)
　　二、大学生恋爱特征的原因分析 …………………… (133)

第二节　大学生应树立正确的爱情观 ……………………… (135)
　　一、正确认识爱情 …………………………………… (135)
　　二、对待恋爱的正确态度 …………………………… (138)

第三节　如何处理恋爱过程中出现的问题 ………………… (139)

一、大学生恋爱中的感情问题 …………………………………… (139)

　　二、大学生恋爱中的经济问题 …………………………………… (143)

　【案例8.2】究竟是谁在为浪漫爱情埋单 ………………………… (143)

　　三、大学生恋爱中的抉择问题 …………………………………… (145)

　【案例8.3】该怎样结束这段感情 ………………………………… (146)

　【案例8.4】大学生"三角恋"引发的悲剧 ……………………… (148)

第九章　为什么要正视风险与失败 ……………………………… (151)

　【案例9.1】霍英东的成功秘诀 …………………………………… (151)

　第一节　什么是风险与失败 ………………………………………… (152)

　　一、认识风险 ………………………………………………………… (152)

　【案例9.2】农民的担忧 …………………………………………… (153)

　　二、认识挫折和失败 ………………………………………………… (153)

　【案例9.3】厄运中的幸运 ………………………………………… (155)

　第二节　大学生应具有的风险意识 ………………………………… (156)

　　一、学业风险意识 …………………………………………………… (156)

　　二、就业风险意识 …………………………………………………… (156)

　　三、健康风险意识 …………………………………………………… (157)

　第三节　如何正视风险与失败 ……………………………………… (158)

　　一、对待失败需要有正确的态度 ………………………………… (158)

　【案例9.4】苦恼的国王 …………………………………………… (159)

　　二、如何培养与提高大学生的挫折承受能力 …………………… (164)

　【案例9.5】沉默中蓄势待发的小树 ……………………………… (168)

第十章　为什么要锻炼处事与决策能力 ………………………… (170)

　【案例10.1】幽默处事有益健康 ………………………………… (170)

　第一节　大学生的处事能力 ………………………………………… (171)

　　一、什么是能力 ……………………………………………………… (171)

　　二、大学生提高处事能力的重要性 ……………………………… (172)

三、如何提高大学生的处事能力 ……………………………… (173)

第二节　大学生的决策能力 …………………………………… (177)

　　一、什么是决策 ………………………………………………… (177)

　　二、大学生决策能力的影响因素 ……………………………… (178)

　　三、如何提高大学生的决策能力 ……………………………… (179)

第三节　注重培养稳定的情绪 ………………………………… (183)

　　一、情绪对人际关系与决策的影响 …………………………… (183)

　　二、大学生情绪特点与极端情绪 ……………………………… (186)

　　三、如何培养稳定的情绪 ……………………………………… (191)

【案例10.2】从"买土豆"看职场优秀人才素质 ……………… (194)

第十一章　为什么要提高讲话与写作能力 ……………… (197)

【案例11.1】怎样和不喜欢的人相处 …………………………… (197)

第一节　沟通和写作能力的重要性 …………………………… (198)

　　一、大学生讲话与写作能力现状 ……………………………… (198)

　　二、大学生的"写作危机"及其原因 ………………………… (201)

　　三、沟通能力是竞争中的制胜法宝 …………………………… (203)

　　四、写作能力是不可或缺的人生锦囊 ………………………… (205)

第二节　怎样提高沟通能力 …………………………………… (207)

　　一、提高大学生的"语商" …………………………………… (207)

　　二、塑造大学生的沟通魅力 …………………………………… (210)

　　三、加强大学生沟通能力的培养教育 ………………………… (212)

第三节　怎样提高写作能力 …………………………………… (213)

【案例11.2】浓缩的才是更好的 ………………………………… (213)

　　一、提升大学生自身的写作能力 ……………………………… (214)

　　二、提高写作能力的6条技巧 ………………………………… (216)

　　三、加强大学生写作能力的培养教育 ………………………… (217)

【案例11.3】会说话就能写作文 ………………………………… (219)

第十二章　为什么要培养营销和管理能力 …… (222)

【案例12.1】俞敏洪对营销管理的看法 …… (222)

第一节　营销和管理的具体含义 …… (223)

　　一、什么是营销 …… (223)

　　二、营销的作用与意义 …… (224)

【案例12.2】沃尔玛成功的营销策略 …… (225)

　　三、什么是管理 …… (227)

　　四、管理的职能及意义 …… (228)

第二节　培养营销和管理能力的重要意义 …… (230)

　　一、对大学生进入社会的帮助 …… (230)

　　二、让大学生活更充实更精彩 …… (232)

第三节　大学生如何培养自己的营销和管理能力 …… (232)

　　一、注重掌握营销和管理基础知识 …… (232)

　　二、在实践中培养营销和管理能力 …… (236)

【案例12.3】营销自己价值千金 …… (236)

【案例12.4】韦尔奇的GE管理秘笈 …… (250)

第一章 为什么要深入了解社会

【案例1.1】人类的社会化需求

长期以来，不断出现关于野孩儿的报道，也不断有专家对此进行探索研究。事实上，他们是一群在很小的时候被父母遗弃或者丢失，进而被某些哺乳期的雌性动物抚养大的孩子。18世纪末，科学家对一个名叫Aveyron的野孩儿进行研究。这是一个在法国森林里发现的孩子，他用四肢走路，猛扑向小动物而且生吃；他不会说话，冷暖感觉不强烈。其他的野孩儿也都有类似动物行为：没有语言能力，只会撕咬、搔抓、咆哮，四肢行走，舔水喝，大口吃生肉，对疼痛和寒冷没有强烈感觉。

1938年，在美国俄亥俄州发现了一个6岁的女孩儿，她与聋哑母亲住在一个黑暗的阁楼里。她不会讲话，只会用手势和妈妈交流。长期的营养不良和缺乏阳光使她得了佝偻病，腿不能直立。这种与世隔绝的环境导致她智力低下，几乎和野孩儿的情况类似。然而，经过几个月的语言强化训练，女孩儿能够说一些简单的句子；在一个月之后，她能够写一些单词，并能做简单的算术和阅读。两年后，女孩儿达到了同龄人的智力水平，并进入学校。"在学校她聪明、愉快、精力充沛，和正常孩子一样参加各种活动。"老师这样说道。

女孩儿伊迪丝在4年时间里读完了语法学校，直接跳到中学，然后又直接升入大学。在她15岁的时候大学毕业，18岁之前就获得了博士学位。难道她天生就是个天才吗？显然不是。自从她不再玩布娃娃开始，她的爸爸就把她的生活安排得满满的——阅读、数学、古典音乐、智力讨论和辩论，以及任何她可以从世界文献中找到的东西。当她想玩的时候，爸爸便让她与能对她形成挑战的人下棋。

野孩儿和女孩儿的例子有助于解释人类的特征来源：通过遗传得到的

自然本性和通过后天社会环境中习得的社会能力。由于人类天性的不足，仅仅依靠先天禀赋无法解释人的行为，必然要求社会化的存在。

第一节　大学生需要了解社会

每个人都希望自己能够在社会中取得成就：事业成功、家庭美满、精神文化丰富、社会交往广泛，等等。这些成就的取得依靠的是自己的努力，而努力的背后是你对社会各方面的深入了解。

一、社会万花筒

我们身处于千变万化的社会中。这是一个复杂、烦琐、神奇的世界，我们有时很难用简洁的语言去描绘。

有人说，社会就是一所大学，这所大学里没有教室，没有固定的老师，没有毕业证书，有的只是一场一场大大小小的考试——社会现实的历练。

也有人说，社会是一个人际关系编织的网络，在社会里，人际关系是隐形的铺路石，是一切成功不容忽视的因素。

还有人说，社会是充满陷阱的狮子洞，让人防不胜防。

人类对社会的认识可谓仁者见仁，智者见智。但可以肯定，一个能游刃有余地在社会中生存的人，必然对社会万象有深入的了解。

二、种种不适应

社会环境对人的影响是巨大的。大学毕业生从校园人到社会人，要经历一个适应环境、适应工作的角色转换过程。在这个过程中，人的心理、工作、人际关系、生活节奏都要经历不适应的过程。

心理上的不适应主要表现在自卑、对未来的失望、紧张焦虑心理、依赖和逃避心理、盲目自信、急功近利等。

工作中的不适应主要表现在缺乏实践动手能力、缺乏吃苦耐劳的精神、难以适应工作单位相对严格的规章制度等。

人际关系方面的不适应主要表现在不能处理好领导和同事的关系、个人和集体的关系。

对地理环境、生活习惯、饮食等不适应也相对突出。

所以，认识社会并适应社会，就成为当代大学生必须学习和掌握的课程。

三、不可或缺的功课

步入大学校园的学生们是否思考过：

①清楚自己读大学的目的；

②了解大学生的特点及所应具备的素质；

③曾做过或思考过人生规划，尤其是毕业后的职业生涯规划；

④曾看过至少一本成功学的书籍并清楚获得成功的要素；

⑤除专业课程外，了解社会是大学生不可或缺的功课。

事实上，我们读大学的目的是要在社会上取得成功，大学生是一个有理想但缺乏社会经验的群体，所以除了需要仰望星空，更要脚踏实地地认识社会。因此，工作后我们的首要任务不是升职加薪，而是让自己适应社会，获得成功的关键是把自己融入社会，当然，大学生不可或缺的功课就是深入了解社会。

第二节　什么是社会

一、社会的产生

人类从学会群体生活开始，渐渐形成原始部落。因为环境的影响，他们会迁居或是定居，慢慢培养生活方式并形成习惯，进而演变成独特的社会文化。社会文化互相影响便形成了文化圈，当各种文化圈的聚居点建立起来，就逐渐演变成各种文明社会。

1. 社会是人类交往的产物

人们通过各种各样的社会关系联合起来，并在一定的行为规范控制下从事各类活动。马克思从人们社会生活中最基本、最常见、最普通的，每天在一个人身上要发生无数次的社会生活现象进行分析，认为社会是人们交往的产物，人不能离群独居，必须生活在社会中，必须进行社会交往。

2. 人类社会独有的特征是能够进行有意识的劳动

社会的本质就是生产关系的总和。马克思说："人与绵羊不同的地方

只是在于他的意识替代了本能。"也就是说，动物的群体生活出自本能，而人类的群体生活出自有意识的活动。人类群体生活是建立在物质资料生产的基础上，为了谋生，人类不得不通过劳动创造生存条件。

劳动的最初形式，存在于人类祖先猿的本能的、自发的活动中。猿由于生存的需要，把简单的天然棍棒和石块作为工具，用来获得猎物和食物，防御野兽的袭击。在之后的发展中，人类的祖先学会使用简单的、粗糙的工具，不断由动物式的本能的劳动逐渐过渡到真正的人类劳动。

3. 人类社会是自然界长期发展的产物

人的身体、人类特有的语言和思维、人的大脑都是从劳动中逐渐成长起来的，从而在自然界中生长出新的因素即社会。在不断进化中，人学会了吃一切可以吃的东西，学会了在任何气候下生活。并且由于手、发音器官和脑髓不仅在每个人身上，而且在社会中共同作用，人才有能力进行越来越复杂的活动，达到越来越高的目标。人不仅创造了农业和工业，还创造了艺术和宗教，即除了物质文化外，还创造了精神文化。正是沿着这个创造性劳动的方向，人类社会由简单发展到复杂。人不仅过着物质生活，还享受着精神生活。人类文化的发展积累一代高于一代。

总之，自然与社会是对立统一的，人类社会是自然界长期发展的产物，又是自然界特殊的一部分，是本质上不同于一般自然界的社会有机体，它有着自己的特点和规律。

二、社会的构成

1. 社会的载体：自然环境

自然环境是指人类赖以生存和发展的各种自然条件的总和，由人类生活的生态环境、生物环境和地下资源环境组成，包括地形、地貌、气候、土壤、山林、河流、陆地和地下矿藏、动植物等。这里的自然环境不是整个无限的自然界，而是构成人们生活和活动的自然条件的那一部分。

首先，自然是资源供给者。人类的生产、生活的一切物质需求都来源于自然。环境是人类从事生产的物质基础，是生物生存的基本条件。其次，自然是废物的分解者。环境能够通过各种各样的物理、化学、生物反应，容纳、稀释、转化这些废弃物，并由存在于大气、水分和土壤中的大量微生物分解再循环。如果自然不具有这种循环功能，很容易想象到我们会生活在一个巨大的垃圾场里。再次，自然是美的创造者。世界各地都遍及无与伦比的自然景观和人文景观，我们在感叹自然的鬼斧神工之余，享受精神和身体的净化。最后，自然是生命维持者。自然界中，由成千上万生物物种及其生态群和多样的自然环境构成的系统维持人类的生存。

2. 社会的主体：人

人是社会的主体。作为社会主体的人具备两大属性：自然属性和社会属性。自然属性是人类直接依赖自然界而产生的行为属性，如人的动物属性，包括吃饭、繁衍等；社会属性是经由社会化过程与人类文化的影响而产生的行为属性，如理性属性，包括穿衣、赚钱等。

人的社会性与自然性有本质的区别，不能把人的自然属性等同于人的社会属性。人的自然属性是自然界的产物，是人生理遗传因素带来的；人的社会性是人类社会的产物，是人在社会生活中形成的。自然属性是人的较低层次的属性；社会属性是人特有的属性，是人的较高层次的属性。

人的社会性与自然性有密切的联系。二者的联系在于：第一，二者统一于人之中。人的自然属性和社会属性，都是人的属性，都是客观存在的。第二，人的自然属性是人的社会属性赖以生存的基础，没有人的自然属性，就没有人的社会属性。第三，人的社会性制约着人的自然属性，人的自然属性受人的意识的指导，具有强烈的社会色彩。

3. 社会的精髓：文化

文化表现出某一特定群体或社会的特点、行为、信念、态度、价值观和实物。文化代代相传，具有适应性并且不断变化。

语言：语言是一种特殊的符号，是人类区别于其他生物的最重要的能力之一。人类文明在长期发展中，形成了共享的、使交流成为可能的一套符号体系，反映了文化各层面的文字意义和象征意义的抽象系统，包括口语、文字、数字、象征、手势以及其他非语言的沟通方式。

价值观：这里所指的社会价值观是一种文化共识，广泛的共享价值观。这种价值观指出该文化中人们的喜恶，认为什么是重要的以及在道德上是正确的事物。价值观决定着人们的好恶，指导着人们如何看待自己和他人。

规范：生活无时无刻不受到规范的约束。我们根据约束力的程度将规范分为三类：第一类规范是人们在长期生活中形成的有共识的一种社会习

俗，它对人们行为的约束力较弱。当违反这一习俗时，会被冠以反常、怪癖、粗鲁的形象意识。第二类规范是道德，它规范并通过制订准则来约束人们的行为，违反道德的行为会受到社会的谴责及舆论的制裁。第三类规范是法律，通过国家权力机关制订的写成条文的规范，违反法律就应该受到一定的法律处罚。

知识与信念：文化可使我们对身边发生的事物形成某种知识和信念。知识是关于物质世界和精神世界的相对客观的观念和事物的集合。我们常常说知识就是力量，这种力量能够能动的改造自然，处理社会问题，提高生活质量，创造先进的科技成果。相对应的，信念是一种主观愿望，是人类对客观世界的主观反映，最佳的例子就是宗教的产生。

三、社会的功能

社会一般被认为是人类所特有的，所以社会和人类社会一般具有相同的含义。狭义的社会也叫"社群"，指群体人类活动和聚居的范围，例如村、镇、城市、聚居点，等等；广义的社会则可以指一个国家、一个大范围地区或一个文化圈，例如英国社会、东方社会、东南亚或西方世界，均可作为社会的广义解释。

社会就是由长期合作的社会成员通过发展组织关系形成的团体，并形成了机构、国家等组织形式。其主要功能主要有四个方面。

（1）整合的功能

社会将无数单个的人组织起来，形成一股合力，调整矛盾、冲突与对立，并将其控制在一定范围内，维持统一的局面。所谓整合主要包括文化整合、规范整合、意见整合和功能整合。

（2）交流的功能

社会创造了语言、文字、符号等人类交往的工具，为人类交往提供了必要的条件，从而保持和发展人们的相互关系。

（3）导向的功能

社会有一整套行为规范，用以维持正常的社会秩序，调整人们之间的关系，规定和指导人们的思想、行为的方向。导向可以是有形的，如通过法律等强制手段或舆论等非强制手段进行；导向也可以是无形的，如通过习惯等潜移默化地进行。

（4）继承和发展的功能

人的生命短暂，人类一代代更替繁衍，而社会则是长存的。人类创造的物质和精神文化通过社会而积累和发展。文化最重要的功能就是满足人类的需求，包括从最基本的衣食住行到较高层次的安全心理、社会和谐以及精神需求。文化的核心就是确保社会井然有序、和谐稳定。

四、人与社会的关系

1. 正确理解个人与社会的关系

首先，个人与社会的关系是人生的基本关系。没有无个人的社会也没有纯粹孤立的、完全脱离社会的个人。个人与社会总是息息相关、互相影响、互相制约，这是社会生活的基本关系。人生的过程就是在现实生活的基础上，不断磨合个人与社会关系的实践过程。如何认识和对待个人与社会的关系是判断人生观、价值观选择是否科学的根本依据。生命的意义就是在这二者关系中显示的。

其次，个人与社会的矛盾是人生的基本矛盾。它是人生存在和发展的基础，离开了这个基础，就没有人生。它贯穿人生发展过程的始终，是人生发展的根本动力。人生就是面临这些矛盾并在解决这些矛盾的过程中存在和发展。个人与社会的矛盾具体表现在理想与现实、个人与他人、个人与集体、个人与国家、自我价值与社会价值、自我责任与社会责任、自我修养与社会规范等矛盾中。

2. 在人的社会化过程中学习

社会化是一个后天培养的过程，一种社会向成员传递社会文化价值观和知识的过程。人类从出生开始，就无时无刻不进行着社会化。

学习如何认知：对于如何学会思考的过程，心理学家吉恩·皮亚杰得出了一个认知发展阶段，他认为从出生开始，所有人都经历了从具体化认知到抽象化认知的过程。人类有着丰富的情感，喜、怒、哀、乐、羡慕、嫉妒、爱、自卑等，情感的产生来源于社会交往的刺激。通过社会化，我们感受到了被他人称赞会带来快乐，威胁会产生恐惧，没有事前的准备会产生不安。

学习如何感受：在不断认知的过程中，认识情感和学会控制情感。感受做错事被父母责备的内疚；感受同学拥有智能手机而自己没有的羡慕

感；感受被异性追求的喜悦感。同时，还要学会适当的表现和隐藏情感。学着表现很喜欢长辈赠送的自己根本不喜欢的礼物，隐藏对室友坏脾气的不满，等等。

第三节　大学生如何了解社会

作为独立参与社会的新群体，当代大学生对社会的方方面面依然是云里雾里。我们需要汲取大量的间接经验，同时有目的地尝试了解社会和参与社会活动，一方面不断丰富阅历，另一方面明确未来的方向。

一、了解社会政治

政治制度是指在特定社会中，统治阶级通过组织政权，以实现其政治统治的原则和方式的总和。从更为宽泛的角度看，政治制度是指社会政治领域中，要求政治实体遵行的各类准则或规范。政治制度是随着人类社会政治现象的出现而产生的，是人类出于维护共同体的安全和利益，维持一定的公共秩序和分配方式的目的，对各种政治关系所做的一系列规定。

中国特色社会主义制度吸取了人类文明进步的优秀成果，与时俱进。实践证明，这一制度符合中国国情，符合人类社会发展规律，符合时代特点和发展趋势，符合中国最广大人民的根本利益。这一制度的最大优势是符合中国国情，并在实践中不断改革，不断创新，不断丰富发展，不断完善巩固。正因为这样，这一制度具有旺盛的活力和强大的生命力。

我国实行人民代表大会制度，国家的一切权力属于人民，人民代表大会由民主选举产生，对人民负责，受人民监督；国家行政机关、审判机关、检察机关都是由人民代表大会产生，对它负责，受它监督。在我国，全国人民代表大会统一行使国家权力，国务院、最高人民法院、最高人民检察院"一府两院"由人大产生，对人大负责，受人大监督。各国家机关分工不同、职责不同，都是在中国共产党领导下，在各自职权范围内贯彻落实党的路线方针政策和宪法法律。西方国家实行的"三权分立"制度，其核心是立法权、行政权和司法权相互独立、相互制衡。三权分立即行政、司法、立法三大权力分属三个地位相等的不同政府机构，由三者互相制衡，是当前西方国家广泛采用的一种民主政治制度。

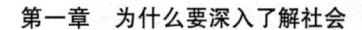

中国的政党制度是中国共产党领导的多党合作和政治协商制度，中国共产党是领导核心，是执政党，各民主党派是参政党。中国共产党肩负着人民的重托，为人民服务，根本利益都是为了人民。西方的政党制度是两党制，如果一个政党想赢得大选或再次当选，它必须代表尽可能多的公民。因此，两个政党都致力于政治的核心任务——试图去取悦每个人且不与任何人交恶。他们代表的是一个持有各种观点的政治家的广泛同盟。

政治制度与当代大学生的生活息息相关，时事政治直接影响着未来的工作方向、经济利益和自己的民主权利。首先，我国政策规制方向直接影响经济社会发展，例如产业政策，国家在一段时期内大力发展、扶持某项新型产业，带动相关产业的发展，就会促进一个地区的经济发展。其次，我国公民具有选举权和被选举权，公民要善于行使自己的政治权利，善于维护自己的利益。作为大学生，需要有意识地参与政治生活。

二、了解社会经济

我们常说音乐、艺术无国界，今天的经济也没有国界。经济贸易全球化已经融入了我们的生活，很多人都使用着来自世界各地的商品，经济全球化为地球村的人们提供了更好的生活方式。

现代便利发达的交通体系、互联网技术、国际移民浪潮带来了国与国之间贸易往来的全球经济。经济全球化的范围波及实体经济、金融市场、劳动力市场等方方面面。

世界历史上一次又一次的经济变革，形成了今天的两大经济体系：以西方国家为代表的自由市场经济体系和以中国为代表的社会主义市场经济体系。事实上，世界经济全球化的影响已经在不断缩小两大体系的差异，世界各国在经济管理方式上不断互补。

中国作为世界最大的发展中国家与社会主义国家，改革开放以来，我们从计划经济走向市场经济，探索建立了中国特色的社会主义市场经济体系。当前，我国经济总量已跃升到世界第二位，社会生产力、经济实力、科技实力迈上一个大台阶，人民生活水平、居民收入水平、社会保障水平迈上一个大台阶，综合国力、国际竞争力、国际影响力迈上一个大台阶，国家面貌发生新的历史性变化。人们公认，这是我国经济持续发展、民主不断健全、文化日益繁荣、社会保持稳定的时期，是着力保障和改善民

生、人民得到实惠更多的时期。

三、了解社会文化

社会文化既是社会互动的导向，又是社会交往的产物。一方面，文化传承过去，具有一定的引导作用；另一方面，文化又是不断变化的，不断被人们创造的。

以上两方面的作用，使得社会文化表现出单一性、多样性与差异性的特点。例如，中美两国的社会文化就表现出多方面的差异性。

表1 中美两国在社会文化上的差异

内容	中国	美国
产业特点	农业人口占比重很大，工业和制造业已经成为主导产业	农业人口比重甚微，第三产业、信息、高科技产业占主导地位
社会关系	注重家庭、家族等血缘关系	注重事缘、业缘等非血缘关系
价值观	强调集体主义、集体成就	强调个人主义、个人成就
妇女形象	以贤妻良母为模范，妻子协助丈夫	强调妇女的独立地位
对子女的要求	女子、年轻人要服从家长，尊敬家长，望子成龙心切	要求子女独立、自己决定事情，给女子以较多自由
谈话方式	在进入主题前有较多的寒暄、客套	喜欢开门见山，直接进入主题
感情表达	含蓄、不外露	直接表达，外露
异性交往	男女在公共场合不宜过多接触，不宜过于亲密	男女之间在公开场合可以相互亲吻，自由开放
对生日、逝世的态度	重视纪念死者	重视庆祝生日

四、学习适应社会环境

大学生作为一个特殊群体，面对着日益激烈的竞争和心理压力。如果不能很好地了解并适应社会环境，在踏入社会大门时，会被各种障碍影响到学习、生活、情绪、健康等各个方面；如果能够正确认识社会，同时形成一种团结友爱、朝气蓬勃的人际交往环境，将有利于大学生的发展和健康个性品质的形成。

1. 积极投身社会，规划自己的就业适应期

在此过程中，需要经历三个阶段：

①脚踏实地，做好本职工作；

②仰望星空，打开局面，融洽合群，体现自身价值；

③重视自我发展，把握机会，实现自我。

2. 明晰角色，正确处理与领导、同事的关系

要学会掌握工作岗位对职业角色的期望，了解领导对下属的期望，明确同事对新共事者的期望，准确实现角色对自己的期望。

3. 建立并保持良好的人际关系

学会尊重他人，不自恃清高；平等待人，不厚此薄彼；热心助人，勿见利忘义；诚实守信，不贪图名利；主动随和，不孤陋寡闻；宽人律己，不心胸狭窄。

4. 培养积极情感，自觉克服心理障碍

保持乐观积极的生活态度，充分体验生活；学会合理地宣泄自己的情绪，既不要压抑自己，又不能过度放纵自己；要学会放松调节，培养一定的兴趣爱好。

五、学会社会人际交往

良好的人际交往能力以及良好的人际关系是人们生存和发展的必要条件。人类有种种社会需要，其中社会交往是处于金字塔上端的高级需要，我们无时无刻不参与着社会交往。每一次语言沟通和非语言沟通都是一次社会交往。社会交往帮助我们认识自我，提升自我。我们通过社会交往，了解他人对自己行为的态度和看法，进而反观自己，不断认识自己。

美国《人际》杂志在 2002 年发刊词中的一句话："如果不信，你可以回忆以往的一些经验，你会发现原本以为是自己独立完成的事，事实上背后都有人在帮助你。因此，在社交场合你应该尽量表露真正的自己与自己真正的才华，他们将会给你许多有用的建议。绝对不可低估人际交往的力量，否则你将会白白失去很多资源。"

如今，越来越多的人认识到人际关系是一笔巨大的财富。有人会积极参与社交活动并试图去努力建立自己的人际关系网，有人时常会羞于尴尬而逃离。积极的人际关系能够建立双方的相互尊重与合作关系。

【案例1.2】盲人摸象新说

五位聪明人被蒙上眼睛带到一头大象面前,要求说出他们"看"到了什么。

第一位是心理学家。他抚摸着大象的脑袋说:"这里是唯一重要的。所有的感知和思考都在这里发生。要解释这头大象,只要研究这里就可以了。"

第二位是人类学家。他轻轻触摸大象的鼻子和长牙,微笑着说:"这是真正原始的东西,我发现在这里很舒服,我就研究它们了。"

第三位是个政治学家。他摸着大象巨大的耳朵宣布:"这里是权利的中心。在这里听到的将控制其全部身体。就研究这里吧!"

第四位是个经济学家。他摸着大象的嘴说:"这里才是真正重要的。通过嘴,吃的东西被全身消化吸收。我们应该研究食物是如何被分配的。"

接下来轮到了社会学家。他摸完大象的整个身体,然后说道:"你们只研究大象身体的某一部分,不可能真正理解它。每个部分都不过是整体的一部分。头、鼻、耳、牙、嘴固然重要,但你们没有摸到的其他部分同样重要。我们必须摘掉眼罩,这样才能看得更广。我们要弄明白这一切是如何一同发挥作用形成这头大象的。"

社会学家顿了顿,以示强调,然后补充说:"而且我们还有必要理解这一生物如何与类似生物互动,它在群体中的生活如何影响了它的行为。"

故事的理想结局是心理学家、人类学家、政治学家、经济学家被社会学家的真知灼见深深吸引。在惊叹之余,他们摘下眼罩,开始一起研究整头大象。

但遗憾的是,听过社会学家的一番话,专家们却把眼蒙得更紧。而且,如果你自己去听,还会听到他们嘴里在嘟嘟囔囔:"脑袋是我的——你别碰它","别碰我的象牙","不要摸我的耳朵","不许碰嘴——那是我的地盘"。

【参考文献】

[1] 杨宏峰. 何谓社会学 [M]. 北京:中央编译出版社,2010.

[2] 易益典,李峰. 社会学教程(第2版)[M]. 上海:上海人民出版社,2010.

[3] 夏建中. 城市社会学［M］. 北京：中国人民大学出版社，2011.

[4] ［美］约翰·肯恩. 全球公民社会［M］. 北京：中国人民大学出版社，2002.

[5] ［美］尼霍尔·本诺克拉蒂斯. 像社会学家一样思考［M］. 北京：机械工业出版社，2010.

[6] ［美］亚历山大·蒂奥. 大众社会学（第 7 版）［M］. 北京：人民邮电出版社，2012.

[7] ［美］理查德·谢弗. 社会学与生活（第 11 版）［M］. 北京：世界图书出版社，2011.

[8] ［美］詹姆斯·汉斯林. 社会学入门：一种现实分析方法［M］. 北京：北京大学出版社，2011.

[9] ［美］戴维·波普诺. 社会学（第 11 版）［M］. 北京：中国人民大学出版社，2003.

[10] 郑杭生. 社会学概论新修［M］. 北京：中国人民大学出版社，2003.

[11] 李毅. 社会学概论［M］. 广州：暨南大学出版社，2011.

第二章　为什么要早做职业规划

【案例2.1】职业规划成就人生

黄先生出生在一个贫困山区，小时候个子比较矮，在同龄人中很不起眼。父亲是乡村小学教师，母亲在家务农，家里还有一个患有精神疾病的弟弟，日子过得十分艰难。经过努力，他以全县文科第一名的成绩考上了一所大学的外语系，成为20世纪80年代第一批大学生。

进入大学，他制订的第一个职业生涯目标就是毕业留校。为了这个目标，他努力学习，苦练英语口语。刚开始他找班上英语最好的同学互相对话练习口语，一个月以后，那位同学已经跟不上他了，他就自己对着墙练习。经过四年的艰苦学习，黄先生终于以全年级第一名的成绩留校任教，从事大学公共英语课程教学工作，实现了他的第一个职业目标。

工作一段时间以后，他又给自己制订了第二个目标，自学一门新专业，考取硕士研究生。他认真分析了国家宏观环境和发展趋势，并进行了自我分析，决定自学法律专业。两年以后，他考取了中国政法大学民商法专业硕士研究生。毕业后又回到原单位工作。同年，他参加了全省组织的专业组英语竞赛，获得了第一名，并被当地一劳务输出公司看中，聘请为随队翻译并派往非洲。第一次签订合同时，只签了一年。到非洲后，公司发现他不仅懂英语，还懂法律。由于他懂得劳务合同的有关条款，为公司挽回了重大损失，公司又和他续约三年。

在非洲工作期间，他结识了很多酋长的子女，这些人大都在欧美国家受过法律方面的良好教育，熟悉欧美国家的法律理论和制度。黄先生逐渐与他们成了朋友，得到了很多他们赠送的英文原版的法律书籍，并经常与他们讨论有关的法律问题。

渐渐地，黄先生发现自己很有处理涉外经济方面法律问题的能力，负责办理的几个案子都胜诉了。于是，他又制订了第三个职业目标，从事涉外法律工作，成为一名职业律师。三年后，他作出了大胆决定，从高校辞职，到沿海城市做了一名专职律师。又过了五年，他被一家猎头公司看中，去了一家外资企业做法律顾问，收入颇丰。随后不久，他又开办了一家自己的企业，在接近40岁时，达到了个人职业的巅峰。他摆脱了贫困，并把父母接来同住，实现了个人和家庭的和谐发展。

第一节　职业生涯规划概述

一、大学生职业规划的必要性

1. 大学生需要的就业能力

自从1999年我国高校扩招以来，大学教育从精英教育大步迈向大众化教育，大学生毕业后找到一个理想的就业岗位已不是一件容易的事情。在成百上千万的就业大军里，大学生能否冲锋在前，马到成功，凭借的不是有无大学生的名头，而是是否具备真正的"身手"。而大学生是否有真才实学，最终要接受社会的检验，接受劳动力市场的检验，这就需要大学生具备良好的就业能力。

据一份关于大学生的就业调查统计显示，在单位被问到招聘中更看重毕业生哪些方面能力时，86.1%的企业选择专业技能，80.5%的企业选择道德品质，63.8%的企业选择沟通能力，52.78%的企业选择培养潜能，50%的企业选择心理素质，另外才是社会实践能力、外语能力、毕业学校、性别等。

惠普销售人员招聘选拔的标准是：愿意从事销售工作；班级综合素质评定前20%；没受到过任何处分；担任过校内学生干部或参加过社团工作、做过义务工作或社会兼职工作；能承受压力，做事有始有终，诚实守信；喜欢与人打交道，沟通能力强，在团队中能与人和谐相处，互相配合，有良好的口头表达能力。另据美国劳工部公布的受雇主欢迎的技能有：解决问题的能力、专业技能、沟通能力、计算机编程技能、培训技能、理财能力、信息管理能力、外语交际能力和商业管理能力。

综合以上企业对应聘者的要求可以看出，所谓就业能力是一种表现力，是毕业生获取就业机会、赢得欣赏的实际能力，是大学生综合素质的集中反映。就业能力应包括专业技能、适应能力、沟通能力、学习能力、实践能力、解决问题能力、创新能力、抗挫折能力，以及合理的知识结构、良好的意志品质、与人合作的团队精神，等等。

2. 大学生职业规划现状

不少大学毕业生之所以找不到合适的工作，往往是因为在大学学习期间没有好好规划毕业后的职业生涯，不知道自己想追求什么，不清楚自己希望得到什么样的结果。因此，他们一旦大学毕业走向社会就感到非常迷惘。这告诉我们：了解职业和职业规划的基本内容，掌握职业规划的有关理论，在大学期间就做好职业生涯规划，是毕业前必须完成的一项重要任务。

必须清醒的看到，有些大学生因为找不到正确的学习方向和奋斗目标而放任自己、虚度光阴。只有当他们拿到第一次补考通知的时候，当他们第一次收到招聘企业的婉拒信时，才会幡然醒悟。由此看来，脱离父母呵护的大学生需要及早规划属于自己的那一片天空。只有对大学生活和人生进行科学而全面的规划，才能将自己的志趣和要从事的工作良好地结合起来，才会有足够的资本走向社会。许多同学直到大四才开始考虑自己要找什么样的工作，从事什么样的职业。真正优秀的同学早在大一的时候就开始筹划自己的工作和未来了。两种人的差别究竟在哪里？根本原因之一，在于他们是否对自己的职业进行了科学的规划。

职业对于我们来说极其重要。首先，对大多数人来说，一生中花费在职业中的时间要多于其他任何事情。其次，职业决定着你一生几乎全部的收入来源，进而决定着你的业余生活和你的自我认同感。我们要积极寻找到能够帮助我们实现经济方面、精神方面需要的职业。所以，职业的选择不论是对于我们自己还是对于我们背后的家庭，都是一件极其重要的事情。因此，对于如此重要的事情决不能随波逐流，或是仅凭一时的冲动草率行事。

二、职业规划的含义与特点

1. 职业规划的含义

职业生涯，就是个人职业的发展道路，包括就业的形态、工作的经历以及与职业相关的活动等，即一个人从职业学习开始到职业劳动最后结束的经历过程。职业生涯伴随人的大半生，对职业生涯的规划，就是为自己的未来人生绘制理想的蓝图,是根据自己的职业倾向,确定最佳的职业奋斗目标,并为实现这一目标做出行之有效的安排的过程。

所谓职业规划即职业生涯规划,是指组织或者个人把个人发展与组织发展相结合,对决定个人职业生涯的个人因素、组织因素和社会因素等进行分析,制订有关对个人一生中在事业发展上的战略设想与计划,并对每一步骤的时间、顺序和方向做出合理的安排。比如,我们要修一条路,首先要明确路将通往何方,需要事先对道路所经过的路线、沿途的地形、道路的质量、修路的成本进行规划。职业生涯也需要做好设计和规划。每个人要想使自己的一生过得充实而有意义,就必须有自己的职业生涯规划。

有关职业发展或职业生涯的运动过程和运行规律的讨论,乃至职业研究的思想体系和理论体系的形成,主要是1965年美国麻省理工学院的施恩(E. H. Schein)教授提出的。他最早把职业生涯分为外职业生涯和内职业生涯。他指出外职业生涯指经历一种职业(由教育开始,经工作期,直到退休)的通路,包括职业的各个阶段,如招聘、培训、提拔、解雇、奖罚、退休等。内职业生涯更多地注重于所取得的成功或满足的主观感情以及平衡工作事务与家庭义务、个人休闲等其他需要。

(1) 外职业生涯

外职业生涯是指在职业生涯过程中所经历的职业角色(职位)及获取的物质财富的总和。外职业生涯的构成因素通常是由别人给予的,也容易被别人收回。有的人一生追求外职业生涯的成功,但内心极为痛苦,因为他们往往不了解,外职业生涯是依赖于内职业生涯的发展而增长的。

(2) 内职业生涯

内职业生涯是指在职业生涯发展中通过提升自身素质与职业技能而获取的个人综合能力、社会地位以及荣誉的总和,它是别人无法替代和窃取的人生财富。因此,我们应当充分重视内职业生涯的发展,认清它在个人职业生涯乃至整个人生发展中的关键性作用。在职业生涯的各个阶段,我们都应该重视内职业生涯的发展。尤其是在职业生涯早期和中前期,我们一定要把对内职业生涯的追求看得比外职业生涯更重要。

2. 职业规划的特点

(1) 独特性

职业生涯规划必然是独特的。因为每个人的个性类型不同,价值观念不同，思维方式及行为方式不同，对他人的评价方法不同，文化资本的构成不同，职业发展目标不同，选择工作单位的标准不同，对个人和社会关系的认识不同，所处的职业生涯阶段不同，个人能力不同。

(2) 终身性

每个人人生发展的全过程——从小孩到老人，都涉及职业生涯规划这一课题。只是有的人是自觉做的，有的人是在无意间完成的。小孩子们玩过家家时，有人爱扮医生，有人爱扮妈妈，有人爱扮解放军……这已经是职业生涯规划的萌芽。五六十岁的人一样有自己的职业生涯规划。有一位 60 岁的老人参加了职业生涯规划课程的学习，意识到虽然自己已经退休，但自己的职业生涯可能还有 20 多年甚至更长一些。他感慨地说："我如果学习三年，还可以工作十五六年……"像这位退休后发挥余热或办学或兼职或上老年大学学习新专业、新技能的人不少，甚至有人退休后学画画，竟然还举办了画展，成为了画家。

(3) 综合性

如果把生命看作一个横截面，每个人在某一时间段内同时有多重身份。如一位五十岁左右的某高校的系主任，他在单位主持工作时是领导，在与同事共同研究问题时是伙伴，在学生面前是老师，在"充电"时是学生，在家是家长，在孩子面前是长者，在他父母面前是晚辈……所以，在进行职业生涯规划时要涉及工作、学习和生活的多个方面，具有很强的综合性。

(4) 发展性

随着认知不断成熟、能力不断提高、世界不断变化，职业生涯也可以并且需要多次进行规划。例如，在中国 IT 界很知名的 MySee 的总裁高燃，2003 年从清华大学新闻系毕业时，选择了记者职业，但 9 个月后开始自己创业，并且是跨行业性的创业。

(5) 开放性

职业规划必须是开放性的，因为职业生涯规划必须与外界环境尽可能多地交换信息，与你的上级、平级、下级、家人、老师等交流意见，听取他们的建议，并充分利用测评工具测评职业潜能。

三、大学生职业生涯规划的作用

大学四年的时间，应该尽早进行人生规划，当然也包括树立职业理想。大一、大二是理解自己的过程：你喜欢什么，适合做什么，这些问题应该得到解决。有的学生在大学时选了很多看起来不务正业、奇奇怪怪的课，都跟自己的专业没什么关系。但是这些课让学生知道了自己的兴趣在哪里，这是最大的收获，也是确立职业理想的基础。到了大三、大四，学生的疑惑就不该指向自己了，而应该更多地去理解外界。比如，你想做的这个行业现在发展到了什么程度？有哪些公司能提供相关工作机会？如果要得到这些工作机会，你需要做哪些准备？其实在这个过程中，你就逐渐树立了自己的职业理想，而且初步探索了一条通向理想的路。

1. 有利于培养大学生的就业能力

就业能力是一种综合能力。应当包括学习能力、思想能力、实践能力、适应能力等。还有研究认为，就业能力应包括责任感、基本技能、推理和解决问题的能力、健康和安全习惯、个人特质等，由此可见，能力是一个人事业成功的关键。人生发展过程，就是一个不断挖掘能力、积累并合理利用这些能力的过程。大学期间正是培养和锻炼能力的关键时期。首先，职业生涯规划帮助大学生积累人生发展的各种能力。这些能力包括健康的身体、优良的品德、合理的知识结构、协调的人际关系及良好的社会适应能力等。其次，及时有效的职业生涯规划能够培养大学生对各种能力的自我控制能力，比如，通过职业定位反思自己的人生观及价值观，通过对个人的评估以及对职业形势的分析，有选择有目的地完善自己的知识结构。

在职业生涯规划实施的过程中，通过协调各种人际关系来提高自己的人际交往能力，通过参加各种活动来提高自己的分析、观察及解决问题的能力等。

2. 使职业理想的实现走向正确的发展路线

要实现职业理想，必须确定一条职业发展路线，例如，确定是向专业技术方向发展，还是向行政管理方向发展。发展方向不同，要求就不同。大学生职业规划对人生的职业发展路线作出选择，统筹安排今后的学习和工作，也为实现自己的职业理想铺设了前进的道路。

大学生在进行职业发展路线选择时，一般从三个"取向"考虑：一是确定目标取向，个人希望向哪一条路线发展，主要考虑自己的价值观念、理想信念；二是确定能力取向，个人适合向哪一条路线发展，主要考虑自

己的性格、特长、经历、学历等条件；三是确定机会取向，个人能够向哪一条路线发展，主要考虑自身所处的社会环境、政治与经济环境、组织环境等。

作为大学生，在职业发展路线上，通常考虑上述三个"取向"后，一般又会做出三类选择：一是毕业后，是先深造，还是先就业；二是毕业后是立即创业，还是先就业后创业，或者只就业不创业；三是在工作单位，是向管理路线发展，还是向技术路线发展，或者先走技术路线，再转向管理路线。发展路线不同，对人的智能、个性要求也不同。因此，在进行职业规划时，必须先做出发展路线后再抉择，以便使自己的学习、工作以及各种行动措施沿着职业发展路线预定的方向前进。正确的职业发展路线将会极大地促进大学生职业理想的实现。

3. 有助于在校大学生的个性化发展

我国的高等教育一贯注重学生的个性化发展。一些名校如清华大学、北京大学等，一直以来都有不拘一格录取人才的传统。在很多高校的人才培养计划中，也都很容易找到"个性化发展"、"创新型人才"等字眼，一些学校还实行了"创新学分制"等。这些措施为在校大学生的个性化发展提供了良好的条件。但是，对在校大学生个体而言，这些都只属于外部环境，如果没有必要的职业生涯规划作为指导，学生很难明确今后职业发展的方向，大学期间的学习就会存在盲目性，必然导致学习缺乏动力、涉猎知识的结构失衡、适应社会的能力弱化。所以，职业生涯规划应该成为高校教育的必要组成部分，职业生涯规划应从大学生入学伊始就着手进行，以引导学生有效地利用宝贵的大学时光，为一生的职业发展打下坚实的基础。

四、大学生职业生涯规划的分类

1. 根据职业生涯规划的时间维度划分

根据大学生职业生涯规划的特点以及职业生涯规划的时间维度，可以把大学生职业生涯规划大致分为两种类型。

（1）远期规划

远期规划是指规划年限在 5 年以上的大学生职业生涯规划，即一般职业生涯规划中的长期规划和人生规划。对职业生涯进行远期的规划，能够使大学生明确各个阶段的职业目标，保持整个职业生涯发展的连贯性和持续性，使总体目标更容易循序渐进地达成和实现，从而产生更大的职业动力。

哈佛商学院曾经做过一项抽样调查，问学生"10年后希望成为什么样的人"。100%的人选择在商场上拥有财富、成就和影响力。但是，他们中只有10%的人写下目标并作了规划。10年后，调查小组追踪发现，那10%为自己订下目标、作好规划的人，他们所拥有的财富是全部受访者的96%。

不过，时间跨度较长的职业生涯规划要求对自我、对职业有比较充分的认识，同时对社会形势和客观环境有敏锐的观察力和超前的预测能力，需要花费较长的时间对职业目标和职业要求进行深入的研究、调查、论证，并制订比较切实可行的完整的实施方略。如果是凭空想象的总体规划，虽然内容是完整的，但由于脱离了自身条件和环境要求，只能是海市蜃楼，中看不中用。同时，由于远期规划的时间跨度较长，实施过程中会受到个人和环境不断变化的影响，规划目标的实现难度非常大。另外，大学生尚处于职业生涯的探索阶段，对社会、对职业的了解都极为有限，有可能导致远期规划缺乏可行的操作性而过于理想化。

（2）近期规划

近期规划是规划时间年限与大学生职业生涯年限基本符合的大学生职业生涯规划，即一般职业生涯规划中的短期规划和中期规划，这种规划一般在5年以内。

大学时期正处于职业准备和探索阶段，职业生涯探索阶段的主要目的就是通过选择、尝试与磨合，找到最适合自己的职业。大学生的职业生涯近期规划，就是大学生根据这个阶段的主要特点和任务要求，在确定总目标之后，以实现就业为阶段目标，对自己的大学学业生涯制订相应的行动计划和实施策略。

近期规划的特点主要是以大学学制为阶段进行目标分解和策略实施，其最根本的目的是为了实现总体目标而在学业上做好准备，顺利毕业并进入目标职业。近期规划的重点在于以就读期间的职业学习和职业准备为主要内容，规划期限基本以大学生涯的终止为结束。

对大学生而言，近期规划更具针对性，也更具可操作性。通过近期规

划，大学生可以在认识自我、了解职业的基础上，从自身的条件和社会的需求出发，确定职业发展的方向，确定职业目标，制订大学期间的学习、培训、实践计划，不断地挑战自我、超越自我，为将来迈出校门、走出社会做好准备，为总体目标的实现打下良好的基础。由于规划时间的跨度不长，因此近期规划也比较易于评估和修正。当学业生涯中各个分阶段（多数为各学年）的目标未能达成时，大学生可以适时调整实施的策略，不断修正并完善。由于近期规划能与大学阶段的学习和生活紧密相连，因此，我们提倡大学生在规划自己的职业生涯时采用这种目的和策略极为明确可行的规划类型。

2. 根据大学生职业决策时的情况划分

（1）拖延型

拖延型的大学生对自己的职业决策总是不能及时地做出决定，总喜欢拖延决定，有人又把它叫做晚婚晚恋型。有些大学生到了大四才开始考虑职业规划，才思考去哪个企业。有些甚至到了最后一刻还决定不了自己要选择什么职业。有的大学生对所学专业很不满意，可是却不想现在就去思考这个问题。

（2）顺从型

顺从型的大学生顺从其他人为自己所做的决定，因此也称父母或亲戚包办型。现在有些大学生的职业规划是由父母或亲戚来决定的，父母或亲戚觉得当医生好，于是就学医；父母或亲戚觉得当教师好，于是就进师范院校。有些大学生遇事不由自己做决定，把求职择业问题留给学校来解决，或者完全交给自己的亲戚朋友，其结果往往是错过了最佳求职时机，找不到理想的职位。

（3）冲动从众型

冲动从众型的人就是根据自己的感觉来选择职业，而未经过思考就做出了决策。有些看到别人怎么选择然后自己也选择这样的职业，比如，看到别人都考公务员就去考公务员，看到别人考研就去考研，看到别人进外企就努力往外企挤，完全没有自己的想法。

（4）犹豫型

有些大学生在搜集职业信息和进行职业决策时，总是很难取舍。比如，某些大学生虽然知道自己想要选择的职业，可是在搜集职业信息时，不知道搜集什么样的职业信息，不知道搜集的途径，并且对于一些职业信息，很难下决心去亲自尝试。结果很长一段时间受困于这种状况下，犹豫着做不出决定。

（5）计划型

这些大学生在做职业生涯相关的决定时，既能了解社会的客观需求和竞争情况，也很了解自己的能力、兴趣和价值观，因此，很容易作出正确的职业生涯规划。

第二节　个人因素对职业选择的影响

【案例2.2】我从法学系转入计算机系

找到自己真正的兴趣、爱好并不是一件很容易的事，有时还要经过很多反复和波折，不过，一旦发现了兴趣所在，每个人都可以在激情的推动下走向成功。

就我自己来说，我读高一的时候一心想做个数学家，刚进入大学时又打算当一名出色的政治家，可直到大二我才逐渐发现，自己无法全身心地喜爱数学和政治，学习成绩也只在中游徘徊。与此同时，我接触并喜欢上了计算机，每天疯狂地编程，很快引起了老师和同学的注意。

终于，在大二的某一天，我做出了一个重大的决定：放弃此前一年多在全美前三名的哥伦比亚大学法律系已经修成的学分，转入哥伦比亚大学默默无闻的计算机系。我告诉自己，人生只有一次，不应该浪费在没有乐趣、没有成就感的领域。当时也有朋友对我说，从事没有激情的工作将会付出更大的代价。

那一天，我心花怒放，精神振奋，我对自己承诺，大学后三年的每一门功课都要拿A。如果不是那天的决定，今天的我就不会在计算机领域取得这样的成就；如果不是那天的决定，今天的我很可能只是美国某个小镇上一名既不成功又不快乐的律师。

一、兴趣与职业

兴趣对人生事业的发展至关重要，所以兴趣自然是职业选择应考虑

的重要因素之一。为便于大家根据自己的兴趣选择合适的职业，这里介绍加拿大职业分类词典中各种职业兴趣类型的特征与适应的职业，如表2所示。

表2　各种职业兴趣类型的特征与适应的职业

类型	兴趣特征	适应的职业
1	愿与事物打交道，喜欢接触工具、器具或数字，而不喜欢与人打交道	制图员、修理工、裁缝、木匠、建筑工、出纳员、记账员、会计、勘测员、工程技术员、机器制造员等
2	愿与人打交道，喜欢与人交往，对销售、采访、传递信息一类的活动感兴趣	记者、推销员、营业员、服务员、教师、行政管理人员、外交联络员等
3	愿与文字符号打交道，喜欢常规的、有规律的活动，习惯于在预先安排好的程序下工作，愿干有规律的工作	邮件分类员、办公室职员、图书馆管理员、档案整理员、打字员、统计员等
4	愿与大自然打交道，喜欢地理地质的活动	地质勘探人员、钻井工、矿工等
5	愿从事农业、生物、化学类工作，喜欢种养、化工方面的实验性活动	农业技术员、饲养员、水文员、化验员、制药技工、菜农等
6	愿从事社会福利类的工作，试图改善他人的状况，帮助他人排忧解难	咨询人员、科技推广人员、教师、医生、护士等
7	愿做组织和管理工作，喜欢掌管一些事情，以发挥重要作用，希望受到众人尊敬和获得声望，愿做领导和组织工作	组织的领导者或管理者，如行政人员、企业管理干部、校领导和辅导员等
8	愿研究人的行为和心理，喜欢谈涉及人的主题，对人的行为举止和心理状态感兴趣	心理学家、政治学家、人类学家、人事管理家、思想政治教育研究工作人员以及教育、行政管理工作人员、社会科学工作者、作家等
9	愿从事科学技术事业，喜欢通过逻辑推理、理论分析、独立思考或实验发现和解决问题的活动，善于理论分析，喜欢独立地解决问题	生物、化学、工程学、物理学、自然科学工作者，工程技术人员等
10	愿从事有想象力和创造力的工作，喜欢创造新的式样和概念，喜欢独立地工作，对自己的学识和才能颇为自信；乐于解决抽象的问题，而且急于了解周围的世界	调查员、经济分析人员、各类科学研究人员、化验、新产品开发人员，以及演员、画家、创作或设计人员等

续表

类型	兴趣特征	适应的职业
11	愿做操作机器的技术工作，喜欢通过一定的技术来进行活动，对运用一定技术、操作各种机械、制造新产品或完成其他任务感兴趣，喜欢使用工具特别是大型的、功率强的先进机器，喜欢具体的东西	飞行员、驾驶员、机械制造人员等
12	愿从事具体的工作，喜欢制作看得见、摸得着的产品并从中得到乐趣，希望很快看到自己的劳动成果，并从完成的产品中得到满足	室内装饰、园林设计、美容、理发、手工制作、机械维修人员、厨师等

根据这种分类，一种兴趣类型可以对应许多种职业，而每一种职业往往又同时具有其中几种类型的特点。假如你要成为一名护士，那你就应有愿与人打交道（类型2）、愿热心助人（类型6）、愿做具体工作（类型12）这3个兴趣类型的特点。如果你对其中的某一方面缺乏兴趣，那就应努力培养和发展这方面的兴趣以适应护士职业的要求，否则，还是选择更适合你兴趣类型的职业为好。

二、性格与职业

人的性格千差万别，或热情外向，或羞怯内向，或沉着冷静，或火爆急躁。职业心理学的研究表明，不同的职业有不同的性格要求。虽然每个人的性格都不能百分之百地适合某种职业，但却可以根据自己的职业倾向来培养、发展相应的职业性格。性格特征，对企业而言，决定了每个员工的工作岗位和工作业绩；对个人而言，决定着自己的事业能否成功。近年来，一些教育学心理学研究人员根据我国的实际情况，将职业性格分为9种基本类型，见表3。

绝大部分职业都同时与几种性格类型特点相吻合，而一种职业也都同时具有几种职业性格类型的特点。在实际的吻合过程中，应根据个人的性格与职业的要求，具体情况具体处理，不能一概而论。

表3　各种职业性格类型的特征与适合的职业

类型	性格特征	适合的职业
变化型	在新的和意外的活动或工作情境中感到愉快,喜欢有变化的和多样化的工作,善于转移注意力	记者、推销员、演员等
重复型	适合连续从事同样的工作,按固定的计划或进度办事,喜欢重复的、有规律的、有标准的工种	纺织工、机床工、电影放映员等
服从型	愿意配合别人或按别人的指示办事,而不愿意自己独立作出决策,担负责任	办公室职员、秘书、翻译等
独立型	喜欢计划自己的活动和指导别人活动或对未来的事情做出决定,在独立负责的工作情境中感到愉快	管理人员、律师（警察、侦察员）等
协作型	在与人协同工作时感到愉快,善于引导别人,并想得到同事的喜欢	社会工作者、咨询人员等
劝服型	通过谈话或写作等使别人同意自己的观点,对别人的反应有较强的判断力,并善于影响别人的态度和观点	辅导员、行政人员、宣传工作者、作家等
机智型	在紧张和危险的情况下能自我控制沉着应付,发生意外和差错时不慌不忙地出色完成任务	驾驶员、飞行员、公安、消防员、救生员等
自我型	喜欢表现自己的爱好和个性,根据自己的感情做出选择,能通过自己的工作来表现自己的思想	演员、诗人、音乐家、画家等
表现型	注重工作过程的各个环节、细节的精确性。愿意按一套规划和步骤工作,并尽可能做得完美,倾向于严格、努力的工作,以看到自己出色完成工作的效果	会计、出纳员、统计员、校对员、图书档案管理员、打字员等

三、价值观与职业

价值观代表一个人对周围事物的是非、善恶和重要性的评价。人们对各种职业给自己带来的评价,如对自由、幸福、自尊、诚信、服务、收入水平等,在心中有轻重主次之分。这种主次的排列,构成了个人的价值观。这些价值观是决定人们期望、态度和行为的心理基础。在相同的客观条件下,具有不同价值观的人会产生不同的行为。比如,在同一环境中,有的人把地位看得很重,有的人对工作成就很在乎,有的人看重的是收入,这就是因为价值观不同所致。

人的价值观取决于世界观,是从出生起,在家庭和社会中积累形成的。事物的广泛联系体现在人的身上就是人与各种事物相互影响,种种直

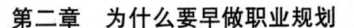

接、间接的联系以及回馈就成为价值观的来源。虽然个人的价值观和价值体系是随着生活的变迁而发生变化的，例如，幼年认为珍贵的东西，到老年却不喜爱了，但是，有些基本的观念往往相对稳定，它们长期对行为起着指导作用。

四、能力与职业

这里所言的能力，是指劳动者从事社会生产活动的能力，亦即职业工作能力。事业发展和能力之间，有不容置疑的直接关系。能力，不是抽象的素质，而是通过职业角色得以表现。例如，交响乐团的指挥，其能力显然与一名出色的科技人员、一名出色的飞机驾驶员和画家不同。

能力，是指完成一定活动的本领，是一个人能否进入职业的先决条件，也是其能否胜任职业工作的主观条件。无论从事什么职业，总要有一定的能力作保证。没有任何能力，根本谈不到入职工作，对个人来说也就无所谓职业生涯可言。人在其一生之中，要从事各种各样的社会生活和社会生产活动，必须具备多种能力与之相适应。

第三节 大学生如何进行职业生涯规划

一、明确自身优势

大学生首先需要明确自己的能力大小，给自己打分，看看自己的优势和劣势，这就需要进行自我分析。通过对自己的分析，旨在深入了解自身，根据过去的经验选择、推断未来可能的工作方向与机会，从而彻底解决"我能干什么"的问题。只有从自身实际出发，顺应社会潮流，有的放矢，才能马到成功。要知道个体是有差异的，我们就是要找出自己与众不同的地方并发扬光大。定位，就是给自己亮出一个独特的招牌，让自己的才华更好地为招聘单位所识。对自己的分析一定要全面、客观、深刻，绝不可回避缺点和短处，也要把握自己的优势，即自己所拥有的能力与潜力。

1. **我学习了什么**

在校期间，我从学习的专业中获取了什么收益，参加过什么社会实践

活动，提高和升华了哪方面的知识。专业在一定程度上决定自身的职业方向，因而尽自己最大的努力学好专业课程是职业生涯规划的前提条件之一。不可否认知识在人生历程中的重要作用，特别是在知识经济日益受到重视的今天。

2. 我曾经做过什么

即自己已有的人生经历和体验，比如，在校期间担任过学生干部，曾经为某知名组织工作过等社会实践活动，取得的成就及经验的积累、获得过的奖励等。经历是个人最宝贵的财富，往往从侧面可以反映出一个人的素质、潜力状况，因而备受招聘组织的关注，同时这也是个人简历的亮点所在和重要组成部分，绝对不可忽视。对应聘者来说，经历往往比知识更为重要，因为许多事情只有经历过，才可能有深刻体会。只有通过实践才能判断一个人的才能，才能真正发现其长处与不足。

3. 我最成功的是什么

我做过很多事情，其中最成功的是什么？如何成功的，是偶然还是必然？是否自己靠能力所为？通过对最成功事例的分析，可以发现自我的长处，比如坚强、果断、智慧超群，以此作为个人深层次可供挖掘的动力之源和闪光点，从而形成职业规划的有力支撑。寻找职业方向，往往要从自己的优势出发，以己之长立足于社会。

二、发现自己的不足

1. 性格的弱点

人无法避免与生俱来的弱点，必须正视，并尽量减少其对自己的影响。比如，一个独立性强的人会很难与他人默契合作；而一个优柔寡断的人绝对难以担当组织管理者的重任。卡耐基曾说："人性的弱点并不可怕，关键要有正确的认识，认真对待，尽量寻找弥补、克服的方法，使自我趋于完善。"因此，要注意安下心来，多跟别人聊聊，尤其是与熟悉的人（如父母、同学、朋友等）交谈，看看别人眼中的你是什么样子，与你的预想是否一致，找出其中的偏差，这将有助于自我提高。

2. 经验与经历中所欠缺的方面

"人无完人，金无足赤"。由于自我经历的不同，环境的局限，每个人都无法避免一些经验上的欠缺，特别是面对招聘单位纷纷打出数年工作经

验条件的时候。有欠缺并不可怕，怕的是自己还没有认识到或认识到而一味地不懂装懂。正确的态度是：认真对待，善于发现，并努力加以克服。

三、确立职业目标

【案例2.3】勇敢冲过人生"关卡"

有个年轻人去采访朱利斯·法兰克博士。这位心理学教授，虽然已经70高龄了，却保有相当年轻的心态。"我在好多好多年前遇到过一个中国老人，"法兰克博士解释道："那是二次大战期间，我在远东地区的俘虏集中营里。那里的情况很糟，简直无法忍受，食物短缺，没有干净的水，放眼所及全是患痢疾、疟疾等疾病的人。有些战俘在烈日下无法忍受身体和心理上的折磨，对他们来说，死已经变成最好的解脱。我自己也想过一死了之，但是有一天，一个人的出现扭转了我轻生的念头，给了我求生的欲望——一个中国老人。"

年轻人非常专注地听着法兰克博士诉说那天的遭遇。"那天我坐在囚犯放风的广场上，身心俱疲。我心里正想着，要爬上通了电的围篱自杀是多么容易的事。一会儿之后，我发现身旁坐了个中国老人，我因为太虚弱了，还恍惚地以为是自己的幻觉。毕竟，在远东的日本战俘营里，怎么可能突然出现一个中国人？他转过头来问了我一个问题，一个非常简单的问题，却救了我的命。"年轻人马上提出自己的疑惑：是什么样的问题可以救人一命呢？"他问的问题是，"法兰克博士继续说，"你从这里出去之后，第一件想做的事情是什么？这是我从来没想过的问题，我从来不敢想。但是我心里却有答案：我要再看看我的太太和孩子们。突然间，我认为自己必须活下去。那个问题救了我一命，因为它给了我某个我已经失去的东西——活下去的理由！从那时起，活下去变得不再那么困难了，因为我知道，我每多活一天，就离战争结束近一点，也离我的梦想近一点。中国老人的问题不止救了我的命，它还教了我从来没学过，却是最重要的一课。""是什么？"年轻人问。"目标的力量。"

目标？是的，目标、企图，值得奋斗的事。目标给了我们生活的目的和意义。当然，我们也可以没有目标地活着，但是要真正地活着，快乐地活着，我们就必须有生存的目标。伟大的艾德米勒·拜尔德说："没有目

标，日子便会结束，像碎片般地消失。目标创造出目的和意义。有了目标，我们才知道要往哪里去追求些什么。没有目标，生活就会失去方向，而人也成了行尸走肉。"

常言道"当局者迷，旁观者清"。一个人对自己的认识常常是片面的，因此，在进行自我评价时还要积极地听取他人的意见或采用一些标准化的测验进行测试。

很多求职者说，刚开始找工作时还有目标，现在是越找越没有标准，感到很迷茫。其实，如果大学四年（甚至更长的求学时间）里没有树立起自己的理想，那么，迷茫是正常的。求学十几年的目标就是考上大学，这是家长为你们树立的"理想"。而现在大学毕业了，面对求职，没人告诉你该做什么了，于是迷茫产生了。那么，如何摆脱这种迷茫呢？当然是做人生与职业规划，让自己有个目标。

职业生涯目标的设定是职业生涯规划的核心。一个人事业的成败，很大程度上取决于有无正确适当的目标。没有目标如同大海中的孤舟，没有方向，不知道自己应走向何方。只有树立了目标，才能明确奋斗的方向，犹如海洋中的灯塔，引导你避开暗礁浅滩，走向成功。

四、向着目标出发

【案例2.4】美国职业生涯教育的一个成功做法

位于佐治亚州 Fairburn 的 BearCreek 中学，被誉为中学阶段职业生涯规划最成功的学校。该校职业生涯教育项目的目标是帮助学生回答3个问题：我是谁？我要去哪儿？我怎样到达那里？

这个项目让学生通过一个系统的过程来计划他们的未来，帮助他们认识各自的兴趣和天赋；了解教育成就和工作环境的关系；从各种各样的资料中得到职业信息；懂得信息社会对高素质人才的需求；理解和实施决策及职业生涯规划；了解非传统工作机会和性别平等；熟悉中学课程和项目；懂得学习是一个终身的过程。BearCreek 中学职业中心协调员与学校行政人员、引导者、咨询人员、职员、学生、家长和社区一起合作推动了这个职业生涯引导项目，涉及6~8年级的所有学生。这个项目开展的活动因年级的不同有很大的差异，同时鼓励教师适时地把这些活动列入他们的课程计划。这些项目活动的结果变成每个学生的职业生涯规划档案袋里的一部分。

1. **我是谁？**

针对6年级学生所开展的关注活动，帮助学生理解他们作为中学生的新角色和责任，让他们尝试设立个人的目标，探索喜欢的和不喜欢的，并且识别那些对他们的生活有重大影响的人，参与兴趣评估和关于学习技巧的会议。最后的活动是完成一幅"我是谁"的拼贴图。在这幅图里学生展现各自的喜好，比如他们想住在哪里，他们喜欢的工作类型，甚至他们想要驾驶的汽车种类。在这个层面上，学生开始探究他们渴望追求的生活风格，这些都基于他们各自的职业选择。

2. **我要去哪儿？**

7年级学生的活动主题是"我的职业道路"，这是一个帮助他们把学校和工作环境联系起来的项目。在与当地的一家快餐连锁店开展的合作项目中，学生练习如何申请兼职工作。其他的活动是参与评估他们的工作习惯和能力，并鼓励他们探索不同的职业选择。最后一个活动是写一篇职业研究论文，要求每个学生就一个特定的职业写出报告，可以应用互联网、图书馆和学校及社区职业中心的资源。

3. **我怎样到达那里？**

8年级的任务是帮学生做好进入高中的准备。他们升级各自的档案袋，建立学年目标，参与职业决策评估。最后的活动是职业探索大会，所有的8年级学生都要参加，语言艺术课教师帮助学生制作展示板，主题是"关于各自的职业选择"。

1. 大学一年级——职业朦胧阶段

作为大学生活的开始，也许你目前尚不知道自己今后在生活中想要什么。所以，在完成适应大学学习生活的前提下，首先需要花一些时间尽可能地了解自己的特长、爱好、兴趣和价值观，逐步认识什么专业方向适合自己。对于大一新生，也要有意识地主动进行自我认知，了解所学专业的特点及发展前景。

①发展自己现有的兴趣和能力，并不断发现自己潜在的兴趣和能力，可以通过参加学生会组织、参与体育活动、通识教育课堂和课外活动等校内外提供的一切尝试和锻炼机会。

②阅读一些关于不同行业和职业介绍的材料，对行业和职业有些基本的认识：行业是否有发展前景，各种职业应该具备哪些技能。

③与家人、朋友、老师以及周围所有可提供信息的人，包括网上结识的人谈谈关于你的职业兴趣。他们大多会很坦诚地跟你谈论他们的工作以及对工作的认识和感受等。

④做一些职业倾向测试，更多地了解你自己，确认你喜欢的职业和所长。

⑤刻苦学习，尽己所能地争取好成绩，至少保证每门功课都能通过，以顺利地获取毕业证书及学位证书。

2. **大学二年级——生涯扩展阶段**

通过大一新鲜的尝试之后，学生对职业概况有了一些初步的了解，但还要继续深入探索和收集有关生涯发展领域的信息。可以通过暑假的实习（社会实践和志愿者活动）了解第一手资料。在这个阶段，需要了解你所感兴趣的职业群的有关信息，与一些在职业生涯发展领域工作又令你感兴趣的人进行联系，并争取在一个专业工作岗位上进行职业实习；寻求实践、兼职和志愿者活动，取得工作经历和更多地了解自己的工作偏爱，主动参加就业市场和其他相关的职业生涯发展项目，以增长工作领域的知识。在实践和对信息比较全面把握的基础上，逐步明确自己的专业和职业发展方向，并做出初步的职业选择。

3. **大学三年级——整理和评估阶段**

实习实践和暑期工作会帮助你培养新的能力，这时需要对你的能力重新认识和评估，了解在哪些方面还有潜能。大三也是专业课最为集中的学习阶段，可以进一步明确自己的方向。作为你的专业和学术方面的目标，现在需要你重新回答："我是谁？""我到底要干什么？"这个阶段需要逐步明晰：

①从大一开始，你的兴趣是否有转变，对现在的行为有什么影响？

②你本科毕业后是直接找工作，先攻读硕士研究生还是去海外留学？如果选择读硕士，是继续学习本科专业还是转换专业，是在本校读还是换个学校去读？如果希望留学，你想去哪个国家？最希望去哪几所学校？你需要为此做哪些准备？

③你需要分析你的选择是否合理，你的选择需要通过哪些渠道，什么

知识结构和层次才能达成？

④要研究相关可能的工作单位和工作环境，寻找你与这些职业的名称和组织相吻合的能力。开始建立专门的联系渠道，以便辅助你的求职整体计划。

4. 大学四年级——就业决定阶段

这一阶段要为自己提前计划和确定生涯目标。面对从学生到职业人的转变，需要提前准备好求职申请信、简历和成绩单。通过校园招聘会、人才市场和网络招聘等方式确认自己的职业岗位。这一阶段需要思考的主要问题有：

①在你希望生活、工作的地区/城市，哪些职位可能提供给你？
②你如何找到适合自己的岗位？
③你已经尝试找了几个职业，哪一个最适合你？

所要做的准备有：使用你各种可利用渠道确定工作机会，并争取拿到被荐的材料；试探所有的机会；参加招聘会和用人单位的介绍活动；了解提供就业职位的目录，参加各种校园面试活动；与校友联系，了解他们在工作后面对的挑战、困惑和感受。

大四也是很多毕业生的就业恐慌时期，找工作让大部分学生很辛苦而且备受挫折，结果也不一定尽如人意。这种情况下，要慢慢地学会与自己的不安、焦虑、自卑和平共处，这些情绪都是生活的一部分。要知道，找工作本身就是一份工作。通过找工作，我们能不断发现自己的不足，也会更加了解职场和职业。这些都是帮助我们在未来职场成功的重要因素。能够认识到这些，相当于我们提前进入了职场。

【案例2.5】实习：增加就业机会的重要筹码

"我们是很看重实践经验的，一般都不招收应届毕业生，而是选择经验更加丰富的应聘者。"在广州市南方人才市场的招聘现场，一家医院的招聘人员江小姐如是说。不少用人单位都希望能够招到实践经验丰富的毕业生，最好是"来之能战，战之则胜"。

事实上，和江小姐所在医院持同样看法的用人单位不在少数。智联招聘网近日针对企业人力资源部门的调查表明，57%的企业招聘官在招聘毕业生时，首先看实习的经历和表现。在人力资源部门眼中，实习经历丰富

的学生是"性价比"相对较高的学生。越来越多的高校也注意到实践经验可以增加学生就业筹码。为了提升就业竞争力，不少高校安排学生利用寒暑假或者专门抽出时间走出校园，踏入社会，到用人单位实习。

暨南大学新闻与传播学院2006年与南方报业传媒集团合作建立了自己的实习基地，暨大新闻专业二年级的学生可利用暑假时间到南方报业旗下的报刊进行实习。广东白云学院也开拓了一批企业做为实习基地，学生在大学的最后一年到企业去锻炼。

暨南大学新闻与传播学院院长范以锦认为，学校目前进行的主要是理论教学，和实践工作存在脱节的现象，而实习是将理论和实践很好结合在一起的机会。范以锦表示："学生一定要实习。只有通过实践才能发现自己的弱点和不足，回到学校之后才能通过独立的思考提升自己创新的能力，从而提升就业竞争力。"

武汉大学金融工程专业的毕业生黄盼盼经过了她自己也记不清多少次的笔试和面试之后，拿到了广东一家银行的实习录用通知。"实习经历对找工作真的是很重要。想进好的单位就必须有好的经历。实习不好，应聘时就没有强的竞争力，很容易被刷掉。"黄盼盼说。

章彭供职于广州某报业集团，学生时代曾经在某中央级媒体实习近一年。"可以说是在这个中央级媒体实习的经历帮我敲开了现在单位的大门。"章先生说。

广州一家咨询服务公司的招聘官欧阳先生介绍，实习经历在学生的个人简历中所占的比重超过50%，他说："要在短短十几分钟的面试里对毕业生做出准确的判断是很难的。只能看他们是否具备实习的经历以及期间的表现。"

【参考文献】

[1] 千智莲. 心态就是本钱 [M]. 北京：新世界出版社，2008.

[2] 刘丙仁. 心态决定你的命运 [M]. 北京：地震出版社，2007.

[3] 郑陆胜，郑艳红. 左右你一生的心态：让你受益一生的人生智慧 [M]. 北京：中国妇女出版社，2008.

[4] 叶建华. 人生幸福来源于自我和谐 [M]. 北京：机械工业出版社，2011.

[5] 方洲. 小故事大道理 [M]. 北京：华语出版社，2007.

[6] [美] 戴尔·卡耐基, 赵一行（译）. 卡耐基经典小故事全集 [M]. 北京：北京出版社, 2007.

[7] 彭书淮. 情商的惊人力量 [M]. 天津：天津科学技术出版社, 2011.

[8] [西] 巴尔塔沙·格拉西安, 靳丽霞（译）. 智慧金字塔 [M]. 北京：新世界出版社, 2010.

第三章 为什么要培养积极心态

【案例3.1】积极心态是成功的指南针

　　1993年的一段时间，国内各大报纸接连报道了欧洲经济共同体准备启动欧元作为欧洲统一货币的消息，并公布了新版欧元的样板。这件事对于欧洲、对于世界金融界是一件大事，但对于中国寻常百姓却是一件小事。然而有一位温州的小商人，却在这件"小事"中发现了巨大的商机。他注意到，新版欧元的面积比大多数欧共体成员国原来的纸币大一点。于是他想到，一旦欧元发行，欧洲人原来的钱包将不再适合。根据这一推断，他毅然投入设计并生产专门针对欧元的钱包。当欧元正式发行时，他生产的钱包已经遍布欧洲的许多国家，而且供不应求，他也因此而赚钱。

第一节　心态的重要影响

　　其实，在商品经济发达的今天，几乎没有空白的市场，而只有市场的空白。只有拥有积极心态的人，才善于发现这种空白，取得成功。正如拿破仑·希尔所说："心态是命运的控制塔，心态决定我们人生的成败。"我们怎样对待生活，生活就怎样对待我们；我们怎样对待别人，别人就怎样对待我们；我们在一项任务刚开始时的心态决定了最后有多大的成功，这比其他任何因素都重要。

一、积极心态是一种自我激励

　　当拿破仑·希尔还是孩子的时候，学校里有一位令他难忘的好老师。这位老师常常会突然无缘无故地停下讲课，走到黑板前写下两个好大的字："不能"。然后转过头来，先问全班同学："我们该怎么办？"学生就会高高兴兴地对他说："把'不'字去掉。"老师拿起板凳，把"不"字擦掉，"不能"就变成"能"了。我们就需要这样的老师，我们必须随时提醒自己，把"不"字去掉，就只剩下"能"了。这就是我们应当具备的正确的思维方式。如果"不能"这两个字在心中扎根，就会招致许多烦恼。如果你常采取一种"不能"的态度，你就会惊讶地发现，即使是很成功的事业，也会渐渐衰败。这就是当消极思想进驻我们内心时产生的影响。许多成功者，在总结自己成功的经验时都认为，首要的是相信自己有能力成功，永远也不要消极地认为什么事都是不可能的。

所以积极的心态还是一种积极的自我激励和暗示。例如，用"我行！我能"、"一定有办法"等积极的意念鼓励自己，并想方设法克服困难。

二、积极心态是一种志气

有人认为，所谓积极的心态，实际上就是一种志气。志气，即"志"和"气"两部分。志是志向，一种追求远大目标的理想；气是气魄，一种向上、向前的精神。志气是远大志向和宏大气魄的结合，是一种积极向上的精神原动力，能够把人推向成功。

苏东坡年轻时读了一些书，颇为自负地在自家门前贴了一副对联："识遍天下字，读尽人间书。"后来，一位老者拿出一本书给他看，他却一字不识，窘得满脸通红，忙把对联改成"发愤识遍天下字，立志读尽人间书"，用以自勉。

如果苏东坡在受到羞辱后，一蹶不振，垂头丧气，失去了对学习文字的兴趣，那么他就不可能成为后来人们所熟知的大家之士，正是他那种立志识遍天下字的魄力成就了他。这种大志气就是一种积极的心态，当你拥有了这种大志气，就是踏出了成功的第一步。

第二节　积极心态的力量

心态是一个人对待事物的一种驱动力，不同的心态将决定产生不同的驱动作用。好的心态产生好的驱动力，注定会得到好的结果；而不好的心态也会产生不好的驱动力，注定会得到不好的结果。美国著名文学家狄更斯就曾说："一种健全的心态，比一百种智慧更具力量。"

十二个为什么

美国有一青年写的《自传》只有三个标点符号："-""！""。"，其含义就是："一阵横冲直撞，落个伤心自叹，到头来只好完蛋。"这个以三个标点比喻自己消极颓废的自传被心理学家巴尔肯知道后，把三个标点改成："、""……""？"，鼓励这位青年说："青年时期是人生路上的一小站，道路漫长，希望无边，浪子回头金不换，难道不应该奋发努力？"这一改动形神兼具，寓意突出，那位青年果然振作精神，终于成才。

这个故事充分说明，积极的心态永远比消极的心态更能催人奋进，更有机会获取成功。

一、增加克服困难的勇气

拥有积极的心态，就会产生积极的思维。当你遇到困难时，你考虑的不是如何逃避，而是如何迎难而上，解决困难。你看到的不是克服困难的艰辛，而是奋斗本身的快乐以及成功后的喜悦。正是这种"未来的成就感"，转化成你一往无前的勇气。

生活中，只有那些能够产生强烈的愿望以达到崇高目标的人，才能走向伟大；那些以积极心态不断努力的人，才能取得成功。对那些被积极心态所激励，想成为成功者的人来说，伴随着任何逆境，都会同时产生一种相反的激发人的力量。

但是，在生活中，我们经常会发现，许多人虽然看到别人成功也心动，看到别人致富也眼红，但却缺乏积极的心态，缺乏奋勇向前的精神，总是习惯找一些似是而非的借口，来掩饰自己的不思进取与碌碌无为。正是这些根本构不成理由的借口，膨胀了一些人的惰性，从而放弃努力，放弃追求，心安理得地接受失败的命运与穷苦潦倒的现实。因此，如果我们不以积极的心态去摒弃这些充满惰性的借口，我们就注定会一事无成，两手空空。

可见，积极的心态有助于人们克服困难，使人看到希望，保持进取的旺盛斗志。消极心态使人沮丧、失望，对生活和人生充满了抱怨，自我封闭，限制和抹杀自己的潜能。积极的心态创造人生，消极的心态消耗人生。积极的心态是成功的起点，是生命的阳光和雨露，让人的心灵成为一只翱翔的雄鹰。消极的心态是失败的源泉，是生命的慢性杀手，使人受制于自我设置的某种阴影。选择了积极的心态，就是选择了成功的希望；选择消极的心态，就注定要走入失败的沼泽。假如你想成功，想把美梦变成现实，就必须摒弃这种抹杀你的潜能、摧毁你希望的消极心态。

二、为你赢得成功的机遇

一个拥有积极心态的人，同时也拥有异常活跃的思维和敏锐的洞察力。他能从生活中一件微不足道的小事中获取成功的信息，他能在别人抛弃的垃圾中发现有价值的材料，他能在非常不利的环境中看见希望的曙光。

在学习中，积极的心态也是取得成绩的重要因素。有这样一个班级，班内学生的数学成绩普遍较差。许多学生多次向学校反映数学老师不会讲课，要求调换老师。的确，数学老师是一个性格内向，不善言辞的人。但是，班内一位同学的数学成绩却出奇的好，每次考试都能在全年级名列前茅。问他原因时，他说："起初我也觉得老师讲得不好，许多东西讲不清。但我觉得既然是老师，肯定有人家的可取之处。后来我发现这位老师解题速度特别快，而且解题思路独特，方法巧妙。于是我就尽量在上课前先把课本知识预习好，自习时间和课余时间专门找他学习如何解题，特别是学习人家的解题思路和方法。在老师的指导下，我觉得学数学一点也不难，而且非常有趣"。

面对同一位老师，不同学生的看法很不一样。大多数学生只看到了这位老师的课堂"表演"不合格，而那位同学却发现老师解题特别快。所以面对同一件事或同一个人，如果你用消极的心态对待，你只能看到这件事情不利的方面或者这个人的缺点（而且你还可能将其无限放大），看不到成功的希望。而如果你用积极的心态对待，你就会发现这件事或这个人的另外一面。而这另外一面，也许就能为你取得成功提供最宝贵的机遇。

三、使你拥有幸福的人生

生活中，没有人能始终一帆风顺。我们总会遇到种种挫折与失败，比如考试成绩下滑，朋友关系疏远，被老师误解，等等。这些经历或多或少会给我们带来些烦恼与痛苦。如果你总是执着于这些失败的经历，那么你的生活将是一片灰暗。但如果你能保持一种积极的心态，你就会发现阴影之外的大片阳光。

十二个为什么

有这样一则故事，内容是叙述生长在贫穷家庭里的两个兄弟，由于长期受到酗酒父亲的虐待，最后他们选择离开家里，各自出外奋斗。多年之后，他们受邀参与一项针对酗酒家庭的研究。这时的哥哥早已成了一位滴酒不沾的成功商人，而弟弟却成了一个和父亲没有两样的酒鬼，生活穷困潦倒。主持这项研究的心理学家对他们的际遇相当好奇，忍不住问他们："为什么你最后会变成这样呢？"出乎众人意料的是，两人的答案竟然一样："如果你的父亲也像我父亲一样，你还能怎么办？"

人与人之间其实只存在很小的差异——心态的积极与消极。但就是这种很小的差异往往造成了人与人之间的天壤之别——有的人非常幸福，而有的人终生不幸。

四、影响人的生理健康

有个教授做了一个死囚的试验。他把一个死囚关在一个屋子里，蒙上死囚的眼睛，对死囚说："我们准备在你身上做试验，换一种方式让你死。我们将把你的血管割开，让你的血滴尽而死。"然后教授打开一个水龙头，让死囚听到滴水声，教授说："这就是你的血在滴。"第二天早上打开房门，大家惊讶地发现死囚死了，脸上惨白，一副鲜血滴尽的模样。其实他的血一滴也没有滴出来，他是被吓死的。这个试验揭示的原理是心态影响生理。心态好，有利于生理健康、能力增强；心态不好，则会损害健康、能力下降。

心态不好的人，一旦欲望不能得到满足或遇到不顺心的事，就愤世嫉俗，心烦气躁，牢骚满腹，怨气冲天。这些人老是为权所累、为名所累、为利所累、为一切不顺心的事所累，成天生活在沮丧懊恼、苦闷抱怨之中。这不仅不利于正常的工作和生活，而且会影响身心健康。如有的人一味追求物质享受，尽管锦衣玉食、别墅汽车，但还不满足。经不住灯红酒绿、物欲横流的诱惑，贪污受贿，结果东窗事发，锒铛入狱，甚至丢了卿卿性命。有的看到别人进步了，自己未得到提拔重用，总认为自己有经天纬地、安邦定国之才，怪组织用人不公，怨领导不能"慧眼识英才"，因而闹情绪，消极沉沦，自暴自弃。

由此可见，心态对于人生的意义是何等重要，无论情况好坏，都要抱着积极的心态，莫让沮丧取代快乐，莫让忧郁替代开心，莫让满天乌云遮住眼睛。拨开云雾，让阳光照到我们心里。我们应当保持阳光心态，高高兴兴、开开心心地过好每一天。

第三节　如何培养积极心态

一、采用积极的思维反应模式

同一件事情，乐观者往好处想，而悲观者往坏处想，两者的结果是完全不同的。一次，电视转播音乐大师梅达的音乐会。梅达出场前被挂了一个花环。当他上台起劲儿地指挥乐队时，花瓣纷纷落到脚下。

"等他指挥完，"一位女士议论说，"他会站在一堆可爱的花瓣之中。"

"到完的时候，"一位男士有点儿忧伤，"他颈上只会挂着一条绳索。"

面对同样的事情，看法各不相同。显然，前者的乐观比后者的抑郁更容易让人奋进。

人的心态是随时随地都可以转化的，有时可以转好，有时可以转坏。你想好事时，心情就立即可以变好；你想坏事时，心情马上就可以变坏。

古时有一位国王，梦见山倒了，水枯了，花也谢了，便叫王后给他解梦。王后说："大势不好。山倒了指江山要倒；水枯了指民众离心，君是船，民是水，水枯了，船也不能行了；花谢了指好景不长了。"国王惊出一身冷汗，从此患病，且愈来愈重。一位大臣要参见国王，国王在病榻上说出他的心事，哪知大臣一听，大笑说："太好了，山倒了指从此天下太平；水枯指真龙现身，国王，你是真龙天子；花谢了，花谢见果子呀！"国王听后全身轻松，很快痊愈。

"凡事往好处想"并不是解决一切问题的灵丹妙药，却是一种健康积极的人生哲学。有了它，也许问题本身不会减少，但问题的解决却找到了正确的方向。所以我们应该培养乐观的人生态度。

美国作家欧亨利在他的小说《最后一片叶子》里讲了个故事：病房里，一个生命垂危的病人从房间里看见窗外的一棵树，在秋风中一片片地掉落下来。病人望着眼前的萧萧落叶，身体也随之每况愈下，一天不如一天。她说："当树叶全部掉光时，我也就要死了。"一位老画家得知后，用彩笔画了一片叶脉青翠的树叶挂在树枝上。最后一片叶子始终没掉下来。只因为生命中的这片绿，病人竟奇迹般地活了下来。

虽然生活中不如人意的事情很多，但是，我们仍应该以乐观的态度去看待，这样生活中就会少一分忧虑，多一分开心。

要是火柴在你的衣袋里着起来了，那你应当高兴，而且感谢上苍：多亏衣袋不是火药库。

要是有穷亲戚上门来找你，不要脸色发白，而要喜洋洋地叫道："挺好，幸亏来的不是警察！"

要是你的手指头扎了一根刺，那你应当高兴："挺好，多亏这根刺不是扎在眼睛里！"

要是你正在走路，突然掉进一个泥坑，出来后你成了一个"泥人"，那你应该高兴，幸亏掉进的是泥坑，而不是沼泽。

要是你一个朋友也没有，那你也应该高兴，幸亏没有的是朋友，而不是自己。

生活就是这样，换一个角度，烦恼就不再是烦恼，忧愁就不再是忧愁，压力会成为你奋斗的动力，错误能变成你能力提升的前奏。换一种心态，生活就会多一些欢笑，少一些忧愁，多一份好心情，少一点儿坏情绪。心情好了，生活就会明朗许多。

二、确定最佳的注意力范围

根据20/80定律，我们应当将注意力更多的集中在影响范围，而不是相关范围。只需将时间或者精力花在那最重要的20%的范围，我们就可以得到多达80%的效果。

消极心态的人：
①总是注意别人做得不好的地方。
②总是将注意力放在自己不能解决的问题上。
③总是希望别人先改变，自己才改变。
于是消极心态的人被无关紧要的事情所束缚。
要想培养积极的心态，我们需要做到如下几点：
①注意自己做得不好的地方，并想办法改进。
②将注意力放在自己能想办法解决的问题上。

③先寻求自己的改变，从而带动别人改变。

【案例3.2】积极心态是美丽的魔镜

塞尔玛陪伴丈夫驻扎在一个沙漠的陆军基地里。她丈夫奉命去沙漠里演习，她一人留在陆军的小铁皮房子里。天气热得受不了——在仙人掌的阴影下也是125℉。她没有人可聊天，只有墨西哥人和印第安人，而他们不会说英语。她太难过了，就写信给父母，说要丢开一切回家去。她父亲的回信只有两行，这两行字却永远留在她心中，完全改变了她的生活。

"两个人从牢中的铁窗望出去，一个看到泥土，一个却看到星星。"

塞尔玛一再读这封信，觉得非常惭愧。她决定要在沙漠中找到星星。

塞尔玛开始和当地人交朋友。他们的反应使她非常惊奇。她对他们的纺织、陶器表示兴趣，他们就把自己最喜欢、舍不得卖给观光客人的纺织品和陶器送给了她。塞尔玛研究那些引人入迷的仙人掌和各种沙漠植物，又学习有关土拨鼠的常识。她观看沙漠日落，还寻找海螺壳。这些海螺壳是几百万年前这里还是海洋时留下来的……原来难以忍受的环境变成了令她兴奋、流连忘返的奇景。沙漠没有改变，印第安人也没有改变，但是塞尔玛的思想改变了，心态改变了。一念之别，使她把原先认为恶劣的情况变为一生中最有意义的冒险。

三、让自己拥有更高的情商

1. 什么是情商

如果一个人拥有积极的心态，那就表明他已具备控制自我情绪的能力，这是组成情商的重要能力之一。

长期以来，人们对情商一直有一种神秘的感觉。有一首歌的歌词写得很好："问世间情为何物，只叫人生死相许，看人间多少故事，最销魂梅花三弄。"谁写的？琼瑶。她写这个"情"是男欢女爱的情，我们这个情商的"情"不是男欢女爱。那么情商是什么呢？就是情绪商数，情绪智力，情绪智能，情绪智慧。也就是我们常说的理智、明智、理性、明理，主要指的是：你的信心、你的恒心、你的毅力、你的忍耐、你的直觉、你的抗挫力、你的合作精神等一系列与人的素质有关的心理素质。

十二个为什么

简单来说,情感智商是自我管理情绪的能力。和智商一样,情商(Emotional Quotient,EQ)是一个抽象的概念,是一个度量情绪能力的指标。

情商不同于智商,它不是天生注定的,而是由下列5种可以学习的能力组成:

①了解自己情绪的能力。能立刻察觉自己的情绪,了解情绪产生的原因。

②控制自己情绪的能力。能够安抚自己,摆脱强烈的焦虑忧郁以及控制刺激情绪的根源。

③激励自己的能力。能够整顿情绪,让自己朝着一定的目标努力,增强注意力与创造力。

④了解别人情绪的能力。理解别人的感受,觉察别人真正需要,具有同情心。

⑤维系融洽人际关系的能力。能够理解并适应别人的情绪。

情商的核心内容可以用四句话描述:知道别人的情绪,知道自己的情绪,尊重别人的情绪,调控自己的情绪。

智商(Intelligence Quotient,IQ)的全称是智力商数,它是衡量一个人智力高低的重要指标,反映的是一个人智力的强弱、聪明的程度、智慧的情况。智商一般采用(智力年龄/生理年龄)×100 的智商公式进行测算。一般人的智商在 90~110 之间,高于 110 的人智商相对较高,低于 90 的人智商相对较低。智力商数,通常表现为一个人的表达能力、理解能力、记忆能力、数学运算能力、领悟能力、思维速度、反应速度、逻辑推理、空间推理能力,等等。

情绪商数,通常主要指情绪控制能力,还包括定力、耐性,沟通能力等。一个人控制不住情绪,动辄暴跳如雷,是无法在一个团队中生存的;一个人没有定力和耐性,三分钟热情,则对目标不执着,容易三天打鱼两天晒网或者放弃目标;沟通能力是一个人综合素质的表现,表现为聆听和表达的双向沟通,以及沟通技巧。有些人表达能力挺强,说起话来滔滔不绝,很多人认为这是做销售的料,恰恰错了,这样的人不适合做销售,因为这样的人只懂得单向沟通,只注重把自己的思想强行灌输给别人,容易造成对方的逆反。而双向沟通更多的是学会聆听,在恰当的时机表达,表达的时候刚好进入切入点，且入木三分。沟通能力是表达能力、理解能力、倾听能力、领悟力、心理学知识、阅历、判断力的综合运用。

2. 情商与智商的关系

一个在大学里学习成绩非常优秀的女生被留校当了老师，直到现在她还做着教课的工作，已经被晋升为教授了。而另一个女生学习成绩一般，由于她是班长，经常参加各种活动，是公认的活动能力较强的人物。毕业后，她先后到了几个单位工作，都认为不理想，于是下海，自己办起了公司，当了总经理。她的公司越做越大，现在她在美国已经有几家分公司，拥有固定资产1000多万美元。十几年后的一次同学聚会上，教授和总经理见了面。教授说："你现在可以啊！成了亿万富翁了。"而总经理则说："你的知识那么多，真正的富翁是你啊！"

人们往往重视智商而忽视情商。可从上述这个事例可以看出，智商高的人可以在专业里出成绩，而情商高的人却可以在管理运作方面出成绩。不论在何种事业上获得成功，成功者往往智商情商皆具。所以在现代管理中，管理者应多学习一些有关情商方面的知识。情商虽然有天生的成分，但是可由后天的不断学习和经验的积累而不断提高，因此拥有高情商并不是一件可望而不可即的事。要想成为一名成功的人士，不但应该学习相关领域的新知识、新技能，也应不断地有意识地提高自己的情商水平，它可以影响其他能力的充分发挥。

3. 智商诚可贵，情商价更高

智商是成功的极其重要的因素，但是影响一个人一生的，更多的还是你的性格、你的世界观、你的价值观、你的耐心、你的信心、你的毅力、你的情绪、你的情感等情商因素。

1960年著名的心理学家瓦特·米歇尔做了一个软糖实验，这个软糖实验是什么呢？他在斯坦福大学的幼儿园召集了一群四岁的小孩，在一个大厅里面，墙壁上不要太花哨，每个人面前放了一个软糖，对他们说："小朋友们，老师要出去一会儿，你们不要吃面前的软糖。如果谁吃了它，我们就不能给你增加一个软糖。如果你控制住自己不吃这个软糖，老师回来会再奖励你一个软糖。"老师走了，老师在外面窥视，很多人也在外面窥视。在老师走了以后，这群四岁小孩看软糖，诱惑、甜啊！有的小孩过一段时间手伸出去了，缩回来，又伸出去了，又缩回来。一会儿过后，有

的小孩开始吃了，但是有相当多的小孩坚持下来了。老师回来后，就给坚持住没有吃软糖的，再奖励一个。这个事完了吗？没有完。老师就分析了，他们凭什么坚持下来了？有的小孩就数自己的手指头，就不去看软糖。有的把脑袋放在手臂上，有的睡觉，努力使自己睡觉。有的数数，一二三四，不去看。这个事完了吗？没有完，他们继续观察继续分析。这些小孩上小学、上初中，他们就发现，能控制住自己不去吃软糖的，上了初中以后，大多数表现比较好，成绩也比较好，合作精神也比较好，有毅力；而控制不住自己的，表现不好，不光是读初中，进入社会的表现大概也是如此。那么这个软糖事件告诉我们什么？控制自己，控制力。这项并不神秘的试验使人们意识到，智力在人生的作用方面过去价值估计偏高，就认为还有其他的因素，对人生成功取胜还应该有其他因素。

人们在对智商和情商的研究中，得到两个数字：一个人的成功，智商占20%，情商占80%。以往认为，一个人能否在一生中取得成就，智力水平是第一重要的因素，即智商越高，取得成就的可能性就越大。但现在心理学家们普遍认为，情商水平的高低，对一个人能否取得成功也有着重大的影响作用，有时其作用甚至要超过智力。智商的后天可塑性是极小的，而情商的后天可塑性是很高的，个人完全可以通过自身的努力成为一个情商高手，到达成功的彼岸。

4. 把握良好心态，提高情商水平

（1）处世坦然

一棵苹果树，终于结果了。

第一年，它结了10个苹果，9个被拿走，自己得到1个。对此，苹果树愤愤不平，于是自断经脉，拒绝成长。第二年，它结了5个苹果，4个被拿走，自己得到1个。"哈哈，去年我得到了10%，今年得到20%！翻了一番。"这棵苹果树心理平衡了。

但是，它还可以这样：继续成长。譬如，第二年，它结了100个果子，被拿走90个，自己得到10个。

很可能，它被拿走99个，自己得到1个。但没关系，它还可以继续成长，第三年结1000个果子……

其实，得到多少果子不是最重要的。最重要的是，苹果树在成长！等苹果树长成参天大树的时候，那些曾阻碍它成长的力量都会微弱到可以忽略。真的，不要太在乎果子，成长是最重要的。

刚开始工作的时候，你才华横溢，意气风发，相信"天生我材必有用"。但现实很快敲了你几个闷棍，或许，你为单位做了大贡献没人重视；或许，只得到口头表扬但却得不到实惠；或许……总之，你觉得就像那棵苹果树，结出的果子自己只享受到很小一部分，与你的期望相差甚远。

于是，你愤怒、你懊恼、你牢骚满腹……最终，你决定不再那么努力，让自己的所做去匹配自己的所得。几年过去后，你一反省，发现现在的你，已经没有刚工作时的激情和才华了。

"老了，成熟了。"我们习惯这样自嘲。但实质是，你已停止成长了。

这样的故事，在我们身边比比皆是。之所以犯这种错误，是因为我们忘记生命是一个历程，是一个整体，我们觉得自己已经成长过了，现在是到了结果子的时候。我们太过于在乎一时的得失，而忘记了成长才是最重要的。

一个老人在高速行驶的火车上，不小心把刚买的新鞋从窗口掉了一只，周围的人倍感惋惜，不料老人立即把第二只鞋也从窗口扔了下去。这举动更让人大吃一惊。老人解释说："这一只鞋无论多么昂贵，对我而言已经没有用了，如果有谁能捡到一双鞋子，说不定他还能穿呢！"

成功者善于放弃，善于从损失中看到价值。失去也是一种价值，价值并不是仅仅满足个人的需要，价值的体现在于人的高贵品质。

（2）学会宽容

一只脚踩扁了紫罗兰，它却把香味留在那脚跟上，这就是宽恕。

要做一个宽容的人是一件很不容易的事情，因为很多人对于他人所犯的错误和自己所受的伤害往往是无法释怀的。但是很多人却没有意识到：有容乃大，真正的宽容其实是在拯救自己。

【案例3.3】 积极心态是宽容的信任

在《红楼梦》中，黛玉、宝玉和宝钗之间构成了一种微妙的三角关系。宝玉和宝钗亲近，黛玉心怀不满，故而把宝钗视为自己的"情敌"。倘若抓住了机会，黛玉总要对宝钗针砭一番。在这个问题上，宝钗表现出了宽容大度。对于黛玉的醋意、敌意，她不予理睬；就算是某些讽刺挖苦，她也只是作适当的回敬。但是，一旦宝钗抓住了两人和好的契机，就

会努力争取，以从根本上消除黛玉的敌意。

有一次，贾母让各位姑娘猜拳行令随意玩乐，黛玉无意中说出了几句《西厢记》、《牡丹亭》中的"艳词"，这引起了宝钗的注意。在当时，这两种剧本都是禁书，黛玉这样的名门闺秀怎可读禁书、说艳词？这会被人指责为大逆不道。尽管当时在座的人并没有听出来，但却瞒不过宝钗。按理说，平时受够了黛玉气的宝钗完全可以当面或背后把这件事向众人揭露出来，奚落黛玉一番。但是聪明的宝钗没有这样做，因为她敏锐地意识到这是她与黛玉化干戈为玉帛的契机。

事后，宝钗在背后叫住黛玉，笑道："好个千金小姐，好个尚未出阁的女孩儿！满嘴说的是什么？"黛玉一听，吓了一跳，知道她指的是自己在酒桌上说艳词的事，就赶紧向宝钗求饶："好姐姐，你别说与别人，我以后再也不敢了。"宝钗见黛玉满脸羞红，也就不再逼问，反而开导她今后在这些地方要小心谨慎一些，以免授人以柄。宝钗这一番真心真意的关心说得黛玉既感激又信服，心想自己平常刻薄待她，她对自己还是这样好，也就意识到了自己以往的过失。

聪慧的宝钗为我们做出了宽容的榜样。按照我们一般人的处理方法，如果真的有一个像黛玉那样屡屡讽刺挖苦、给我们气受的人，我们是断不能一味忍让的。平常忍一忍还可以，倘若有机会抓住了他的小辫子，一定要狠狠地出一口气。但是宝钗却用真诚与宽容换取了黛玉的信任。

人们常说：宰相肚里能撑船。说的就是人要有宽容之心，能原谅别人的过错。宽容和原谅别人的过错是维持人与人之间良好关系的基石。交友广泛，容易成功的人一定是一个能宽容别人、心胸宽广的人。宽容是一种美德！

（3）保持快乐

大哲学家亚里士多德曾说："快乐是人类和兽类所共同追求的东西，所以从某种意义上来说，它就是最高的善，它渗透到从高级到最低级的一切生命之中。"如果一个人没有任何的快乐，那他的生活之中就不会有阳光。那么，怎样才能获得真正的快乐呢？心理学家告诉我们：快乐源于人的内心，要想获得快乐，就得先从自己的内心中去寻找。

对于快乐，卡耐基说："我们生活中获得的快乐，并不在于我们身处何方，也不在于我们拥有什么，更不在于我们是怎样的一个人，而只在于我们的心灵所达到的境界。"可见，快乐没有什么道理，只要你觉得快乐，那便是快乐。换言之，你想让自己快乐，就可以得到快乐。

其实，我们每个人都具备使自己幸福和快乐的资源，像积极的态度、爱心、感恩、谦虚，等等。这些特质几乎在每个人身上都能找到，但很多人却不懂得把这些"幸福与快乐的资源"好好加以利用。

要乐观豁达，善于乐观豁达，自找乐趣，自找乐子。你的心情如何，乐观还是悲观，这是情商的重要方面，这是获得情商的重要因素，所以有人讲，乐观会反败为胜，悲观可能反胜为败。

有一只老猫整天忧心忡忡，愁眉不展，他想着自己是全世界最不幸福的老猫了。但是偶尔一看，一只小猫咪在地上打圈，咬自己的尾巴，自己转圈自己咬自己的尾巴，乐不可支。老猫说，小猫咪，你怎么这么快乐呢？小猫咪说，我的尾巴上有快乐。老猫回到家里面，也像小猫那样，自己转圈咬自己的尾巴，咬，咬，真是快乐。后来它明白了，快乐是在自己的尾巴上。

当然这是个笑话，它说明什么？快乐确实要自己找，自找快乐。

(4) 拓展交际

有人说，只有上帝和野兽喜欢孤独。

人需要朋友，需要友爱，正如天空离不开星星。只有充满星星的天空，才显得不那么孤独；只有充满星星的天空，才显得更加寂静和神秘。越来越多的人逐渐认识到，与他人的交往越多，人际关系也就越好，在生活中获得的机会也就越多，成功的几率也就越大。

人都爱面子。给别人留情面，给自己留台阶，这才是人际交往中的大智慧。第一，对人宽容，宽容胜过百万兵；第二，换位思考，换一把椅子坐一下；第三，学会关心；第四，充满爱心；第五，负有同情心；第六，沟通协调；第七，诚信正直；第八，善于合作；第九，乐于吃亏。吃亏是一种精神，付出才能得到，舍得舍得，有舍去才有得到。

人之所以快乐，不是得到的多，而是计较的少；财富不是一辈子的朋友，朋友却是一辈子的财富。

【案例3.4】积极心态是快乐的源泉

国王听说宰相因病卧床不起，忙派御医去给宰相把脉问诊。可无论御

医用什么药方,宰相的病都不见好转,反而越来越严重。

御医见状急了,他拉着宰相的手说:"宰相,请你告诉我你的真正病因,好吗?只有这样,我才能对症下药,才能救你的命。"

"我是因为觉得生活中没有幸福和快乐而痛苦得要死的。我需要幸福快乐!"宰相说完,又痛苦地闭上了眼睛。

"看来,我得为他找到幸福快乐,不然宰相就死定了。"御医打定主意后便来到民间,向人们打听在哪里能找到快乐。

"哦,我想有笑声的地方就有快乐。"有人说。

御医找到一位正哈哈大笑的人,对他说:"请你借给我一点快乐吧。"

"你认为我在笑,我就快乐吗?其实,我是嘲笑自己刚才做的一件蠢事,我并不快乐。"那人停止笑,沮丧地说。

御医听人说矮人国的人很快乐,便来到矮人国,请求国王道:"尊敬的陛下,请你借给我一些快乐吧。"

不料矮人国的国王说道:"要说这话的人应该是我,我虽然拥有至高无上的权力和无尽的财富,但我这一生,从来就没有过一天真正快乐的日子。如果你找到了快乐,我愿意用王位来换取。"

御医失望地告别了矮人国国王。在一条乡间小路上,他看见了一位又跛又哑的残疾人,正在吃力地拉着一车柴火赶路,忍不住叹息道:"哦,又是一个没有快乐的人。"

哪知残疾人抬起头来,用充满快乐的眼神看着御医,并用手比画着说:"我有快乐!"

"你有快乐?"御医有些不敢相信地问。

残疾人使劲地拍着胸脯,表示肯定。

"那么请你借给我一些快乐吧,我要去救宰相。"御医兴奋地说。

残疾人再一次用手拍了拍胸膛,比画道:"快乐在我心里,你是拿不走的。"

御医于是回到自己的国家,对宰相说:"快乐根植于人的心里,你若要快乐,只能从自己心里寻找。"宰相听后,恍然大悟。

【参考文献】

[1] 千智莲. 心态就是本钱 [M]. 北京:新世界出版社,2008.

［2］刘丙仁. 心态决定你的命运［M］. 北京：地震出版社，2007.

［3］郑陆胜，郑艳红. 左右你一生的心态：让你受益一生的人生智慧［M］. 北京：中国妇女出版社，2008.

［4］叶建华. 人生幸福来源于自我和谐［M］. 北京：机械工业出版社，2011.

［5］方洲. 小故事大道理［M］. 北京：华语出版社，2007.

［6］［美］戴尔·卡耐基，赵一行（译）. 卡耐基经典小故事全集［M］. 北京：北京出版社，2007.

［7］彭书淮. 情商的惊人力量［M］. 天津：天津科学技术出版社，2011.

［8］［西］巴尔塔沙·格拉西安，靳丽霞（译）. 智慧金字塔［M］. 北京：新世界出版社，2010.

第四章　为什么要正确对待名利

【案例4.1】袁隆平的名利观

20世纪90年代初,在评选中国科学院学部委员即现在的院士时,袁隆平作为候选人曾4次被省人民政府提名,却有3次落选了。对普通人而言,经历过几次挫折也许就会心灰意冷,裹足不前,而他却没当回事。在他出名后,他对越来越多的社会活动唯恐避之不及,他经常告诫学生:"要把名利放在贡献的后面。"他认为金钱的多少无非是一个数字,既不吝啬,也不奢侈,只要能用就行。他将在国际上获得的所有大奖的奖金几乎都捐赠给了以他名字命名的农业科技奖励基金会以及教育和慈善事业。他用坚强的毅力和执着的追求,坚守着自己的本色,不为浮躁所动,不为金钱所惑,不为名利所累,完美地解读了自己的人生真谛。

"一个人真正做到没有名利是很难的,关键是要淡泊名利。"袁隆平在接受记者采访时这样说。诚然,人非圣贤,一个人完全不讲名利是不可能的,但如果把名利看得太重,就会陷入个人名利得失的忧虑中,快乐就会离你而去,甚至还会在贪婪欲望的驱使下走上邪路。在现实工作中,有的人资历较深,在一个岗位上工作了一段时间,看到别人被提拔了,自己心里就不平衡,或产生不受重用、怀才不遇等抱怨情绪和浮躁心理。还有的人论资历、能力和政绩都是出类拔萃的,由于某些因素影响,"这趟车没赶上","下趟车"又错过了机会。在这种境遇面前更应当向袁隆平学习,以一种平静的心态对待个人的进退,始终保持一颗平常心。否则,不平衡的心理和急躁、埋怨的情绪既会影响工作,又可能影响组织和群众对自己的评价和认可。

古人说得好,"非淡泊无以明志,非宁静无以致远"。让我们像世界杂交水稻之父、中国工程院院士袁隆平那样淡泊名利、心境豁达,以饱满的热情投入到学习和工作中去，努力实现自己的人生价值。

第一节　名利与名利观

一、多元化的名利观

1. 什么是名利

《现代汉语词典》中对"名利"的解释为"个人的名位和利益"。"名位"指的是"名声和地位"，是"在社会上流传的评价"。也就是说，名是个体在自身所处的社会群体中的地位和声誉，是他人对个体的认可程度的体现。有无名声、名声大小反映了个体价值观的不同。追求名声是个体的精神需求，是社会成员自身发展的内在动力。

利是指能够满足个体物质生活需求的物质财富和功利。对利的追求是社会成员维持生命存在的前提。马克思关于利有这样的解释："人们奋斗所争取的一切，都同他们的利益有关。"广义上我们把"利"分为公利和私利。所谓公利，指以一种与广大人民群众的利益相一致且能够促进人民群众利益得以实现的利。私利常常指维护自身所需的行为，包括正当合理的利益（如维持生存和发展）和失当利益（违背伦理道德规范，与社会整体利益相冲突）。名利是人生的坐标，是实现人生价值的最好证明。名利观，是世界观、人生观和价值观的集中体现。

2. 中国儒家与道家的名利思想

被后世视为"入世之学"的儒家思想，是崇尚功名的。在《论语·里仁》中，孔子认为，"富与贵，人之所欲也，不以其道得之，不处也；贫与贱，人之所恶也，不以其道得之，不去也。"儒家在肯定了"君子爱财"的同时，也指出要"取之有道"。《列子·杨朱篇》中有一段杨朱与孟氏的对话，"人为何要功名？曰：以名者为富。既富为何不止？曰：为贵。既贵为何还不止？曰：为死。人死之后有为何？曰：为子孙。"这段话折射出我国古人以"升官发财，福寿双至，封妻荫子，流芳后世"为幸福的人生理想和追求功名利禄的价值取向。

作为"出世之学"的道家思想，反复认证以生命为贵，以名位利禄为轻的人生哲学，强调为人应淡泊名利。《老子》九章指出："金玉满堂，莫之能守。富贵而骄，自遗其咎。功成身退，天之道。"老子认为，人的欲海难填，总是无止境地追求名利财货。他指出：不论做什么，都要适可而止，功成身退是自然规律。《老子》四十四章中说："名与身孰亲？身与货孰多？得与亡孰病？是故甚爱必大费，多藏必厚亡，知足不辱，知止不殆，可以长久。"他认为名与人的生命价值相比，人更应该贵生重己，重身轻物，对待名利知足常乐。《老子》八十一章里强调人要"为而不争"，人们不必介意外在的功利显名，只应按照自己的本性去努力扩充自己的能力，发展实力和个性，摆脱浮而不华的东西，消除无益的社会纷争，顺其自然地服务社会和人民。

3. 多元化的名利观

20世纪50年代开始到改革开放前，"名利思想"几乎成了资产阶级个人主义的同义词。社会主流倡导"毫不利己，专门利人"的名利观，奉行雷锋精神，做好事不留名，留名更有沽名钓誉之嫌。人们追求名利反而成为一种不道德的行为。我国改革开放以来，思想的解放奠定了多元化的文化和价值观，自然也有多元化的名利观。

一种是以名利为目的的功利性名利观，认为"人生在世，名利二字"，把"天下熙熙，皆为利来；天下攘攘，皆为利往"奉为座右铭，把有利于个人利益当成为人处世的唯一标准，往往容易在追逐名利的道路上迷失自我。

一种是道德型，他们认为道德与名利是绝对矛盾的，认为追求个人利益就是违背社会道德。

一种是淡泊型，他们并不是没有功利心，但是他们在追求和获取的态度上不是急功近利、损人利己、损公肥私，而是讲顺势而为、公平竞争、取之有道、得而无愧。

现在西方主流哲学主要是建立在人性是自私的、人们都是为自己的利益在博弈的理念上。在这种思想的倡导下，追求利润最大化使社会物质财富极大丰富。然而财富并没有在精神上带给人更多的幸福，人变得越来越不幸福，越来越迷茫，这是西方文化的精神危机。

二、当代大学生的名利观

1. 大学生名利思想面面观

一项对698名大学生的人生价值观进行的调查结果：一些与奉献精神

相关的价值目标，如奉献社会、造福人民、服务他人等排序居中或靠后，说明大学生集体主义价值观取向有所削弱，这也是近年来社会价值观演变的反映。而一些传统的价值观，如世人仰慕、地位显赫、成名成家、光宗耀祖等不被大学生重视，体现了当代大学生价值观与传统价值观的差异。

有研究表明，当代中国青年已经不再无条件地认同"为人民服务、为社会服务"，而是重视利益与公正、重视个人与社会的利益。在他们中，经济收入已经成为选择工作的第一个考虑因素，越来越多的青年讲求"实惠"，追求"社会地位"和"自我完善"。

一项分析当代大学生价值取向的研究指出：当代大学生从注重知识价值、理性追求，转变为重视金钱的价值、感官上的享受，认为即使是追求理性和知识的同时，也需要金钱和物质的享受。

一项关于大学生价值观的调查，回收有效问卷1440份（占调查样本总人数的10%）。对于"想做什么样的人"的问题，53.57%的学生想做"在事业上有成就的人"，22.5%的学生想做"有道德、讲良心的人"，21.25%的学生想做"对祖国、人民、社会有用的人"，9.38%的学生想做"安分守己的普通人"，5.21%的学生想做"有钱人"，4.51%的学生想做"有权有地位的人"。

一项专门针对青年的名利观的研究指出：追求荣誉与财富并不一定违背社会道德，名利意识与社会道德规范并不是天生的一对矛盾，正确的名利观和恰当、合理的名利意识是个人道德成长的基础。因此，名利观的培养具有较强的道德价值。

一项研究通过"大学生功利心理问卷"进行调查，意在研究大学生在人际交往、生活信仰、学习动机、就业标准、社会活动的哪些方面具体体现出功利主义思想。结果表明：按照个体心理在义与利、利己与利他、利近与利远、理想与欲望四个维度的两极表现程度，大学生的功利心理分为三个类型：现实型、理性型、奉献型。

还有专家指出，当代大学生表现出较强的自我意识，注重自我价值的实现和实际利益的获得。特别是青年非常注重自我感受、自我判断和自我体验，从中形成自己的价值取向，他们更倾向于个人利益。

2. 当代大学生名利观形成的影响因素

随着我国市场经济的发展和文化的多元化交流，名利观也逐渐转向多

样化的价值追求。在市场经济的发展浪潮下，以经济建设为中心的更加民主、开放、现代的主流文化，使当前社会形成了经济标准的价值取向。我们已经开始不断地追求物质上的享受，崇尚物质利益、金钱至上，不再愿意去追求人生的精神层面，较少去追求形而上的信仰。我们常常用"世俗化"来形容当今的价值取向：过于注重物质享受、功利追求和感官满足，忽视了对理想的追求、精神的提升和对自己灵魂的关注。造成大学生名利观的原因主要表现在以下几个方面。

(1) 社会因素的影响

随着科技的进步，社会经济文化的发展，我们对世界的认识更加广泛深刻，信息化提供给我们更多认识世界的机会。同时，中西文化在经济全球化的同时不断融合，形成了多元文化格局。中国传统文化讲求的"不计名利"、"吃得苦中苦，方为人上人"的思想与西方哲学"人性自私"相博弈，主流文化与非主流文化相冲突，精英文化与大众文化、高雅文化与通俗文化的交融，形成了多元的名利取向。与此同时，社会道德规范相对松弛及社会模范作用也影响着名利观的形成。

(2) 校园因素的影响

素质教育要求学校注重培养学生的合作能力，但在目前校园管理机制下，学生个人主义的学习方法依然受到鼓舞，判断成功的标准是名列前茅。在激烈的"比赶超"的学习竞争下，容易促使学生个体私人意识的增长，他必须通过各种方法战胜对手，获得荣誉和利益。

此外，学校对名利观的教育不够重视，不够深刻。一方面对学生进行"无私奉献"、"毫不利己，专门利人"的道德教育；另一方面却在升学选拔制度、学生的评价考核及奖励制度等方面都倾向于功利化，过分重视分数，忽视学生的品德、心理、人格和情操等方面的素质。

(3) 家庭因素的影响

社会学认为"家庭"是社会化的最重要的中介，家庭教育直接影响着人的名利观的形成。家庭成员在长期的共同生活中，必然会趋同于一定的名利观，这也直接与家庭成员的受教育程度、社会责任感息息相关。

(4) 自身因素的影响

当代青年生长在一个开放的社会环境中，受到社会转型和文化多元潜移默化的影响。社会大环境也鼓励他们要敢于坚持自己的理想、看法、观点，崇尚自我，强调个性。而大学生又极易出现从众心理，于是表现出与社会大众趋同的名利观。

第二节 对追求名利的科学认识

一、从社会学角度分析

1. 人的生物属性

人类对"利"的追求往往反映在人的生物属性，即生存需求。西方心理学家马斯洛将人的需求分为五个层次，即：

（1）生理需求

包括人们对水、氧气、蛋白质、维生素、适宜体温、睡眠、性、运动等特定的生物性需求。当食物供给不足时，寻找食物就不是通往其他目标的手段，而其自身就变成了目标。

（2）安全需求

包括保障、保护、稳定、结构、法律和秩序以及没有恐惧和混乱。这些需求容易从儿童对生活突如其来的打击和不测做出消极反映体现出来。例如，从越南归来的老兵在饮食方面很充裕，当一辆小汽车在附近逆火或者当一架直升飞机在听觉范围内发出急转的、呼呼的奇特声音时，他们中的许多人就会身不由己地畏缩。

（3）社交需求

包括友谊、爱情以及隶属关系的需求。人们在前两种需求满足之后，就会希望建立温馨和谐的人际关系，而一旦实现了社交欲望，人的物质层面的需求将不再是主要的，精神层面的满足会使需求水涨船高。

（4）尊重需求

包括对成就和自我价值实现的个人感受，也包括他人对自己的认可和尊重。有尊重需求的人希望别人能够按照自己的实际形象来接受自己，并认为他们有能力，能胜任工作。他们关心的是成就、名声、地位和晋升机会，这些是在别人对他们才能的认可中实现的。当他们得到这些时，不仅赢得了人们的尊重，同时其内心因对自己价值的满足而充满信心。不能满足这类需求，就会使人沮丧。

(5) 自我实现需求

达到自我实现境界的人，接受自己也接受别人。

趋利避害是一切生物的本性，否则就不能实现生存和发展。在以上的五个层次中，对一个人来说，越居底层的需求越重要，一般是先满足底层需求，再满足高层需求。中国古代就有"衣食足而知礼节"的古训，也说明人的生存需求是最首要的。当然，从中也可以看出人类对"利"的生物需求往往表现在生理需求和安全需求方面。

2. 人的社会属性

人类有极其重要的一种属性，即社会属性。在社会形成发展的过程中，人类不断形成了对意识形态的认识，进而开始关注自己的精神追求，也就是对"名"的追求。

正如马斯洛的五层次需求，人类对"名"的追求就是要不断实现社交、尊重和自我实现需求的过程。如一些意志坚强、胸怀崇高理想的人，为了实现自己的某种价值目标可忍受巨大的苦难，甚至放弃自己的"生命"。这类人中有为学术而献身的伟大思想家、科学家，他们淡泊名利、安贫乐道；也有"富贵不能淫，威武不能屈，贫贱不能移"，为信念而献身的仁人志士。

二、从经济学角度分析

1. 利己主义的渊源——《国富论》及看不见的手

现代西方经济学的鼻祖亚当·斯密在1776年划时代巨著《国富论》（《国民财富的性质和起因的研究》）中写道：人只要做"理性经济人"就可以了，如此一来，每个"理性经济人"都力图充分利用手中的资本，使其生产最大的价值。从主观讲，他并没有主动去增进公共福利，更不知道他实际上增加了多少公共福利，他所追求的仅仅是他个人的利益。但他在这样做的时候，有一只"看不见的手"指引他去帮助实现增进社会福利的目的，达到追逐个人利益的同时增加社会利益。亚当·斯密同时还指出：每个人"只想得到自己的利益"，但是又好像"被一只无形的手牵着去实现一种他根本无意要实现的目的，……他们促进社会的利益，其效果往往比他们真正想要实现的还要好。"这就奠定了现代西方经济学自由竞争的经济理论。因此，经济学的最大发现就是将利己和利他、个人利益和社会利益统一了起来。

作为一个经济原动力的利己心，同时也是一个经济交换的基础。要从别人那里获得自己所需要的东西，必须给予别人他所需要的东西。于是，就出现分工，交换，货币的产生。人们在利己心的支配下做各种劳动，从而构成了私人财富和社会财富的源泉。将利己心看作人的本性，将经济活动看作利己心的结果，实际上反映了一切经济现象的客观性，都是受某种自然规律的支配。既然利己心是人的天性，是自然赋予的，追求个人利益就成为了自然之理，对追求个人利益的活动就不应限制，亚当·斯密认为私利和公益由"看不见的手"所引导，一步一步趋向和谐与均衡，此乃自然秩序的本质。

2. 市场经济条件下推动名利追求

在市场经济条件下形成的人与人之间的物质关系，对人的名利观的形成产生了极为重要的社会影响。市场经济的名利观根源于商品经济的特性，即商品经济的直接目的是为了取得商品或劳务的价值。货币是衡量劳动价值的尺度，是占有社会财富的标志，是握有某种权力的手段，也是满足自身需求的手段。因此，在商品经济社会，以追求货币形式出现的追求名利的欲望和行动，成为一种普遍的趋势、一种巨大的驱动力。而市场经济的内在驱动因素，恰恰是对这种功利的追求，如果没有这种功利动因，也就没有市场经济。现在经济运行的内在动因，来自对功利（物质利益）的追求，离开了利益杠杆，现在经济秩序显然难以建立。现在企业的效率机制，以最小的投入获得最大的产出，就是普遍的功利追求在企业中的体现。

三、从伦理学角度分析

实践证明，自由放任的市场经济，促成了经济和社会的繁荣，同时却也带来了严重的两极分化，多次引发了经济危机，最终酿成了严重的经济、社会和道德危机。所有这些问题，是单靠市场机制本身所无法克服的。正是两极分化带来的巨大社会不公和经济危机，激发了人们对以公平正义为首要价值目标的追求。

利他主义是一种自愿的、有利于他人和社会，而不要求明确回报的行为，包括分享自己的东西、帮助他人、安慰哀伤等。利他主义分为三种不

同性质的形态：一是自然形态的"亲缘利他主义"，即利他的观念只限定在自然性的血缘关系范围内；二是信仰形态的"纯粹利他主义"，即不计较个人得失以完全利他为目的的奉献精神；三是普遍形态的"互惠利他主义"，是指人们因为互助而彼此自觉地给予回报的观念。作为伦理习俗，它广泛地存在于同乡、朋友、邻里和同事之间。从经济学的角度说，互惠利他是通过双方互助行为交换彼此劳动的方式，所以"互惠利他主义"又具有经济伦理的特征，因此我们称之为经济利他主义。

诺贝尔经济学奖获得者弗里德曼曾这样评论过：不读《国富论》，不知道应该怎样才叫"利己"；读了《道德情操论》，才知道"利他"才是问心无愧的"利己"。亚当斯密的两本旷世之著，深刻揭示了市场经济的"利己"和"利他"行为。而《道德情操论》更是从伦理道德层面揭示人类对名利追求的必然性，为启发我们如何建立更加完善的市场秩序奠定了基础。

在《道德情操论》的开篇，亚当·斯密是这样讲述的："无论人们认为某人怎样自私，这个人天赋中明显地存在一种本性，使他关心别人的命运，把别人的幸福看成自己的事情，虽然他除了看到别人幸福而感到高兴之外，一无所得。"这种本性就是同情，也就是我们认为的利他行为。亚当·斯密把这里所说的"同情"称为"原始的情感"，也就是一种普通人都有的平常心理活动，不只是品行高尚的人才具备。它是"人与人之间的激情上的共鸣"，也就是俗话所说的"感同身受"。比如，我们看到有人受伤了，头上血流不止，也会心惊肉跳，也会对伤者的痛苦情绪感同身受。

由于具备了"同情"这种原始情感，人们在社会生活的经验中会习惯于用他人的眼光来看待自己的情感和行为。于是，人们在内心中就有了一个"公正的旁观者"。久而久之，就有了一个内心的法官和仲裁人，也就是通常所说的"良心"。它可以使我们看清与自己相关的事情，对自己的利益和他人的利益作出的比较，使我们能够保持一种情感和感觉，从而有是非之心，有追随、赞许美德并谴责恶行的道德情感。

亚当·斯密将人类情感归为四类：一是认为美德存在于合宜性之中，也就是对所有感情的控制和支配之中；二是认为美德存在于对个人利益和幸福的审慎追求之中，也就是利己主义；三是认为美德只存在于以促进他

人的幸福为目标的感情中，仁慈是唯一的动机，也就是完全利他主义；四是"放荡不羁的体现"，就是极端利己的体现。斯密表示对第一类体系的推崇，认为只有合宜才是最佳的选择。

《道德情操论》的核心观点就是美德。亚当·斯密将人类的美德归为两类：对自己幸福（身体、财富、地位和名誉，等等）的关心；对他人的仁慈和正义。

第一类关心，表现在对名利的追求：要增进财富，就是依靠在自己的行业或职业技能中的真才实学，在日常工作中的乐观和勤勉，以及花费中的节约。为此我们在追逐名利时必须做到合宜原则：必须掌握真本领，不欺骗，不夸示自己的才能，讨厌骗取信任的胡吹乱扯，依靠真实的本领和知识来取得执业的信誉。

第二类美德涉及对他人的友谊或伤害，即仁慈和正义。仁慈和友好的激情，主要包括宽宏、人道、善良、怜悯、相互之间的友谊和尊重，等等。如何与不同的人保持合宜的感情，就是仁慈之德要回答的问题。为此，亚当·斯密做了细致的分析。首先是家庭或家族。在他看来，父母和子女之间的感情，不是如有些人想象的是自然联系的结果，而是道德联系的产物，所以，家庭伦理是重要的。职业中的同事关系、贸易中的伙伴关系等，都存在如何友善仁慈的问题。对陌生人也同样存在同情和友善的问题。

在仁慈之德上，最富特色的是，亚当·斯密把社会团体作为慈善的首要对象和主要对象，国家和政府则是最重要的社会团体。在他眼里，为国家牺牲的爱国者表现出来的就是一种"最合宜的行为"。由于牺牲非常困难，能够做到的人非常少，所以，人们普遍赞美杰出的历史人物。

第三节 如何树立正确的名利观

一、树立远大的理想和目标

"静以修身，俭以养德，非淡泊无以明志，非宁静无以致远"这是诸葛亮《戒子书》里的话，意思是：（作为君子）应当以不受外界影响来修养自身，用节俭来培养自己的品德。对名利如果不采取淡薄的态度就不能

使志向明晰，不排除外界干扰就不能有所前进实现远大的目标。

一个人要有正确的名利观，一定要有远大的理想和目标，把眼光放得长远一点，不要只重视眼前利益。历览古今无数英雄人物的精神境界，不难发现，只有视事业重如山，才能做到看名利淡如水。

当代大学生胸怀祖国，心系人民，勤奋学习，勇于创新，他们德才兼备，风华正茂，是有理想、有道德、有文化、有纪律的中国特色社会主义的一代新人。

"志之所趋，无远勿届，穷山距海不能限也。志之所向，锐兵精甲不能御也。"理想是一簇火种，能点燃拼搏进取的火焰；理想是一盏明灯，能照亮人生奋斗的历程。理想是我们的强大精神动力，牢固树立远大理想，是大学生成长和成才的根本保证。

许多优秀大学生的成长成材之路告诉我们：一个人的理想只有和全民族的共同理想融合在一起才更有价值。今天，中华民族的共同理想，就是坚定不移地走中国特色社会主义道路，在本世纪头二十年，集中力量，全面建设惠及十几亿人的小康社会，使我国经济更加发展、民主更加健全、科教更加进步、文化更加繁荣、社会更加和谐、人民生活更加殷实，在此基础上再奋斗几十年，到本世纪中叶基本实现现代化，把我国建成富强民主文明的社会主义国家。全面建设惠及十几亿人的小康社会，是前无古人的伟大事业，中华民族千百年的美好愿望将在这项伟大事业中实现。大学生围绕这项伟大事业树立远大理想，在这项伟大事业中施展才华，一定能使自己的人生更有价值和意义。

许多优秀大学生的成长成材之路还告诉我们：一个人的远大理想只有和踏实奋斗结合起来才更有力量。远大理想植根于现实的土壤之中，真正有理想的表现是知行统一。对于在校大学生来说，实现自己远大理想的最好行动，就是刻苦学习，全面提高自己的素质，增强自己将来报效祖国的本领。周恩来同志在年少时说出的那句"为中华之崛起而读书"，深深激励了一代又一代学子。今天，我们正处在全面建设小康社会、努力构建和谐社会的关键时期，时代赋予了当代大学生崇高而又神圣的使命。大学生们躬逢盛世，应该以高度的历史责任感，为实现中华民族的伟大复兴而刻苦学习。以刻苦学习的实际行动报效祖国，这是大学生实现远大理想的必由之路。

二、把为社会做贡献作为谋求个人名利的渠道

社会是人的社会，人是社会中的人。因此，一个社会的价值风尚如何，直接影响和决定每个社会成员的价值趋向、道德情感、思想理念与行为规范，关系社会的和谐稳定。反之，社会成员的价值趋向、道德情感、思想理念与行为规范也必然影响社会主流价值与社会的和谐状况。

爱因斯坦说："一个人的价值，应当看到他贡献了什么，而不应该看他取得了什么。""一个人对社会的价值首先取决于他的感情、思想和行动对增进人类利益有多大作用。""人只有献身于社会，才能找出那短暂而有风险的生命意义。"……人的价值就在于创造价值，就在于对社会的责任和奉献，通过自己的活动满足自己所属的社会、他人以及自己的需要。这是人的真正价值所在。与此同时，还可以获得相应的劳动报酬，得到社会对自己价值的承认，从而实现对自我的满足。

市场经济时代，正确谋求个人名利的途径应该是以不损害他人、集体的利益为前提下最大化自己的名利。其中最重要的渠道是为社会做出更多贡献，得到社会的承认以实现自己的价值。当代大学生掌握着先进的技术知识、丰富的实践经验、良好的交际平台，更有助于为祖国的经济建设作出一份贡献。不仅在经济建设方面，政治、文化、艺术、国家交流等各个方面都需要知识人才的贡献。在此过程中，大学生会享受到物质财富的满足和社会地位的提升。

三、把物质追求和精神提升结合起来

作为理性的经济人，人的行为目标都是追求个人利益最大化。这样的行为是人的本性，无可厚非。人除了追求利益之外，还有同情心、关心同胞、关心社会公益事业。"物质意义上的幸福生活，仅仅是一个指标；而真正从内心感到安定……则来自于信仰"。大学生在竞争激烈的市场经济大潮中，在更加关注个人利益，更加留意自身生活的改善与享受的同时，不能忽视精神的提升和信仰的树立，要会去关注心灵追问人生的意义。名利本身并不是人生追求的全部和最终目标，当物质生活越来越丰富，金钱、名利对人的诱惑就越来越强烈。因而当代大学生要在物质追求的同时，提升内在的精神，加强道德情操和个人道德修养，学会用信仰来调

节、指导、丰富自己的生活。

【案例4.2】曹汝霖的功过由历史评说

曹汝霖，字润田，1877年生于上海。"五四"运动前，曾任北洋政府外交部次长、交通总长、外交总长、交通银行总理等职，是北洋政府要员。

1915年，曹汝霖接受袁世凯的命令，代表政府和日本签署了丧权辱国的"二十一条"。1918年曹汝霖任段祺瑞内阁财政总长，不惜丧失山东铁路主权，向日本大宗借款。1919年巴黎和会上的《凡尔赛条约》公然将山东的权益从战败国德国转移给日本，引发中国人民强烈不满。当时，曹汝霖在任交通总长，负责把部分权益让予日本。

在1919年"五四"运动中，曹汝霖与货币总裁陆宗舆及驻日公使章宗祥被并称为"三大卖国贼"。在"外争国权，内惩国贼"的口号下，学生游行到赵家楼曹宅，曹汝霖躲了起来，学生误把当时在曹宅的章宗祥当作曹汝霖痛打了一顿，并放火烧了曹宅，这就是火烧赵家楼事件。后来一些学生被抓，游行活动演变为大规模罢工、罢课和罢市。1919年6月10日，曹汝霖、陆宗舆、章宗祥三人被免职。

"五四"运动后，曹汝霖四十多岁，尚属壮年，但此后没有再任过要职，而是热衷于慈善活动。每年冬天，他嘱咐家里当差的抱几套棉衣出门，看见街上有衣不遮体的车夫，便雇他的车，拉到僻静的小胡同，把棉衣施舍给车夫一套，然后再去物色下一个对象。20世纪20年代起，由曹汝霖发起，20多人出资在阜成门内白塔寺沟沿建了一所医院，取名中央医院。筹建医院剩余的20万元存在曹汝霖代管的新亨银行，维持医院的开支。穷人来看病，一概不收医疗费。后来经费问题几经波折，都由曹汝霖想办法解决。而他从医院不拿任何薪水，医院只在他到医院时给他汽车装满汽油。

1949年，曹汝霖及家眷迁居台湾，后来又迁到美国。1966年，曹汝霖在美国底特律逝世。曹汝霖在晚年回忆"五四"运动时说："此时距今四十余年，回想起来，于己于人，都有好处。虽然于不明不白之中，牺牲了我们三人，却唤起多数人的爱国心，总算得到代价。"

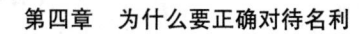

【参考文献】

[1] 瞿建国. 当代大学生功利心理初步研究［D］. 西南大学, 2008.

[2] 张进辅. 我国大学生人生价值观特点的调查研究［J］. 心理发展与教育, 1998 (2)：26-30, 44.

[3] 喻玲玲. 当代大学生价值取向的演变及其简析［J］. 当代教育论坛, 2005.

[4] 刘文亮. 我国青少年价值观研究综述［J］. 山西青年管理干部学院学报, 2008.

[5] 宋彦魁, 兰小丽. 浅谈青少年"名利观"的培养［J］. 天津教育, 2007 (2)：34-35.

[6] 金盛华, 辛志勇. 中国人价值观研究的现状及发展趋势［J］. 北京师范大学学报（社会科学版）, 2003 (2)：56-64.

[7] 管伟勋. 古往今来名利观：炎黄春秋［J］. 2000 (12)：53.

[8] ［英］亚当·斯密. 道德情操论［M］. 北京：商务印书馆, 1997.

[9] 韦正翔. 中西核心价值观的生成历程［J］. 九江学院学报, 2008 (1)：31-32.

[10] 刘智峰. 道德中国：当代中国道德伦理的深重忧思［M］. 北京：中国社会科学出版社, 1999.

[11] ［美］贝姆·P. 艾伦.《人格理论——发展、成长和多样性》［M］. 上海：上海教育出版社, 2011.

[12] ［英］亚当·斯密. 国民财富的性质和原因的研究：上卷［M］. 北京：商务印书馆, 1974.

[13] 王庚. 大学生幸福指数一种简单算法［J］. 南京财经大学学报, 2009.

[14] 张新福, 游敏惠. 青年大学生幸福观特点探析［J］. 重庆邮电学院学报：社科版, 2000 (1)：54-59.

[15] 陈丽婷. 多元价值观背景下的青少年名利观教育［D］. 苏州大学, 2009.

[16] 于丹. 论语心得［M］. 北京：中华书局, 2006.

第五章　为什么要增强法制观念

【案例 5.1】游走在法律边缘的大学生

北京某名牌大学机电系四年级学生，为了验证一下狗熊到底笨不笨，把从学校实验室偷来的兑入火碱的饮料，倒向正在与游客玩耍嬉戏的黑熊。当场，黑熊被烧得嗷嗷乱叫，满地打滚。侥幸逃脱的他没有得到心理满足，而是继续酝酿下一场行动。不久后，他带着硫酸勾兑的饮料，再次来到动物园实施残忍的"破熊"计划。先后有 3 只黑熊、1 只棕熊和 1 只马熊受到残害。后经公安机关审问得知，这名男学生已经被保送该校的研究生。

大学生群体本应是社会中素质较高的群体，发生这种事件，应该引起我们的反思，大学生只要学好科学知识就行了吗？令人担忧的是，像这种只注重学习知识，不注重加强自身品德和法律素质修养的大学生还真有不少，这名学生只不过是其中一个比较极端的例子而已。

第一节　自由、道德与法律

现实生活中，违反法律、法规的行为在大学生中并不鲜见，大到诈骗盗窃，小到购买盗版、抄袭剽窃。有相当一部分大学生存在着"法不责众"的错误观念，平日生活中明知有些小事是违法的，但仍然因"众人皆醉"而让自己"勇往直前"，徘徊于违法边缘，甚至冲破法律的底线。因此，单靠制度规范言行，永远无法避免出现这样或者那样的问题。从制度到理念的跨越，增强自身的法制意识，树立正确的法制观念，做到学法、知法、懂法、守法，是十分必要的。

一、法律的内涵

法律就是国家按照统治阶级的利益和意志制定或认可、并由国家强制力保证其实施的行为规范的总和。

1. 法律的基本含义

（1）法律是由国家创制并保证实施的行为规范

法律区别于道德规范、宗教规范、风俗习惯、社会礼仪、职业规范等其他社会规范的首要之处在于，它是由国家创制并保证实施的社会规范。国家创制法律规范的方式主要有两种：一是制定，即国家机关在法定的职权范围内依照法律程序，制定、补充、修改、废止规范性法律文件的活动。二是认可，即国家机关赋予某些既存社会规范以法律效力，或者赋予先前的判例以法律效力的活动。

法律不但由国家制定或认可，而且由国家保证实施。也就是说，法律具有国家强制性。法律的国家强制性，既表现为国家对违法行为的否定和制裁，也表现为国家对合法行为的肯定和保护。

（2）法律是统治阶级意志的体现

在阶级社会中，法律是统治阶级意志的体现。首先，法律所体现的是统治阶级的阶级意志，即统治阶级的整体意志，而不是个别统治者的意志，也不是统治者个人意志的简单相加。其次，法律所体现的统治阶级意志，并不是统治阶级意志的全部，而仅仅是上升为国家意志的那部分意志。

（3）法律由社会物质生活条件决定

法律不是凭空出现的，而是产生于特定时代的物质生活条件基础之上的。社会物质生活条件是指与人类生存相关的物质资料的生产方式、地理环境和人口等。其中，物质资料的生产方式既是决定社会面貌、性质和发展的根本因素，也是决定法律本质、内容和发展方向的根本因素。生产方式包括生产力与生产关系两个方面，对法律产生决定性的影响。在阶级社会中，有什么样的生产关系，就有什么样性质和内容的法律。

2. 我国社会主义法律的本质

我国社会主义法律，是在中国共产党领导的新民主主义革命时期孕育，在社会主义制度建立后确立并在社会主义建设中不断发展的。我国社

会主义法律的本质主要表现在以下几个方面：

①从法律所体现的意志来看，我国社会主义法律是工人阶级领导下的广大人民意志的体现。我国社会主义法律既具有鲜明的阶级性，又具有广泛的人民性，体现了阶级性与人民性的统一。

②从法律的实质内容来看，我国社会主义法律是社会历史发展规律和自然规律的反映，具有鲜明的科学性和先进性。

③从法律的社会作用来看，我国社会主义法律是中国特色社会主义事业顺利发展，社会主义和谐社会建设的法律保障。在经济建设方面，维护和巩固社会主义基本经济制度，保障改革开放和社会主义现代化建设的顺利推进，促进社会生产力的发展。在政治建设方面，维护和巩固社会主义基本政治制度，保障社会主义民主政治建设顺利推进，保证人民享有广泛的民主权利和自由，镇压敌对势力和敌对分子的反抗和破坏活动，保卫国家主权和领土完整。在文化建设方面，维护社会主义价值观和思想道德准则，促进和保障教育科学文化事业的发展，繁荣社会主义先进文化。在社会建设方面，维护社会的公平与正义，协调人与自然的关系，推动社会主义和谐社会的构建。在对外方面，促进和保障对外经济、政治、文化关系的发展，营造和平发展的外部环境。

二、自由与法律

生命诚可贵，爱情价更高，若为自由故，两者皆可抛。这是匈牙利诗人裴多菲的一首诗，它反映了自由的可贵和人们对于自由的不懈追求。古往今来，无数的革命运动、思想启蒙运动也无不是在追求生存的自由和思想的自由解放。既然无数人认为：自由是人类毕生所追求的，是天赋的。为什么在特定情况下会遵从法律而以牺牲行为自由为代价呢？由此，我们不得不提出这样一个问题：何谓"自由"，我们所苦苦追求的"自由"的本质究竟是什么，是"摆脱的自由"即摆脱了某些事物而获得行为上的自由，还是"自为的自由"即自主地去做什么的自由。

1. 自由的内涵

自由一词就其本意，指的是没有阻碍的状况，是按照自己的意愿做事，是人能够按照自己的意愿决定自己的行为。自由是一种免于恐惧、免于奴役、免于伤害和满足自身欲望、实现自我价值的一种舒适和谐的心理状态。自由是一个人能够主宰自我，是天赋的人权。衡量一个人自由与否关键不在于他的行为或者更准确说不在于他行为的结果即他能做的事比想做的多或者他想做某事就可以做某事，而在于他是否具有"自我主宰"的意志以及由此意志去指引他的行为，这就是自由的本质。

自由分为绝对自由和相对自由。绝对自由是指：个体能够完全按照本身所具有的意识和能力去做任何事情（不被其他个体或外在事物所强行改变，受到个体内在的约束条件限制）。相对自由是指：人类或其他具有高等行为的个体在外在的约束条件下（法律，道德，生态平衡等）能够去做任何事情（受到外在约束条件限制）。

自由是绝对的又是相对的，人的生命特点在于自由，对自由的任何限制本身都是有限的，不可能完全取消人的自由，另一方面，任何一种自由都是有条件的，并且有一定的范围，受到某种限制，所以自由又是相对的。

而事实上，绝对的自由是不存在的，存在的是相对的自由。自由本来就是以不侵害别人的自由为前提的，是受限制的和有条件的。绝对的自由在社会中存在必然受到其他个体的自由的限制，此种限制之间相互影响，形成了诸如法律，道德等约束性限制。但这种限制，从一方面看是对自由的约束，从另一方面看也是对自由的保护。不许我侵犯别人，保护了别人的自由；不许别人侵犯我，保护了我的自由。

2. 自由与法律的关系

（1）自由的要求表现为法的要求

在阶级社会中，没有一般的自由。剥削阶级的自由，对被剥削阶级就意味着不自由，甚至这一剥削阶级的自由，也会妨碍着另一剥削阶级的自由。因此，为了使社会其他阶级承认和接受本阶级的自由权利，这种自由的要求通常表现为法的要求。因为法以国家的名义颁布和实施，具有普遍性和强制性的特征，它可以使一定阶级的自由要求在社会上获得普遍遵行的效力。

（2）法律保证以取得的自由

一定阶级自由权利的确立和实现，都意味着另一阶级自由权利的丧失，它不可避免地要受到其他阶级，特别是敌对阶级的阻挠和破坏，因而需要法律加以保障。法律的神圣性就在于，它按照一定阶级的意志规定下

来，赋予这种意志要求以不可侵犯的性质。

我国十分重视法制建设。在短短的几十年时间内，已经修订和制定了诸如宪法、刑法、民法、商法、婚姻法、消费者权益保障法等一系列重要法律，并为进一步完善和健全我国的法律体系而正进行着广泛的立法工作。它将从政治、经济、精神文明等不同的方面维护、巩固和发展中国特色的社会主义制度，从而也将有效地保障广大人民群众享有广泛的民主自由权利。

（3）自由不能超出法律的许可范围

世界上从来没有绝对的、不受任何限制的自由。自由和约束是矛盾的，但又是统一的。没有一定的约束，也便没有自由。法律在保障自由权利行使的同时，又对自由设定必要的范围和限度。正如法国著名思想家孟德斯鸠写道："自由是做法律所许可做一切事情的权利，如果一个公民能够做法律所禁止的事情，也就不再有自由了，因为其他的人也同样会有这个权利。在法律许可的范围内，即在以不损害他人的自由为条件下，人民才能享有真正的自由"。

三、道德与法律

1. 道德的内涵

我们通常讲的道德是一种社会意识形态，指人们行为应遵循的原则和标准。道德的定义可以概括为：道德是一定社会、一定阶级向人们提出的处理个人与个人、个人与社会之间各种关系的一种特殊的行为规范。这一概念说明，道德是以善恶为标准，调节人们之间和个人与社会之间关系的行为规范。道德总是扬善抑恶的。

道德一词由来已久，早在两千多年以前，先秦思想家老子所著《道德经》一书中就出现了"道德"这个词语："道"表示事物运动变化的规则，"德"表示对"道"认识之后，按照它的规则把人与人之间的关系处理得当。道德由一定社会的经济基础所决定，并为一定的社会经济基础服务。人类的道德观念是受到后天一定的生产关系和社会舆论的影响而逐渐形成的。不同的时代、不同的阶级往往具有不同的道德观念，不同的文化中，所重视的道德元素及其优先性、所持的道德标准也常常有所差异。

马克思主义认为，道德不是人的自然本质固有的"善良意志"，而是

第五章　为什么要增强法制观念

建立在一定社会经济基础上的思想关系,是一种特殊的社会意识形态或上层建筑。它作为思想关系,就其一般本质而言,是对社会物质关系的反映,是由社会物质条件特别是经济关系所决定并为其服务的社会意识形式;而作为一种特殊的社会意识形态,道德又具有区别于其他意识形式的特殊本质和规定性,从而使道德成为凭借善与恶、正义与非正义、公正与偏私、诚实与虚伪等观念来把握现实世界的"实践精神"。马克思主义的道德本质观,为我们认识当今社会的错综复杂的道德现象提供了基本的理论依据和方法指导。

2. 道德与法律的关系

它们都属于上层建筑,都是为一定的经济基础服务的。它们是两种重要的社会调控手段,自人类进入文明社会以来,任何社会在建立与维持秩序时,都不能不同时借助于这两种手段,只不过有所偏重罢了。两者是相辅相成、相互促进、相互推动的。道德与法律的关系具体表现如下。

(1) 法律是传播道德的有效手段

道德可分为两类:第一类是社会有序化要求的道德,即社会要维系下去所必不可少的"最低限度的道德",如不得暴力伤害他人、不得用欺诈手段牟取利益、不得危害公共安全等;第二类包括那些有助于提高生活质量、增进人与人之间紧密关系的原则,如博爱、无私等。其中,第一类道德通常上升为法律,通过制裁或奖励的方法得以推行。而第二类道德是较高要求的道德,一般不宜转化为法律,否则就会混淆法律与道德,结果是"法将不法,德将不德"。法律的实施,本身就是一个惩恶扬善的过程,不但有助于人们法律意识的形成,还有助于人们道德的培养。因为法律作为一种国家评价,对于提倡什么、反对什么,有一个统一的标准;而法律所包含的评价标准与大多数公民最基本的道德信念是一致或接近的,故法律的实施对社会道德的形成和普及起了重大作用。

(2) 道德是法律的评价标准和推动力量,是法律的有益补充

法律应包含最低限度的道德。没有道德基础的法律,是一种"恶法",是无法获得人们的尊重和自觉遵守的;道德对法的实施有保障作用。"徒善不足以为政,徒法不足以自行"。执法者的职业道德的提高,守法者的法律意识、道德观念的加强,都对法的实施起着积极的作用;道德对法有补充作用。有些不宜由法律调整的,或本应由法律调整但因立法的滞后而

尚"无法可依"的，道德调整就起了补充作用。

（3）道德和法律在某些情况下会相互转化

一些道德，随着社会的发展，逐渐凸显出来，被认为对社会是非常重要的并有被经常违反的危险，立法者就有可能将之纳入法律的范畴。反之，某些过去曾被视为不道德的但不需用法律加以禁止的行为，则有可能退出法律领域而转为道德调整。

3. 道德与法律的区别

法律与道德是两种不同行为规范，它们的产生原因、调整对象、调整范围、表现形式、调整机制、评价标准等方面各有不同。

（1）法律与道德产生的条件与消亡各不相同

根据马克思主义关于国家与法的学说，国家是阶级矛盾不可调和的产物。因此，法律的产生以国家的形成为前提条件，法律是国家制定或认可的、以国家强制力为后盾的行为规范。没有国家就没有法律，国家的性质决定了法律的性质。而道德则不以国家的产生为前提，早在原始社会就已经有了道德的存在。在一种社会形态之内通常只可能存在一种同一性质的法律，却可能存在几种不同性质的道德。如在社会主义国家产生以前，少数先进人物与革命导师就已经具备了社会主义的道德理念和道德品质。法律既然随着国家的产生而产生，也必然随着国家的消亡而消亡。在法律消亡之后，道德依然存在。

（2）法律与道德调整的对象与范围有所不同

在现代国家，法律调整的对象仅限于人们的外在行为，单纯的思想或动机不是法律所调整的对象。而道德所调整的不仅仅是人们的外在行为，它还规范人们的心理动机。即使在调整人们外在行为的问题上，道德所调整的范围也比法律要广泛。例如，婚姻关系是法律与道德所共同调整的对象，但是爱情关系、友谊关系通常只受道德的调整而不受法律的调整。

（3）法律与道德的表现形式与调整机制各不相同

许多道德规范表现为一种抽象的原则与信念，违反道德规范的后果是行为人要受到社会舆论的谴责，以及行为人自身的自责、内疚、忏悔。而法律是以国家强制力为后盾的行为规范。在现代国家，法律规范则必须规定明确、具体的行为模式与行为后果。违反法律规范的后果，是由相应的国家机关追究行为人的法律责任。

(4) 法律与道德的评价标准各不相同

道德评价具有"扬善惩恶"的特点,其评价对象包括了"善行"与"恶行",而法律评价所针对的主要是违法犯罪行为。在通常情况下,违反法律的行为必定违反道德,而违反道德行为未必都违反法律,道德评价的标准比法律的评价标准更高。

任何一个社会的正常运行都需要社会调节机制来维持正常的秩序,道德和法律就是社会的两大调节机制,两者共同担负着调节社会关系和稳定社会秩序的功能。道德教育的主要任务是把某种价值体系、价值观念、行为和观念的准则灌输到人的意识中,使其形成相应的信息、品质和习惯,达到自我调节控制和自我监督的目的。法律代表了阶级的意志,是推行国家、政党的路线、方针、政策的强制手段。人们行使权力、履行义务,不仅要严格遵守法律的规定,还要遵守社会公认的道德观念。

道德总体而言是凌驾法律之上的,因为道德来源于人类社会发展过程中的人文自觉,但它在实践中又具有不能回避的尴尬境遇,因为它是一种更高层次的要求,而就人文而言,我们不能强制要求人们都以这种标准来要求自己。并且在各种地区和宗教中的道德要求又是不一样的,这就导致了交流的不便捷。所以说,道德是法律最基本法理的来源,但不能替代法律而存在。

【案例 5.2】从肖志军案看道德与法律

2007 年 11 月 21 日,怀孕 9 个月的李丽云因呼吸困难,在丈夫肖志军的陪同下赴北京某医院检查。医生检查发现孕妇及胎儿均生命垂危,建议进行剖腹产手术。由于肖志军多次拒绝在手术单上签字,最终孕妇因重症肺炎导致心肺衰竭而死,一失两命。

《医疗机构管理条例》规定:在医疗过程中,医疗机构及其医务人员应当把全部的诊疗信息如实地告知患者或其家属,在患者或其家属做出选择之后才决定是否予以实施,这就是所谓的"知情同意"。手术签字是一种法律程序,也是"知情同意"的具体表现形式。只要医务人员履行了知情同意,患者或其家属不同意手术治疗,医务人员不实施手术,这在法律上没有任何过错。但是,符合法律的未必就是符合道德的。道德上的知情同意要求医务人员优先考虑患者的生命健康权利,当患者或其家属的知情

选择由于医学知识的缺乏等因素对其生命健康不利，危及患者的生命安危时，医务人员需要本着"以患者为中心"的医学人道主义精神，充分发挥医务人员的特殊干涉权，尽到医生救死扶伤的义务，竭力捍卫患者的生命健康权利。

本案中，当法律和道德冲突时，医院选择了前者，当为了患者的生命权利而需要医院承担一定风险时，医院选择了以"知情同意"为由保护自身的利益。然而，到底医院是该为了病人的生命安全强行治疗，还是该为了摆脱术后责任放弃救治？当道德和法律冲突时，我们应该选择道德还是法律？

第二节 大学生的法律意识

一、大学生法律意识的构成

大学生法律意识是一个多要素、多层次的复杂系统，它包括法律心理、法律观念、法律理论、法律信仰四个基本要素。这四要素之间相互联系、相互作用、相互渗透，形成由低级向高级，由深层到表层，由感性认识到理性认识的多层次结构。只有当四要素产生最佳组织效应时，才能实现整体功能的最优化。

1. **大学生法律心理**

即大学生在现代社会环境下对现代法及法律现象的直接心理反应、感受、体验等，是大学生对法及法律现象反应过程中所形成的直接的心理状态。大学生的法律心理是在对法律观念、法律理论、法律理念的向往与勇于接受的基础上和导引下而形成的直观而不片面、具体而不盲目的感性认识。这种感性认识可使片面性、盲目性、自发性降至最低限度，是大学生以马克思主义的唯物辩证法为指导，克服自身的偏激性而获取的。因此，大学生法律心理具有如下特征：

①辩证自觉的感性认识能力。主要是指大学生在对法及法律现象的感性认识中，能够克服传统法律心理及青年人的偏激心理，使其更具全面、客观、正确的成分。

②乐于接受新的法及法律现象的心理取向。指大学生对新的法事物、

法现象不是持漠然态度，而是积极主动学习、遵守、运用和维护新法律、新法规。

③主动积极的诉讼心理。大学生应摒弃避讼、厌讼、惧讼的心理，以主动积极的态度参与诉讼。

④扬弃传统法律文化的心理机制。指大学生对于传统法律文化能够辩证接受的心理。

⑤对现代法制的充分信任感和依赖感。即相信现代法律制度符合社会发展规律，有利于社会的进步和人类的发展与完善，司法机关能够秉公执法，维护社会成员的合法权益（包括自身利益）；以此法律制度所建立起来的社会秩序是合乎人性的，能够实现秩序、正义、自由、效率等法律价值。从而确信在涉及法律问题时，依靠司法机关解决是可信赖的。

2. 大学生法律观念

即大学生在现代社会环境下对法及法律现象反应过程中所形成尚未系统化的思想观念形态。它是在法律心理基础上形成的法律意识，是法律心理与法律理论的中介和过渡，处于法律意识水平的中间层次，在大学生法律意识中居于重要的地位。法律观念的有无以及是否正确，直接影响到法律意识的强弱。

3. 大学生法律理论

大学生在现代社会环境下对法及法律现象反应过程中所形成的整体化、系统化的理性思维体系，是现代法律观的理论表现。具有系统化形态、指导性地位等特点，居于大学生法律意识水平的高级阶段，为大学生法律观念的形成和发展提供方向性指导。大学生法律理论应包括以下内容：

①中国特色马克思主义法学的一般理论（法理学）。它居于法学知识体系的最高层次，担负着探讨法律的普遍原理、为各部门法学和法史学提供理论根据和思想指导的任务。

②中国特色马克思主义部门法学，即以马克思主义法律观和中国特色社会主义理论为指导，通过对现行法律（国内法、国际法）的研究而形成的理论体系。具体包括宪法学、民商法学、刑法学、行政法学、国际私法学、国际经济法学等内容。除此而外，还包括中国特色的马克思主义法律史学、比较法学及其与其他学科之间的边缘学科。

4. 大学生法律信仰

即大学生在现代社会环境下对法及法律现象反应过程中所形成的法律理想信念，在大学生法律意识结构中居于最高理性层次。它是大学生对于"作为人格化了的法律所要追求的最终目标和最终目的"的信念。法律信仰不仅来自法制现实，是法律现实的超前反映，而且以具体的法制作为表征，并通过人们的坚定信念和不懈努力加以实现。其内容包括所有法律价值的实现，其特征具有多样性、层次性、阶级性、交叉性和终极性。大学生法律信仰蕴涵着大学生对法及法律的最高期望，是对正义、民主、平等、自由、人权、效率、秩序等法律价值的追求及其实现，从而实现法治，最终实现人类生活的幸福。法律信仰是法制建设的奋斗目标，大学生因其在社会中的特殊角色地位而必须树立现代法律信仰。

二、大学生法律意识的现状

法律意识是社会意识的一种形式，它是人们的法律观点和法律情感的总和，其内容包括对法的本质、作用的看法，对现行法律的要求和态度，对法律的评价和解释，对自身权利和义务的认识，对某种行为是否合法的评价，关于法律现象的知识以及法制观念等。大学生法律意识是大学生群体对于法律和有关法律现象的反应形式，即知识、观点和心理态度，包括对法律制度了解、掌握、运用的程度以及对法律的情感、评价和信仰等的内心体验。它要求大学生具有基本的法律知识，树立必要的法律思想观念，具备健康的法律心理和较高的法律认知，做到知法、守法、懂法、依法办事。

当代大学生热爱祖国，关心国家的前途和命运，是未来中国社会发展的重要推动力量。大学生群体综合素质如何，特别是法律意识状况如何，对中国社会主义法治国家建设的进程具有深远的影响。因此，加强对大学生法律意识的培养，有益于帮助大学生树立正确的世界观、人生观和价值观，预防和减少犯罪的发生，并有助于进一步提高全社会的法律意识和法制观念，增强全体公民遵纪守法的自觉性。从一定意义上说，大学生的法律意识已经成为法制建设的重要精神力量和内在支柱，这对贯彻依法治国基本方略具有积极的促进作用。

1. 缺乏对现代法治精神的准确理解

现代法治是以民主为基础，以保障人权为核心，与传统的法制有着本质的区别，它视法为工具与目的的统一，并更加强调法的目的价值。而我们发现当代大学生对法的民主基础尚未有明确的意识，仍然存在着一种传统意义上将法作为统治工具的法律观。譬如，他们也认可"法治"反对"人治"，但受到传统人治观念和现实中一些"权大于法"现象的影响，往往认为法律只具有工具价值而非目的价值；他们也认可民主反对专制，但受到中国现实国情的制约，往往认为法制只存在于民主制度而专制制度下就没有法制，没有认识到法制既可以与专制相结合，也可以与民主相结合，而只有以民主为社会基础的法制模式，才能称为真正的法治。

2. 法律知识水平有待提高，法制观念淡薄

随着我国社会主义法制建设的不断完善和健全，大学生群体的法律知识水平也应随之提升。但是，大学生法律意识的整体状况还存在一定程度的缺失，主要表现为法律认知水平不高，法律观念淡薄等。虽然目前我国高校已普遍把《思想道德修养和法律基础》作为必修的公共课程，但在教学实践中，大学生都重视专业课而忽视基础课，认为专业课才是以后安身立命的基础，对基础课只有到考试的时候才临时突击应付了事，在这种思想支配下，大学生们没有认真学好法律基础课，没有扎实的法律基础知识。

现实中，很多大学生法制观念淡薄，缺乏维权观念。例如，部分大学毕业生在和单位签订合同时，不知合同必备条款，更不知现在已经实施了新的《劳动合同法》，他们不确切知道自己享有哪些具体权利，当合法权益受到侵害时不能积极主动地利用法律武器，通过法定程序，借助司法或其他力量，维护自己的正当权益，而是以消极的态度对待法律，甚至会放弃法律武器，要么选择辞职逃避问题，要么迫于压力向损害方妥协，更有少数学生选择采用暴力的手段来讨回"公道"，从而导致违法犯罪。

3. 权利义务认识的片面性和局限性

权利与义务是法律的核心内容，任何法律都不外乎是对主体权利和义务的规定，法律观念和法治观念的强弱主要取决于主体的权利观念的强弱。世界上从来就没有绝对的权利和绝对的义务，没有无义务的权利，也没有无权利的义务。任何权利的行使都不是无限制的。我国现行的法律，要求公民在行使自己的权利时，不能违背他人、集体和国家的正当意志和利益。这就要求主体的义务观念既包括对自我权利的认识、要求，也包括

对他人权利的认同与尊重，对他人权利的尊重也可以说是一种义务。只有当自己的权利确实被保护、维护时，才能真切地感受到尊重他人权利的必然和必要性。当代大学生对我国法律规定的权利有了一定的了解，尤其是对于经常遇到的权利内容已基本上有了正确的认识，并强烈要求维护自己的正当权利，但是却消极回避个人对社会应尽的义务、责任。经常把自己的人身自由权利、人格尊严权利、物质帮助权利、受教育权利、恋爱自由权利、参与社会活动权利等放到了自己确认的首要位置上，要求国家、社会、他人为其实现权利和自身价值提供条件并加以保障，而在行使权利、实现自我价值的过程中，却不能真正考虑是否侵害了他人权利，是否对国家、社会造成危害，甚至根本不清楚自己应承担哪些法律义务，权利与义务发生了严重的偏差，责任心不强。他们对权利的了解在很大程度上是被动的，很少能够深刻体验到自己权利行使的普遍性、经常性，包括对一些侵权行为很少能主动意识到，一些中华民族的传统美德，竟然也在大学生的似是而非的权利义务观中被扭曲和玷污。这表明他们对权利和义务的体验还停留在感知的水准上，缺乏理性的认识。

4. 违法犯罪现象突出，呈逐年上升趋势

改革开放以来，大学生违法犯罪现象明显增多，占社会刑事犯罪的比例持续上升。中国犯罪学研究会会长、北京大学法学教授康树华曾主持过一项调查，1965年，青少年犯罪在整个社会刑事犯罪中约占33%，其中大学生犯罪约占1%；"文革"期间，青少年犯罪开始增多，占到了整个刑事犯罪的60%，其中大学生犯罪占2.5%；而近几年，青少年犯罪占到了社会刑事犯罪的70%～80%，其中大学生犯罪约为17%，而且犯罪类型向智能化、多样化发展，同社会犯罪比，其涉罪范围、性质及危害没有质的区别。数据显示："象牙塔"并不平静，大学生们的法律素养包括法律意识状况令人忧虑。

从心理层面看，大学生在面对经济压力、学习压力、就业压力等众多人生考验时，部分学生会出现自我性、功利性等心理症状，对法律会产生抵触心理，加上青春期的心理起伏比较大、易冲动、心理脆弱、自我控制能力较差，如若没有正确的引导，他们很容易走上歧途，导致违法犯罪。近年来，在大学生中赌博、盗窃、故意伤害、杀人等案件时有发生，有些违法犯罪行为令人触目惊心。

三、大学生法制观念缺失原因分析

1. 传统法律文化观念的影响

中华民族是世界上历史最悠久、文化最灿烂的民族之一，有着自己的传统文化。但是，这种传统文化体现在中国法律方面却有其消极的影响。首先，缺乏对权利观念的逻辑规定和论证，权利观念极其淡薄。中国宗族伦理传统的核心是血缘、辈分的等级观念，其外化的主要形式是人与人之间的尊卑等级，它是自然经济下中国社会的主要精神支柱。在这种传统文化的渗透下，社会政治生活中的平等观念被置于尊崇之下，人们对平等不仅没有大兴趣，也不去积极地追求，人们的法律意识也因此易于消极，并视"不平等"为天经地义的观念。

此外，中国社会在数千年封建思想的浸染下，特权专制、钱权至上等观念在各个阶层的人们的思想中根深蒂固，影响着社会的方方面面，这导致社会大众对法律制度不了解，对法治精神不信任。大学生正处于一生中价值观形成的最重要时期，在人生观世界观尚未成熟之时，社会环境的影响尤其显得举足轻重。当整个文化传统，社会氛围都欠缺法律信仰时，大学生们往往不会独立自主地建构起法律信仰，而是在从众心理的驱使下，随波逐流，在心里烙印下道德大于法律、权力大于法律的价值观念，从而对法律缺少基本的敬畏、尊重与认同。

2. 法制现状的消极影响

中国在推进法制现代化的过程中所出现的诸多问题，影响到了大学生的法律信仰和法律意识的形成。首先，立法方面，快节奏立法虽不断完善了建设法治国家的硬件，却使法律价值未能同步得到社会公众的内心认同，从而使得社会公众难以树立起稳固的法律意识。受教育状况和自身水平的限制，大多数大学生都对法律一知半解，模糊不清，在此前提下，法律自身稳定性、权威性的缺乏给大学生学习法律知识、树立法制观念设置了层层障碍。其次，在司法方面，制度不完善，独立性欠缺，公正性受质疑，这些都严重损害了法律的权威，时有发生的司法不公的现象更使得民众对法律缺乏信心，法制观念也无从树立。大学生的是非观念不够牢固，价值观念也还未定型，容易受到外界的干扰，这种现实中司法不公，权钱压法的现象对他们产生着潜移默化的影响，阻碍他们法律意识的形成和法

制观念的正确建立。

3. 大学生法制教育缺位

我国对青少年学生的法制教育，仅限于守法教育和法律条文教育，没有把它作为一种个人素质纳入学校素质教育的整体规划之中。当前高校对大学生的法制教育没有引起足够的重视，对大学生的法律意识缺乏了解，没有将大学生法制教育纳入培养目标体系中，不是学时得不到保证，就是教学流于形式，对教学的投入较少，相应的教学设施落后，忽视校园法治环境的改善以及其他途径对大学生法律意识教育的作用。在这样一个正走向法治的时代里，高校法律意识教育的现状，与建立法治社会的需求尚有差距。

家庭教育方式的不当也往往是青少年思想道德成长的重大障碍。无论是过于严苛不符合子女年龄阶段的教育方式，还是放纵溺爱的教育方式，都会影响到他们的心理意识，前者可能导致对规则的叛逆心理，后者则可能导致藐视规则的心理。而且，在教育功利主义的影响之下，家庭教育一切向利益看齐，望子成龙，望女成凤，成为人上人是广大家长培育孩子的唯一目的，由此忽略了对子女的道德教育和法制教育。这也是造成大学生法律信仰和法制观念缺失的重要因素。

4. 大学生自身的因素

目前，在校大学生大都是17～23岁的青年，正处在人生成长的关键时期，正在迅速走向成熟又未完全成熟，其心理上具有明显的成长特征，情绪、情感的自控力较差。他们缺乏社会实践，思想易脱离实际，有时好走极端，表现出一定的片面性、表面性和盲目性，往往不分是非，易受错误思潮的影响，缺乏分辨能力。社会上的不良风气也通过各种途径涌入校园，势必影响到学生的人生观、价值观。因此，其法律意识和法律行为也就表现出一定的幼稚性、暂时性和不稳定性。

四、大学生增强法制观念的意义

在知识经济作为世界经济发展主导力量的今天，人的素质成为社会发展的决定因素。高校作为对青少年实施素质教育的重要基地，需要对大学生进行德、智、体、美等多方面的教育工作，从而培养出高素质，全方位的人才，来迎接世界科技迅速发展的挑战。对大学生进行法制意识的培养，引导他们树立正确的人生观、价值观、世界观，是高校进行素质教育的一项重要内容，这也是当前社会发展对高校教育提出的迫切任务。当代大学生肩负着民族发展的重任，是中国社会主义现代化建设的栋梁。他们的素质水平直接代表了我国年轻一代的精神面貌，反映了我国参与世界竞争的实力。众所周知，素质教育着眼于受教育者及社会长远发展的要求。在全面进行素质教育中不能忽略对受教育者法制意识的培养，这是一项经常性的工作，作为高校的教育工作者，要不懈地在大学生中开展法制教育，增强他们的法制观念，使他们懂得遵纪守法对社会进步和个人发展的重要意义。

1. 树立大学生的法制观念是建设社会主义法制社会的需要

建设社会主义法治国家目标的实现，需要各项法制规范的建立和健全，更需要作为社会运作主体的人具有相应的法律意识与法律素质。有学者在谈及个体观念素质与社会现代化进程的相关性时指出：如果一个民族缺乏一种能赋予现代化的制度和管理以真实生命力的广泛的现代心理基础，如果执行和运用着这些制度的人，自身还没有从心理、思想、态度和行为方式上经历一个向现代化的转变，那么社会现代化进程失败和畸形发展的悲剧结局是不可避免的。同样的，对法治国家的建设与实现而言，离开人的相应法律意识与法制观念的增强与提高，同样是不可思议的事情。高等学校是培养社会主义建设者和接班人的重要阵地，在高校进行法制教育，有利于切实帮助大学生从理论和实践上搞清民主与法制、民主与集中、自由与纪律、权利与义务的关系，增强民主意识、公民意识和国家主人翁意识，牢固地树立法制观念。对于建设社会主义民主政治，健全社会主义法制，维护国家的长治久安，具有重要的战略意义。

2. 树立大学生的法制观念是发展社会主义市场经济的需要

市场经济就是法制经济，这是因为在市场经济中生产、流通、分配与消费各方面的市场主体之间是通过契约联系在一起的，为了保证这些契约的公正和履行，就需要有完备的法律规范和制度保障，从这个意义上讲市场经济必须是法制经济。随着社会主义市场经济体制的进一步发展和加入WTO，所有市场主体都得遵循统一的规则或制度。在这种高度规则化的社会里，"法制手段"将越来越广泛地运用于我们的现实社会关系中。这意味着，从个人的日常生活行为到丰功伟业的创造，均离不开一定的法律知识或法律技能。在市场经济的条件下，市场主体资格的确认、市场主体权利的保护、市场经济活动的运行、市场秩序的维系、国家对经济活动的宏观调控和管理等各方面，都需要法律的引导和规范。因此，培养市场经济主体的法制观念是发展市场经济的首要任务。大学生只有树立正确的法律意识、增强法制观念，才能自觉地遵守法律，自动有效地运用法律调整和规范自己的行为，维护社会的法律秩序，才能在社会主义的市场经济建设中做出应有的贡献。

3. 树立大学生的法制观念是大学生素质全面发展的需要

大学生长期处于大学校园的小环境内，与外界交往很少，社会实践的机会更少，对如何处理各种社会关系，怎样恰当处事缺乏实际经验。另外，现代社会经济日益发展，科学技术突飞猛进，社会生活不断演变和多样化，各种社会关系错综复杂，大学生在日常生活中稍有不慎便会给个人、国家和社会带来损失，产生不利影响。加强法制教育增强法制观念有助于大学生正确处理权利、义务、自由和民主的关系，形成处理社会关系、利益关系的基本准则。而且，法制教育本身对价值观、道德素质、思维方式、精神状态等各方面都有着积极而重要的影响，有利于人的素质的全面提高。

此外，努力培养和提高大学生法制观念，能培养他们具有健康的思维方式，使他们对违法犯罪现象有更加正确的认识，在遇事处事时能经常从法律的角度考虑问题，从而逐步养成理性思维的习惯，做到自觉守法、自觉用法、自觉让自己的行为合法，从而预防和减少大学生违法犯罪，维护校园的安全与稳定。

【案例5.3】药家鑫从钢琴少年到杀人者

药家鑫，西安音乐学院大三的学生。2010年10月20日23时许，药家鑫驾驶红色雪佛兰小轿车从西安长安送完女朋友返回西安，当行驶至西北大学长安校区外西北角学府大道时，撞上前方同向骑电动车的张妙，后药家鑫下车查看，发现张妙倒地呻吟，因怕张妙看到其车牌号，以后找麻烦，便产生杀人灭口之恶念，遂转身从车内取出一把尖刀，上前对倒地的被害人张妙连捅数刀，致张妙当场死亡。杀人后，被告人药家鑫驾车逃离现场，逃逸时被附近群众抓获，后被公安机关释放。2010年10月23日，被告人药家鑫在其父母陪同下到公安机关投案。经法医鉴定：死者张妙系胸部锐器刺伤致主动脉、上腔静脉破裂大出血而死亡。2011年1月11日，西安市检察院以故意杀人罪对药家鑫提起了公诉。同年4月22日在西安市中级人民法院一审宣判，药家鑫犯故意杀人罪，被判处死刑，剥夺政治权利终身，并处赔偿被害人家属经济损失45498.5元。5月20日，陕西省高级人民法院对药家鑫案二审维持一审死刑判决。2011年6月7日上午，药家鑫被执行死刑。

"药家鑫案"在全国引起了广泛关注，从案件的发生到一审判决，再到之后的二审判决，民众关注度之高前所未有，媒体报道量之巨也是空前惊人。此案之所以引起极大的社会关注度，与被告人药家鑫高校大学生的身份有重大关系，在人们印象中，集青春、学识、素养于一身的在校大学生在面对被自己撞伤的无辜行人，竟然残忍地举刀相向，这悲恸的事实，赤裸裸地凸显出当代中国大学生法律信仰和法制意识的严重缺失。

第三节　如何树立正确的法制观念

一、培养法律意识

意识是一种观念形态，是与物质相对应的。马克思主义早就告诉我们，意识不是从来就有的，是物质世界发展到一定阶段的产物："意识一开始就是社会的产物，而且只要人们还存在着，它就仍然是这种产物"。意识是人脑对物质的反应，是人脑的机能："观念的东西不外是移入人的头脑并在人的头脑中改造过的物质的东西而已"。意识根据它的对象和内容不同，可作不同分类，如自我意识、社会意识。社会意识又可进一步细分，法律意识就是社会意识的一种。

法律意识是社会意识的一种形式，它是人们的法律观点和法律情感的总和，其内容包括对法的本质、作用的看法，对现行法律的要求和态度，对法律的评价和解释，对自己权利和义务的认识，对某种行为是否合法的评价，关于法律现象的知识以及法制观念等。

由此，我们可以将大学生法律意识表述为：大学生群体对法、法律或其现象的反应形式，即心理、知识、观点和思想，包括对法律的情感、认

知、评价和信仰等的内心体验。这种反应和体验是积极的，能动的。这种表述可以概括出大学生法律意识的不同层次和组成部分，正如刘旺洪教授所言："法律意识是一种特殊的社会意识体系，是社会主体对社会法的现象的主观把握方式，是人们对法的理性、情感、意志和信念等各种心理要素的有机综合体。"

大学生法律意识是我国社会主义法律意识的重要组成部分，它既具备社会主义现代法律意识的基本内容和特征，又有自己的特征，同时还区别于一般社会群体的法律意识。就其主体而言，大学生的年龄层次、受教育程度有别于其他社会群体或社会公众；就其内容而言，由于大学生尚未形成成熟的科学人生观和世界观，致使观察问题、分析问题还不够全面，因此，他们的法律意识带有明显的易变性和不成熟性。虽然客观上讲，大多数学者都认为法律意识必然包括法律思想体系的理论内容，但就实际状况而言，在当代大学生的法律意识中，法律思想体系理论内容的比重还是较低的。

随着社会的发展，特别是高等教育改革的深入进行，如收费上学、供需见面、双向选择分配等政策实施，以及市场经济运行所带来的人们观念变化，经济利益的调整，校园社会化程度增加等原因，致使现在的大学生较以往大学生在思想上、心理上都产生很多负担和压力。家庭贫困学生的经济压力，毕业生面临的就业压力，高额奖学金评定所带来的学习压力。所有这些，在个别大学生中产生了一些不协调的音符，出现了不可忽视的违法犯罪现象，盗窃、赌博、寻衅滋事等违法活动不断发生。大学生只有不断地完善自我修养，加强法律知识的学习，提高法律修养，才能养成正确的行为习惯。

二、学习法律知识

只有了解法律、明确某个问题在法律上的具体规定，才能更好地体会法律精神，并运用法律知识和法律思维去处理各种问题。我国的法律体系是以我国全部现行法律规范按照一定的标准和原则划分为不同的法律，并由这些法律共同构成的具有内在联系的统一整体。我国的法律体系包括下列法律。

1. 宪法

宪法是法律体系的基础，主要表现形式是《中华人民共和国宪法》。

此外，还包括主要国家机关组织法、选举法、民族区域自治法。特别行政区基本法、授权法、立法法、国籍法等附属的低层次的法律。

2. 民法

民法是调整平等主体的公民之间、法人之间、公民和法人之间财产关系和人身关系的法律，主要由《中华人民共和国民法通则》和单行民事法律组成，单行法律主要包括物权法、合同法、担保法、专利法、商标法、著作权法、婚姻法等。

3. 商法

商法是调整平等主体之间的商事关系或商事行为的法律，主要包括公司法、保险法和票据法等。我国实行"民商合一"的原则，商法虽然是一个相对独立的法律部门，但民法的许多规定也通行于商法。

4. 经济法

经济法是调整国家在经济管理中发生的经济关系的法律，包括建筑法、招标投标法、反不正当竞争法、反垄断法、税法等。

5. 行政法

行政法是调整国家行政管理活动中各种社会关系的法律规范的总和。主要包括行政处罚法、行政复议法、行政监察法、治安管理处罚法等。

6. 劳动法与社会保障法

劳动法是调整劳动关系的法律，主要是《中华人民共和国劳动法》；社会保障法是调整有关社会保障和社会福利的法律，包括安全生产法、仲裁法、劳动合同法、消防法等。

7. 自然资源和环境保护法

自然资源和环境保护法是关于环境和自然资源、防治污染和其他公害的法律。自然资源法主要包括土地管理法、节约能源法等；环境保护方面的法律主要包括环境保护法、环境影响评估法、噪声污染环境防治法等。

8. 刑法

刑法是规定犯罪和刑罚的法律，主要是《中华人民共和国刑法》。一些单行法律、法规的有关条款也可能规定刑法规范。

9. 诉讼法

诉讼法（又称"诉讼程序法"），是有关各种诉讼活动的法律，其作用在于从程序上保证实体法的正确实施。诉讼法主要包括民事诉讼法、行政

诉讼法、刑事诉讼法。仲裁法、律师法、法官法、检察官法等法律的内容也可归属于该法律部门。

三、学会法律思维

1. 以法律为准绳

首先要学会以法律为准绳去思考与处理问题。判断一种行为是合法行为还是违法行为，是违法行为还是犯罪行为，是否应该承担法律责任，应当承担什么样的法律责任等，都应当以法律为准绳来判断。

法律就在我们身边。法律是每个公民保护自身合法利益的坚盾，让你享受身为一个公民应该享有的权利，也让你履行一个公民应该履行的义务。法律对违法犯罪分子进行应有的惩处，同时对公民人身自由与财产安全进行保护，维护社会秩序与社会风尚。这就是说，在人民的政治生活、经济生活和社会生活中，处处都有法律，人人都受到法律的制约和保护。

2. 以证据为根据

一般来说，证据是以法定的形式表现出来的、能够证明案件真实情况的事实。我国证据的形式和种类在诉讼法中有明确的规定。首先，法律上的证据要具有合法性，即证据的形式、取得和查证都必须符合法律的规定。其次，证据要具有真实性，即证据必须是客观真实的，即不能虚构歪曲，更不能主观臆断。证据还要具有相关性，即证据只有与案情事实有实质性联系，才能对案件事实具有证明作用。

3. 以程序为中心

程序问题在法律领域的地位越来越重要。正义不仅应该得到实现，而且要以人民看得见的方式实现，程序正义的观念在现代社会正在凸显。简单地说，程序是法律所规定的法律行为的方式和过程，法律通过明确的程序规定来规范人民的行为。程序规定在实施某种法律行为时，应该先做什么事情，后做什么事情，以及如何做这些事情才是符合法律的。

4. 以理由为支撑

任何理性的思维都需要适当的理由来支持所获得的结论。在理解法律精神，熟悉法律知识的基础上，要学会运用法律原则和精神思考与处理法律问题。法律思维的任务不仅是获得处理问题的结论，而且要为法律结论提供适合、充分的法律论证与法律理由。

四、参与法律实践

1. 法律的实践性

法律并不仅仅是"统治阶级意志的体现",也不仅仅是简单的"社会规范",法律还包含了无数人的辛勤探索得来的智慧结晶,体现了人类追求幸福的不懈努力。良好的法律应当是以人的幸福和进步为宗旨的,否则也最终会被修改或废除。一位法律界的著名学者曾说:"法律人的道德追求优于技术取向,应该倡导以社会公益为本的奉献精神。""维护正义"才是法律的根本目的。大学生只有通过参与各种社会活动,在实践中运用法律知识和方法分析问题、解决问题,用实际行动去践行法律精神,才能培养一种良好的法律素养。

从社会学角度来看,我国正在加快融入法制社会。置身在未来社会中每一个人,都是无法摆脱法律而生存的。所有市场主体都得遵循统一的规则或制度,在这种高度规则化的社会里,"法制手段"将越来越广泛地运用于我们的现实社会关系中。这意味着,从个体人的日常生活行为到丰功伟业之创造,均离不开一定的法律知识或者法律技能。当我们以审思发展的态度来判断实践领域时,自然会发现,必备的法律素养,已成为现代国民特别是青年学生们立足社会的不可或缺的基本要件。知识来源于实践,素质更需要在实践中养成。崇尚道德、遵纪守法,不论在任何场合、任何时候,都要去维护法规的神圣和严肃性,不越规、不越矩,将法律精神融入到广泛的社会实践中去。

2. 做法律的实践者

法律实践表现在两个方面:一是守法;二是用法,二者的结合才是法律素质最高的表现。守法仅仅表现在对法律义务的履行和遵守,同时又包括对权力的保护,与各种不同的不法侵害行为进行斗争,采取种种形式和合法手段及法定程序来实现自己的权利,是一种二者结合的表现形式。

你有过兼职经历吗?在兼职过程中是否遭受过侵权行为?遭侵权后该怎样维护自身利益?据中国质量万里行发布的一项调查报告,大学生的维权并不乐观,在权益受到侵害后,有四分之一的人选择"保持沉默"。大学生人身权、财产权受侵害的现象屡屡发生,我们应该学会在日常生活、社会兼职、实习、就业等过程中,自觉运用法律的思维来解决问题。维权

是权利，同时也是维护市场公平需要承担的责任。一旦合法权益受到侵犯，应该积极运用法律武器，通过申请调解、仲裁、诉讼等合适途径，维护自己的正当权益。

"天下之事，不难于立法，而难于法之必行"，践行法律精神要做到学法、守法和用法，不能忽略任何一个方面，忽略任何一个方面都是维权意识的一种缺失，也难以真正做到维权。法律就在我们身边，弘扬法治精神，才能形成全民学法、守法、用法的社会氛围。建设法治国家，需要全社会积极参与。大学生应自觉弘扬法律精神，增强法制观念，维护良好的社会秩序与风尚。

【案例5.4】硕士刀捅情敌

27岁的杨某原是南京某重点大学在读研究生。警方查明，2005年11月12日晚10时许，杨某因恋爱问题，与在上海某公司工作的男子赵某发生纠纷，双方约好在本市太平北路附近谈心。见面前，赵某通过朋友汪某找到李某等5人，约定如谈心不成，则一起"教训"杨某。当晚杨某和赵某谈心过程中发生冲突，杨某被赵某带来的同伙殴打致伤。殴打中，杨某用事先准备好的约17厘米长的工艺刀当场将李某和张某捅伤，并追出100多米对逃跑中的赵某从背后捅其一刀，致使起肺部受伤。经鉴定，杨某和赵某的伤势为轻伤，被杨某捅伤的李某和张某则为重伤。次日杨某等3人被警方拘留。2005年年底，杨某和赵某等人被取保候审。此后不久，警方以涉嫌聚众斗殴罪分别将他们移送审查起诉。

受理案件后，检察官考虑到杨某已快毕业，将此案退回公安机关，建议待杨某办完毕业事宜后再行移送起诉。

本案中，杨某应该为其不理智的行为承担应有的法律责任，而不应该因为其是受过高等教育的重点大学的研究生而在量刑上有所偏袒，不然就违背了"法律面前，人人平等"的准则。然而，现实生活中对杨某的"同情"甚至追捧比犯罪本身更让人担忧，那些在"呼吁书"上签名的学生，对事件没有全面而正确的认识，均只是从个人情感角度去思考和处理问题。作为受过高等教育的大学生，有些甚至在不明真相的情况下就凭一时冲动签名呼吁，是非不分。这反映了当代大学校园虽然法律课程齐全，但是有相当一部分的学生缺乏必要的法律知识，没有树立起正确的法制观念,没有形成以法律为准绳、以证据为根据的法律思维。

【参考文献】

[1] 解思忠. 大学生素质读本 [M]. 北京:机械工业出版社,2002.

[2] 吴兴富. 思想政治理论课案例精选 [M]. 南京:东南大学出版社,2010.

[3] 马莹华,郭玉坤. "思想道德修养与法律基础"课案例式专题教学教师用书 [M]. 北京:中国人民大学出版社,2008.

[4] 高超. 大学生素质教育十八讲 [M]. 北京:人民出版社,2010.

[5] 刘瑞复,李毅红. 思想道德与法律基础 [M]. 北京:高等教育出版社,2010.

[6] 郭宇昭. 谈谈自由和法律的关系 [J]. 法学杂志,1983(5):39-42.

[7] 王长征. 大学生法律意识错位现象浅析 [J]. 学理论,2010(19):232.

[8] 唐红. 当代大学生法律意识的现状及培养途径 [J]. 法制与经济(中旬刊),2011(11):132-133.

[9] 张小燕. 大学生法律意识的现状及其培养研究 [D]. 山西财经大学,2007.

第六章 为什么要树立责任意识

【案例6.1】托起"嫦娥"的年轻人

"点火!" 2007年10月24日18时05分,在西昌卫星发射中心,"01"指挥员37岁的李本琪果断命令,嫦娥一号卫星随箭升空。

如果把运载火箭比喻成一辆没有倒档的自动档轿车,那么火箭控制系统便是方向盘,而制导组便是确保方向盘引导其正确行使的驾驶员,以确保长征三号甲火箭准确入轨。

周开美,西昌卫星发射中心远程控制中心火箭制导组组长。2002年7月,本科毕业于西安电子科技大学机械电子工程专业的她与男朋友一起来到了中心发射测试站。小巧纤弱的身材,素面朝天的装扮,开朗活泼的性格,这些都让人很难把她与这么重要的头衔联系起来。嫦娥一号卫星发射任务中,周开美所在的制导系统速率陀螺和诸元计算岗位,是确保火箭准确入轨的重要一环。她根据影响火箭飞行的各种参数,如高空风速、火箭重量等,计算出火箭推进剂的加注量和瞄准坐标,确保火箭沿着预定轨道飞行。接到嫦娥一号卫星发射任务后,她天天工作在一线,对近10个速率陀螺、上百组测试数据,不停地检测、计算、判断,同时还帮助制导组其他人员的工作。

第一节 责任的内涵

当代伦理学的核心问题就是责任问题。深刻的自我责任意识是一切一切的根基,它构成了人的生存意义。这番话言简意赅地揭示了责任在人的一生中的重要意义。

第六章 为什么要树立责任意识

一、责任的概念

人为什么要承担责任？首先，责任是由人的社会本质所决定，是客观存在的。马克思关于人的本质的经典描述："人的本质并不是单个人所固有的抽象物，在其现实性上，它是一切社会关系的总和。"人的社会本质决定了一个自主自觉的人，必然拥有一份不可推卸的人生责任。马克思也曾指出："作为确定的人，现实的人，你就有规定，就有使命，就有任务，至于你是否意识到这一点，那都是无所谓的。"这里的"规定"、"使命"、"任务"指的就是人生责任。首先，每个人都有自己的人生责任，而人生的社会责任是人生责任的核心和灵魂。在社会中，个人必须对社会承担一定的责任，这是由个人与社会的关系所决定的。其次，责任是由个体行为的自主性所决定的，责任与权利、自由具有统一性。人们在社会现实生活中有选择行为的自由，因此就有责任，自由与责任是密不可分的，自由的程度决定着责任的限度，一个人选择的自由度越大，他所应承担的责任也越大。从某种意义上说，自由就意味着责任。

在中国古代汉语中，一般用"责"来表达"责任"的意思，它主要包含两方面的意思：一是表示臣民对君主、帝王，对"天"的主动尽职和效忠；二是表示个人应对自身选择的行为所产生的不良后果和过失负责。

从第一层含义看，分内应做之事的"分"即角色。人作为社会主体存在社会当中，同时社会也分配给人相应的社会角色，责任与责任主体的社会角色是相互联系的，是社会对社会主体担负与自己社会角色相适应的行为要求，也是社会对责任主体行为的预期，属于积极意义的责任。从第二层含义看，社会成员因为没有做好分内之事，没有达到社会预期而引起的，它说明社会对不符合社会规范的行为主体所给予的谴责和制裁，反映了社会对其成员不履行好责任进行的处置，属于消极意义的责任。

在西方思想史中，责任是个古老的话题，可追溯到古希腊时代。苏格拉底把责任看做是"善良公民"为国家和人民服务所应具备的本领和才华。柏拉图在其设计的理想国中，按照人的不同层次分为不同的等级，不同等级的人拥有不同的责任。亚里士多德认为，"人应该为自己的行为负责任，否则都要受到惩罚。因为由于被迫和无知而作恶，是没有责任的。但是，如果我们认为作恶者对于他的无知应当负责时，则这种无知本身是

受法律惩罚的",所以人要对自己的行为负责,包括对可能逃避的责任负责。培根将责任理解为维护整体利益的善,因此提出"力守对公家的职责,比维持生存和存在,更要珍贵得多"。康德认为"责任就是由于尊重规律而产生的行为必要性"。人民履行自己的责任,就是善的美德,违背责任就是恶的劣行。

通过上述西方思想家的一些基本看法,我们对"责任"大体可以总结出两方面的内容：第一,对某事或者某人负有责任并有所承担。第二,责任是一种尽责的品质或状态。包括在道德上、法律上、心理上的责任,或者说是一种可靠的、可信赖的责任。

二、责任相关概念的界定

1. 责任感

(1) 责任感的含义

责任感,是一个人对其所属群体的共同活动。行为规范以及他人承担的任务的自觉态度,它是个性心理的重要品质。从人的本质上来讲,责任感反映的是人的价值问题,而人的价值问题实质是指个人与社会的关系问题,包括两个方面,即人的自我价值和人的社会价值,个人正是在承担各种社会责任中而实现自己的人生价值。个人越是能深刻的认识社会的客观要求和他人的具体要求,以及自己在满足这些需求中的作用,他就越有某种社会责任感,并表现出相应的责任行为。从心理学的角度看,责任感是指个体对自己在承担人类社会和自身发展的责任中做出的行为选择、行为过程及后果是否符合内心需要而产生的不同态度的情感体验。从形式和内容上看,责任感属于道德情感。从德育角度看,责任感是指个体对自身在人类社会和自我发展中所承担的责任的一种自觉意识,对自己在道德活动中完成道德任务的情况是否满足其道德需要而产生的情感体验。人有了责任感,会将有关道德任务的完成情况与对自己的道德评价联系起来。责任感的缺乏将是个人道德发展的一种严重阻碍。从具体内容上讲,责任感是一种重要的道德感。

(2) 责任感的构成

责任感是指个体对自己应该承担的责任的认知、情感和行为。首先,认知是前提。责任认知是指主体按一定标准对责任的认识和判断。它包括是否应该完成所承担的任务，要不要维护群体的行为规范，应不应该对共同活动的过程与结果负责等是非判断。一个人生活在社会中，对应尽哪些责任，首先应该有正确的认识。这里涉及是非标准和价值取向。生而为人并得以成长，就已受到他人的恩惠，受到社会的照顾，理所应当地为他人、为社会履行自己的责任；对父母有赡养、照顾的责任；对子女有抚育的责任；对工作有尽职的责任；对不公应有仗义执言的责任；对敌人入侵有奋起卫国的责任，这些都是基本的是非标准。责任心的强弱，体现着一种人生态度。一个人如果是非观念清楚，价值取向高尚，那么他就会淡泊名利，负责任的活着，在帮助别人获得幸福中得到满足。如果是非不辨、只讲索取，那就会得过且过，当一天和尚撞一天钟，或者追名逐利，甚至会成为社会的败类。

其次，情感是基础。责任感是一个人对自己的言论、行动、许诺等持认真负责、积极主动的态度，并随之产生的情感体验和反应。道德品质的内化要经过"知、情、意、行"四个阶段，在责任感的形成过程中，感情因素显得尤为重要。只有孝敬父母、热爱子女的人，才会对家庭有强烈的责任心，才会在家庭生活中毫无怨言地挑起最重的担子；只有热爱祖国、热爱人民的人，才会为祖国挺身而出、鞠躬尽瘁。相反，对家人、对祖国没有感情的人，是绝不会对家庭负责、为祖国牺牲的。所以，"责任感"归根到底是一种以感情为主的个性心理品质，它以爱心、同情心、良心等为基础。

最后，行为是体现。责任行为是主体在做出责任判断后采取的行动。责任感要通过责任行为反映出来。一个责任感强的人一定是一个能以自己行为履行责任的人。履行自己的责任需要付出艰辛，需要抵制各种诱惑来坚守职责，需要在日常工作中持之以恒。责任感强的人会顾全大局、忍辱负重、任劳任怨、助人为乐，并在履行职责的过程中得到幸福和满足。事实上，一个人的责任感如何，也只能通过他的行为体现出来。很多时候，一个人要做到尽心尽责，必须经历一个艰苦的思想斗争过程。只有意志坚强的人，才能抵制外界的各种诱惑，恪尽职守。责任行为进一步强化责任认知，获得良好的责任情感，形成良性循环。

(3) 大学生责任感

大学生的责任感是大学生对其责任对象的自觉意识和体验。大学生的

责任感包含自我责任感、家庭责任感、他人责任感、职业责任感、集体责任感、国家责任感和环境责任感等。从狭义而言，大学生的社会责任感是指大学生对自我之外的他者和社会群体的社会责任感。从广义而言，大学生的社会责任感也包括自我责任感。因为个体本身就是社会的一分子，每个人对自己负责，并努力使自身成为社会整体中的一个健全、独立、完满、和谐的部分。这样，对个人负责也是对社会负责的一种表现，自我责任感也变成社会责任感的组成部分。

自我责任感包括：学生个体对自己的身体、人格、名誉发展的责任感，有明确的人生理想，并努力使自身的发展朝向自我人生目标；个体对自身人格独立性、完整性的责任感，充分了解自身的权利、义务，在实际生活中积极维护自身的权力，捍卫自我人格尊严；建立在前二者之上的对自我学习、生活、恋爱、择业、事业等具体活动形式的责任感，包括对自我行为过程与结果、承诺、过失等的责任意识。人的责任意识最初是从每个人对自己生命保护的原始欲望中产生的，即有一个从生物性自爱的原始欲望逐步发展为社会责任意识的过程。

对他者和社会群体的责任感的内容极为丰富，大致包括：对个体直接参与其中的群体及其活动的责任意识，包括对家庭、班级、学校、社区等的责任；对个体不发生直接交往的社会他者的责任意识，如关心"希望工程"、救灾、国内外大事等；对个体生存其中的环境的责任意识；对社会、国家、民族乃至整个人类的责任和意识。

对自我的责任感与对他者和社会群体的责任感彼此促进，相辅相成。一方面，只有对自我负责，才能很好的对社会负责，一个对自己都缺少责任感的人，整天浑浑噩噩，醉生梦死，很难树立起较强的社会责任感。另一方面，只有对他者和社会群体负责，个人才能真正领悟人生的意义和价值，才能认识个人的职责和义务，才能树立起健康向上的自我责任感。

由此，我们认为：关爱自我生命、他人生命的实现；关怀自我幸福、他人幸福和社会整体福利的实现；尊重生命，尊重且捍卫人格的独立性、完整性；关怀社会正义的实现，积极对抗邪恶和不义；无私帮助他人，关怀周围的人和生物的命运，给予需要的人以人道的帮助；坚定地追求真善美，对抗假恶丑；倡导并践行人与人、人与自然的和谐、友谊、爱；对周围世界富于激情、忠诚、爱心，不断超越自我，自觉承担社会责任等都是大学生应具备的社会责任感的表现。

2. 责任意识

责任意识是指主体在理解一定条件下自身角色和社会要求的基础上，把握自身行为及其结果，使之符合社会要求的情感、意愿；是个体对角色职责的自我意识及自觉程度；是一种自我约束的价值取向；是社会意识的重要范畴。具有责任意识的主体应该是自由自觉、自主自律的，他的思想行为是自愿而非被迫的。他能够正确认识一定条件下社会的客观要求、自身的角色以及社会对此行为的期待，预测行为的各种可能，对自身行为与社会要求的关系有清醒的认识，依据客观规律和价值规范对行为做出理性的判断。责任意识是个体对角色职责的自我意识及自觉程度的显现，它包括两方面的内容：人们的行为必须对他人和社会负责；人们对自己的行为必须承担相应的责任。

责任意识是指社会成员对自己所应承担的社会职责任务和使命的自觉意识，它要求社会成员除对自身负责外，还必须对他所处的集体及社会负责，正确处理与集体、社会和他人的关系。

责任和责任意识是两个既紧密联系又相互区别的概念。责任是客观的范畴，而责任意识是主观范畴。责任意识乃是社会个体从责任赋予者那里接受责任之后，内化于本人内心世界的一种心理状态，这种心理状态又是个体履行责任行为的精神内驱力。因此，责任意识是个体从接受责任到履行责任的中心环节。

责任意识和责任感是既有联系又相互区别的概念。责任感是指个体对自己在承担人类社会和自身发展的责任中做出的行为选择、行为过程及后果是否符合内心需要而产生的不同态度的情感体验。它们都属于主观方面的范畴，但是从范围上来看，责任意识范围较大，责任感的范围较小。

第二节　当代大学生的责任意识

大学生是祖国的未来，是中华民族的继承人，是中国社会未来的脊梁，也是担负起伟大社会责任和历史使命的人。回顾历史，我们不难发现，青年大学生往往都是处在社会变革的最前沿，站在历史发展的风口浪尖，是推动历史前进的重要动力。历史表明，大学生群体为推动革命发

展、拥护共产党的领导发挥了不可磨灭的作用。

一、当代大学生的责任意识现状

1. 当代大学生的社会责任感弱化

（1）重个人理想轻社会理想

不可否认，当代大学生是有理想的，他们希望通过自身的努力实现自我价值，出人头地，成为成功人士。但有时大学生仅仅考虑个人理想的实现，而忽视了社会理想的达成，或者说没有把个人理想与社会理想紧密联系起来。他们认为社会理想太空、太大、太远，可望而不可即，而个人理想的实现才是最重要的。因此，在现实生活中，他们更多的是关注自己的命运，关心自身发展前景和现实利益，对他人、集体和社会漠不关心。虽然有些大学生表面上关心社会，但实际上脱离社会，其关心社会的行为在很大程度上带有自我表现和心理宣泄的色彩。从本质上看，这些大学生是缺乏对个人理想与社会理想之间关系的认识，缺乏对自己所负有的历史使命和社会责任的严肃态度。

（2）重自我价值轻社会价值

社会价值取向的特点是以爱护他人、关心他人为高尚的职责，以奉献社会为最大的乐趣。当前，一些大学生能够自觉确立社会发展和人民利益所要求的责任和义务，在选择人生目标和道路的同时也选择了自己的责任，体现了以社会利益为标准的社会本位思想。然而，我们也看到了很多宣扬自我价值、自我选择、自我设计和自我完善等崇尚自我价值的倾向。面对市场经济发展和人才竞争压力，越来越多的大学生强烈地意识到个人在社会进步中的作用，认为只有经过个人的努力奋斗才能最终达到功成名就的彼岸。因此，一部分大学生在这种压力下将目光定格在个人努力与拼搏上，凡事从"我"出发，以"我"为中心，而对社会需要方面考虑较少，缺乏为集体为社会牺牲的精神。这种价值取向的错位，表现为从注重理想到更多地注重现实和功利；从风险与索取并重到更多地注重索取而不愿奉献；从注重知识的价值到更多地注重金钱价值和感官享受。崇尚自我价值已经成为当代大学生价值观念的一大特征。

（3）重自我意识轻社会意识

市场经济的发展，利益主体的多元化，使得个人的独立性、自主性地位逐渐得以确认。在市场经济条件下,从事经济活动的人们必然从自身的利益需求出发选择自己的行为,必然根据社会、市场的需求和动态进行自我设计、自我发展、自我调整,个人真正凸显出来。越来越多的大学生正视并积极追求个人价值、尊严、利益要求,其自我意识、进取精神和成就欲望及自我责任感明显增强。应该看到,一方面,当代大学生有一定的社会责任心和爱国情感;但另一方面,在现实选择中,却把追求自我价值和个人利益放在最突出的位置。当代大学生的自我意识,讲求个人拼搏、个人努力,自我价值实现的观念较之以前更加强烈。

(4) 重物质利益轻社会利益

在市场经济的发展过程中,金钱至上是一种必然趋势,相对于几十年前不敢谈个人利益的传统价值观来说,确实是一大进步。但是,大学生在追求金钱利益的同时,却放弃对学业、对做人的追求,"唯钱独尊",他们的学业趋向以职业的经济收入为主要标准,甚至认为"成才不如发财",个人出路、就业选择意识远高于国家人民的利益。在部分大学生心中,金钱与人格、尊严同等重要。

2. 家庭责任意识淡漠

家庭作为社会的细胞,是社会稳定的基础,同时,社会发展变化也在深刻地影响家庭关系,甚至动摇家庭基本责任的履行。大学生作为半独立社会的社会人,相对来说,家庭对其影响越来越弱,而学校和社会的影响越来越大。许多学生对家庭的依赖性减弱的同时,对家庭的责任感也比较淡漠。

当代大学生多生于20世纪90年代初期,多为独生子女。她们在享受改革开放带来的丰富的物质财富的同时,也享受着所在家庭成员特别是老人们的溺爱,加上多元文化的涌入这些都影响了他们正确的世界观、人生观、价值观的形成。因此,当他们进入大学后,在思想上、行为上的多种不符合社会主流价值观的表现,尤其是从学生自身的消费观与家庭实际收入情况之间的对比、本人的人际交往与本人同家人问候之间的对比等几方面,可以明显看出大学生对家庭的索取意识要强于责任意识。他们通常认为父母供他们上学读书是天经地义的事情,而自己作为学生没有经济能力,所以也就谈不上什么家庭责任了。殊不知,家庭责任不仅仅是经济责任,也有伦理责任。近年来,关于大学生对父母缺乏感恩,甚至完全不负

责任的事例也经常见诸于各类媒体上。

3. 自我责任意识明显增强，但并不完善

（1）自我价值实现意识增强，但容易以自我为中心

目前在校大学生大部分为独生子女。他们的成长正处于我国社会经济领域发生天翻地覆变化的时期，随着改革开放的纵深发展，特别是市场经济浪潮的冲击，每个中国人的心灵都受到强烈的震颤，改革作为利益调节的强有力无形魔手，对任何一个中国人来说，都面临着一场优胜劣汰的人生危机。人们的思维方式、价值取向都在悄悄地发生着变化。利益主体的多元化，使个人的独立性、自主性地位逐渐得以现实地确立，而当代大学生的个体意识和主体意识也在这场波澜壮阔的革命面前，得到了明显的增强，他们有着日益进取的精神，努力的追求自己的人生目标，注重自我价值的实现。

但值得注意的是，少数大学生对个人爱好的偏执和对个人利益的过度敏感，使得他们的自我责任感呈现出明显的情绪化、功利化倾向，而商品经济的影响、西方思潮的渗透和就业环境的剧变，导致"适者生存"的人生价值观也深深影响着他们的价值判断和行为选择。在日常生活中，表现为我行我素，觉得任何事情只要对自己负责就可以。以自我为中心，只顾自己，不顾别人；只讲索取，不讲奉献；只讲权利，不讲义务；只讲竞争，不讲合作，把个人利益置于他人和集体利益之上，甚至不惜为一己私利而牺牲他人和集体的利益。

（2）对自我生命的责任意识缺失

大部分大学生对自己的身体健康有着较明显的责任意识，但是也有相当一部分学生长时间甚至整天上网看影视剧、聊天或是打游戏，熬夜已经变得司空见惯。当然还有很大一部分是几乎把所有精力都用在了学习、工作上，平时生活中，疏于体育锻炼，身体素质下降，逐渐变得弱不禁风，这在女大学生身上反映的尤为突出。这表明，大学生主观上认识到保持身体健康的责任，但在客观实际生活中，并没有保持身体健康、爱惜身体的良好的作息、饮食习惯。对身体健康的责任存在着知易行难、知行不一的特点，这一特点造成大学生事实上并未尽到保护身体、保持健康的责任。

对自我生命责任意识的缺失还表现在大学生自杀现象的频频发生。随着我国社会的转型和高校体制的变化，当代大学生的内心世界变得越来越复杂，其内心的价值冲突和感情上的苦恼与困惑不断出现。当这种困惑和痛苦难以排解时，一些大学生就极端地走上了自杀的道路。有的因为英语四级未过而跳楼身亡，或因为面临毕业压力，加上论文答辩中屡屡犯错等原因，用自杀这种极端的方式走到生命尽头，暴露了他们严重的道德扭曲和对自身缺乏应有的责任感。

二、当代大学生责任意识缺失的原因

总体来看，相当比例的大学生对责任的认知不深刻，对人生观、价值观没有明确的认识和理解，这与当代大学生、未来的人才这样的称谓是不相匹配的，也令人遗憾和忧虑。因此，加强大学生思想方面的培养、提高其自我管理的能力是解决现存问题的根本途径，而如何培养、教育大学生树立良好的、能够支配其行为的责任意识是关键。

影响当代大学生社会责任意识有多方面的原因，既有社会方面的原因，也有个人方面的原因；既有教育体制方面的原因，也有家庭方面的问题。

1. 社会大环境的影响

社会存在决定社会意识，社会意识是对社会存在的反映。当今社会是一个竞争激烈、开放多元、信息快速传播、高风险的社会。我国社会也正处于从传统社会向现代社会的转型过程中，随着市场经济的建立和逐步发展，改革开放的扩大，社会经济成分和经济利益分配、社会生活方式、社会组织形式、就业方式等在发生深刻变化之中。整个社会已从原来的同质社会变成了异质的多元社会。当代大学生正是在这种社会经济转型时期成长起来的，经历着中西方多重价值观的冲击，各式各样的非道德主义泛滥，他们在感受到市场经济带来的积极效应的同时，也不可避免地受到其消极效应的冲击和挑战，这些因素在不同程度上影响着大学生责任意识的形成。

（1）文化变革的影响

中国传统文化强调一种权威和神圣，使得人体可以有所畏惧，无论对自己还是对他人，甚至是对自然都有一种潜在的约束力。但随着西方文明的输入，传统文化被破坏，文化积淀中许多积极的思想被自觉不自觉的否定了，曾经长期支配人们思想和行为的权威性和神圣性被褪去，个体的道德责任失落。人们的自由选择空间由于原先的封建束缚被消除而瞬间放大，社会文化价值由封闭走向了开放，由追求共性转向与个性并存、单一性与多样性并存。多元化的价值观念本来应该是孕育人文精神的重要条件，但目前的价值观念多元化却走向了一个只有现实、功利，没有善恶美丑的无价值判断，无道德判断的多元化。多元文化价值的影响削弱了学生对主导价值的认同，而个体价值的生成在个人主义的狂热中导致了个体道德责任感的偏执，甚至在选择自由中逃避责任。

(2) 市场经济的影响

市场经济是一种强调个体能力、凸显个体利益的经济，容易滋长个体本位观念、为己观念、金钱万能观念。个体本位观念，即每个个体都关注自身，把自己从各种社会关系中分离出来，以自身的利益作为出发点，并以此作为评价自身行为的成败标准。这种个体本位观念是与社会本位观念相背离的。为己观念，它认为每个个体都是独立的存在着，自主的把握自己的前途和命运，自己在市场竞争中的成功全部源于自身的努力，与他人无关，因此，每个个体都只为自己考虑，而很少关心或者估计他人的利益和社会整体的利益，不愿意承担任何责任。金钱万能观念，认为金钱是万能的，金钱可以解决所有问题，进而金钱也就成为衡量一切的标准和尺度，只要能赚钱，什么都敢做。在这种消极思想的指导下，社会上出现了生产销售假冒伪劣产品、哄抬物价、偷税漏税、不正当竞争等腐败现象。这对金钱观正在逐步形成过程中的当代大学生产生了极其不利的影响。

(3) 网络环境的影响

随着计算机网络技术的发展，网络以其自身的特点在多元文化的传播中形成了一种典型的文化意识氛围，即有别于现实世界的虚拟世界。网络有着与现实生活空间大相径庭之处，正深刻的改变着人们的生活方式、思想观念，这必然会对人与人交往的伦理道德观念、道德责任意识和道德责任行为带来巨大冲击。在虚拟网络世界中，每个人都可以成为隐形人，其身份、行为方式、行为目标等都能够得到充分的隐匿和篡改。传统道德在网络世界中对人行为的约束力明显下降，形成了无规范可依的真空状态，并引发了大量的道德责任行为失范。网络所带来的消极影响也在某种程度上弱化了大学生的责任意识。

2. 学校教育的影响

长期以来，由于受高考"一考定终身"的影响，我国的大部分学校推行应试教育，学习好几乎掩盖了一切。学校只注重升学率，很大程度上忽视了思想政治教育的本体功能，忽视了对学生精神方面的塑造和培养，使学生真正接受思想教育的水平在不断下降，对大学生的责任意识造成严重冲击。

纵观我们的教育，总是想培养在思想道德方面尽善尽美的人，对大学生的独立人格和个性发展重视不足，也忽略了个人利益对整体利益的影响。一方面，经常要求学生要爱祖国、爱人民、爱集体；另一方面，学校却很少倡导大学生关心和维护自身的正当权益，对自己负责。结果不仅使学生的主体性被压抑、心灵受伤害，而且导致大学生本应承担、也完全可以承担的基础性责任被忽视，以至造成某种"大事做不了，小事不愿做"的社会责任意识的真空状态。

（1）应试教育的影响

长期以来，我国形成了从小学到大学的应试教育体系，对学生评价的唯一标准就是学习成绩，而忽视对他们的全面发展，教育者在教育过程中常常只强调成才与个人前途、个人利益的关系，很少有意识地培养学生"为中华崛起而读书"的责任，这样就强化了个人动机，而弱化了社会动机，导致学生片面追求学习成绩而忽视自身品德修养的提高。其次，对教师工作能力以及学校业绩优劣的评价标准，主要是依据学生的成绩和升学率，并且学校的升学率直接影响到学校的生源，导致教师和学校均无法摆脱应试教育模式的束缚，学生的道德责任意识教育也没有被摆在其应有的重要位置上。

（2）大学教育的影响

大学扩招加之大学师资紧张，原来的小班上课变成大课，老师与学生直接交流基本上已经不存在，使得大学生的道德教育只剩下唯一的途径：思想政治理论课，但其思想观念渗透的力量明显不足。其教育内容过于理想化、政治化，只教育学生为国、为人民而读书，要求学生爱祖国、爱人民、爱集体，却很少倡导学生关心自己的正当权利，很少教导学生对自己负责，但是如果连对自己负责的意识和能力都没有，如何能承担起社会和国家的责任重担。在道德教育方式上，重灌输轻实践，把责任知识等同于一般的文化知识，只注重条条框框，学生被动接受的多，主动参与的少。

3. 家庭教育的影响

如今的大学生独生子女的比例较大，他们从小生活在溺爱的家庭氛围

中，生活条件优越，缺乏生活的磨炼，自我性表现明显，视长辈的关爱和呵护为理所当然，对父母、他人、社会的要求高而多，对自我的要求低而少，总考虑别人应该为我做些什么，而很少考虑我应该为父母、为家庭、为社会做些什么，权利意识强而义务意识、责任意识弱，造成社会责任意识的先天不足。

（1）家长教育观念的影响

当今社会竞争压力巨大，分数成为衡量学生的重要标尺，高学历成为人们求职的"敲门砖"，于是在家庭教育中形成了重"成才"轻"成人"的观念，其育人功能被淡化。此外，中国传统的以家为本、重视亲情的观念，以致中国父母可以为子女的教育和成长付出一切、牺牲一切，这种思想容易造成父母对子女的过分溺爱，对孩子的要求仅仅停留在学习成绩好，而其他方面基本没有要求，更谈不上承担责任。这就造成了父母和子女在承担责任上出现了严重失衡的状况，一方面父母的责任心"超重"，承担了本不应该承担的责任；而另一方面，子女的责任心却出现"失重"，本该由子女承担的责任却转嫁到父母身上，自己落得一身轻松。这种责任承担的失衡会造成子女的权利意识强，义务和责任意识弱，以"自我为中心"，只讲取得不讲付出，缺乏感恩意识更缺乏感恩行为。父母这种只讲奉献不讲回报的观念，实际上却害了孩子，让他们从小就缺少责任意识和责任能力的锻炼。

（2）家长教育方式的影响

落后的家庭教育观念势必会影响家长的教育方式，这也是当代家庭教育误区的一个重要方面。在教育方式上首先体现的是娇惯。由于现代家庭独生子女居多，城市家庭更是如此，一些家长只知极力为子女创造优越的生活条件，根本不讲求回报，本来应该是双向的感情交流，变为父母的单边奉献。家长几乎包办了孩子除学习外的其他一切事物，长此以往，孩子根本不知道如何照顾自己，更不知如何对家人尽责了。二是粗暴，虽然家长多是娇惯子女，但是也不乏管教孩子特别粗暴的家长，只要孩子不能达到自己的要求或是稍不令自己满意，就对孩子冷言冷语，讽刺挖苦，甚至拳打脚踢。孩子在这种家庭中得不到温暖，对家庭和家人也变得越来越冷漠。三是放任，一些家长由于自己工作繁忙，就把孩子送到寄宿学校，随之就把教育孩子的责任部分或者全部转移到学校老师身上，自己对孩子却不闻不问，殊不知这样对孩子道德观念的塑造和责任意识的树立尤为不利。

4. 个人自身的原因

（1）大学生心理发展的影响

大学期间，学生的心理发展正处于迅速走向成熟又未完全成熟的阶段，在思想和行为上很容易受到外界的影响。加之大学生接触社会不多，看问题往往片面，不能全面正确地看待社会问题，不能正确地处理好理想与现实、个人与集体和社会的关系。思想认识上的片面性，往往导致学生在处理问题时走极端，不能正确给自己定位，没有明确的人生目标和人生理想，容易心理空虚脆弱，容易随波逐流。长此以往，大学生就会失去人生方向，表现出"无意义，无兴趣，无所谓"的三无倾向，也就更谈不上对自身命运负责了。

（2）思想认识上的影响

应该肯定，大部分学生政治思想道德素质是好的，但由于自身所处的具体环境不同，受教育程度不同，造成个人认识的片面性和观念的偏颇性，使不少大学生往往从感性方面来认识社会现象和理解社会，容易被社会的邪恶和阴暗面所局限、所牵制，往往容易从个别的人和事出发去看待社会。认为真实的社会就是每个人只为自己打算，看不到人与人以及人与社会之间是互相依存、互相依赖、互相承担责任的关系，从而弱化了他们对他人、对社会的责任意识。此外，一些看似前卫现代实际却消极的思想也正影响着当代大学生的分辨能力，导致其是非观念不明确，难以形成坚定的责任意识，以致出现一些不负责任的行为。

三、大学生的责任

1. 对自己负责

即对自己的人生历程负责。个人是社会的组成部分，对自我负责是对社会负责的前提和基础，任何对社会的责任都是基于个体人格独立、健全、完整之上的责任担当。没有自我责任感，社会责任感也就无从谈起。对自己负责的基本要求就是珍惜人生并追求有价值的人生，树立正确的世界观、人生观、价值观。具体来说，可概括为："自尊、自爱、自律、自强"。自尊，表现为承认和重视自我在社会中的存在价值，接受自我的情

绪和自我的意向，是一种自我肯定的态度。一个人如果缺乏自尊，就无法体现自身的个性，也就否定了自身的存在。社会主义社会从根本上消除了一切奴役人和屈辱人的条件和关系，每个人都是社会的主人，人的尊严正在日益得到社会的尊重和保护。自爱，就是爱惜自己的身体、人格和名誉，这是个人责任的基础。

个体的责任意识最初是从每个人对自己生命的爱护这种原始欲望逐步发展为社会性自爱的责任意识的过程。求生存的原始欲望派生出人的自我存在的内在要求，伴随人的成长，人的自爱意识转变为社会性的自觉的人格追求，渴望被他人接受，被他人理解。自律，即能够选择自己的行为，自觉的约束和控制与责任目标不符合的行为，严格遵守自己与责任对象的"契约"关系，体现了一种深刻的理想精神。只有达到了自律，才会成为一个有教养的、高尚的、有责任意识的人。自强，是自爱、自尊、自律的升华，即确立靠自己而不靠别人的观念，坚持自主自信，坚持对自身潜力的开发，自我鼓励，在社会生活中遇到成败、得失，不怨天、不尤人，从自身方面找原因，勇于承担责任。这既是对自己能力和行为所产生的信任感，也蕴涵着一种不满足现状，不断向上的奋进精神。在发展中国特色社会主义市场经济的今天，青年大学生必须发扬自强美德，才能适应日趋激烈的竞争。

2. 对家庭负责

即对家庭承担各种责任的自觉性。家庭和谐是构建和谐社会的一个基础。大学生不仅要在社会中做一个好公民，在家庭中也要尽力扮演好自己的角色，承担家庭的责任，自觉践行家庭道德规范。首先，大学生要孝敬父母，思想情感上要热爱和尊敬父母，对父母的养育之恩有发自内心的敬重感激之情；行为态度上，要虚心接受父母的忠告和教导；日常生活上能体贴照顾父母，为父母分忧解难。当个人在家庭中学会了怎样用美好高尚的感情对待父母时，才能把这种情感转移到他人身上，在学校关爱同学、尊敬老师，在社会上助人为乐，进而才可能升华到爱祖国、爱人民的高度，自觉为国家富强而努力。其次，大学生婚后要维持婚姻的稳固。男女双方在选择结婚的同时也就选择了承担家庭责任，在家庭中享有权利的同时都要对自己的小家庭共同承担义务，要互相平等、互相尊重、互相理解、互相忠实、互相爱护等。再次，大学生承担着未来抚养和培育自己子女成才的责任。

3. 对他人负责

个人是一定社会关系中相对独立的特殊个体，他人是指在一定社会中与个人相关的其他个体。个人和他人是相对而言的，有着质的一致性，即同样具有自我意识和人格尊严，否则就不能构成人人平等的关系。个人对他人负责是一个人对他人的生存与发展所承担的责任和使命，每个人的生存也都依赖着对他人负责。个人的发展需要主观努力，同时也必须依赖他人的帮助。个人对他人负责最基本的要求是关心、帮助他人，同情、关心、爱护其他社会成员，特别是应该关心周围的人。对于身陷苦境中的人，尤其是那些因为受到不公正待遇而处境困难、生命垂危，以及遭受到各种挫折而承受很大痛苦的人，要给予更多的关心，尽力帮助他们解决困难，消除痛苦，并在精神上给他们以慰藉和鼓励，增强他们战胜困难的信心和勇气。关心和帮助他人，还意味着要以言论和行为来阻止危害他人生命、财产的行为，勇于同危害他人利益的人作斗争。

4. 对社会负责

每个人都不是孤立的，每个人都是社会中的人，都要与周围的人相互联系、相互制约。马克思说：人的本质是一切社会关系的总和。所以，对社会负责，就是对祖国的前途、民族的命运、社会的进步、世界的发展、人类的幸福负责任。人活在社会中，享受这社会生活中的种种便利。因此，个人要根据自己在社会系统和更广的社会交换系统中的地位承担起对社会的相应责任。

大学生的责任范围可以包括对直接的社区层次和间接的社会层次两方面的责任。对在校大学生而言，社区层次主要就是校园层面，学生正是通过学校开始认识校外更大的社会公共领域。其主要责任有培养集体意识、认真完成自己在集体中的责任，服从学校的管理、规章制度，爱护校园公共设施，以自己的行动维护学校的声誉。间接的社会层次的责任就是担负起把我国建设成为富强、民主、文明的社会主义现代化国家，实现中华民族伟大复兴的历史使命。

第三节 如何提高当代大学生的责任意识

当代大学生责任意识的培养应该从社会、学校、家庭以及大学生自身

四个方面来进行，通过内因、外因的共同作用，使责任意识内化为个人品质、外化为良好的责任行为。

一、社会方面

经过三十多年的改革开放，在当今的社会主义市场经济条件下，我国政治、经济、文化和社会生活的各个方面正在发生着深刻的变化，社会经济成分、组织构成、利益分配方式等日趋多样化，人们的道德观念、价值取向、思维方式等也在发生着潜移默化的改变。在当前思想活跃、观念碰撞、文化交融的时代背景下，必须用社会主义核心价值体系引导多元的价值观念和社会思潮，努力在全社会形成统一的指导思想、共同的理想信念、正确的道德评价标准，进而成为人民强大的精神支柱。社会主义核心价值体系能引导大学生普遍和合理的价值追求，从自私、狭隘、消极走向无私、包容、积极，建立正确的世界观、人生观、价值观，从而用正当合理的方式实现人生价值。

首先，要坚持用社会主义核心价值体系引领社会思潮，确立正确的价值取向。当前，我国意识形态领域的主流是积极、健康、向上的，但是各种思想相互激荡交织，主流意识形态和非主流意识形态相互交织，先进、积极文化与落后、腐朽文化并存。消极思想的存在和传播，不可避免地在价值领域引发了一些问题，如拜金主义、享乐主义、金钱万能论等错误思想。在形形色色的多种社会思潮中，我们应该弘扬中华民族的优秀文化传统，积极借鉴各种思想中具有科学价值和人文精神的有益部分，坚持以社会主义核心价值体系为引导，弘扬主旋律，坚决果断地抵制并批判各种消极成分，为当代大学生责任意识的培养创造良好的社会环境。

其次，要健全法律、法规及责任制度，提供制度保障。大学生极易受到周围环境和社会风气的影响，这些不良现象严重影响着当代大学生的思想道德和价值取向。从这个角度看，大学生责任意识的形成与提高不仅取决于价值引领，还取决于对社会不良现象的有效遏制和惩处。

二、学校方面

学校是培养人才的场所，学校不仅要教授学生科学知识，更重要的是教会学生如何做人、如何做事，如何运用所学知识去实现人生理想和人生价值，确实履行自身的义务和责任。

首先，要加强校园精神文明建设。良好的校园精神文化有利于大学生责任意识的建立和提高。加强校园精神文化建设可以从建设良好的校风、师德、学风和校园文化活动几个方面入手。高校要根据学校的办学思想和理念，在充分挖掘学校宝贵的传统资源的基础上，结合学校发展战略和规划，大力营造崇尚科学、善于创新、严谨求实、积极进取的良好校园风气。高校教师应该自觉学习法律法规、提高道德修养、改进工作作风，严格履行岗位责任，严谨治学，从严执教，真正做到以德修身、以德治教、以德育人。在学风建设方面，高校要制定、完善大学生行为规范，严格管理，营造良好的学习气氛，努力形成勤于学习、奋发向上、诚实守信、勇于创新的良好学风。此外，学校还要精心设计和组织内容丰富、形式新颖的思想政治、学术科技、文化体育等校园活动，使大学生的思想感情得到熏陶、道德境界得到升华、精神生活得到充实。良好的校园文化气氛有益于大学生健康成长，也有利于大学生责任意识的培养。

其次，学校要加强学生的责任教育。通过开设大学生责任教育相关课程，夯实责任教育的理论基础，用马克思主义理论为道德责任教育指明前进方向，使责任教育从感性上升到理性高度。在教育方法上，把要从重灌输转变为重实践，借鉴国外责任教育的先进经验，将知识学习、道德责任判断和道德责任实践行为训练结合起来，注重弘扬学生的主体性，挖掘和引发学生的自觉性、积极性和创造性，从实践活动中，体会他们的价值和所承担的责任。

三、家庭方面

家庭是社会生活的基本单位，大学生在自我责任意识的形成过程中，家庭的影响是最早的也是极其重要的。家长是孩子的启蒙老师，也是孩子接受道德和责任教育的起点。因此，家长应自觉负责，以身示范；在日常生活中，注意培养孩子的责任意识和责任行为，同时，要改变重智轻德的观念，重视孩子道德的培养和身心健康成长。

首先，要提高家庭成员的道德责任素质，自觉承担责任，以身示范。每一位家庭成员的思想状况、行为举止、道德责任感都会彼此之间形成潜移默化的影响。家庭成员的道德责任素质对大学生责任行为的养成往往有

着巨大的影响，家长道德责任行为的示范意义巨大。家长应该不断学习，加强文化和思想修养，时时处处以身作则，言行一致，并不断提高，让孩子看到父母做人做事的诚实和负责任的态度，树立良好的榜样。当父母做错事情时，也要勇于在孩子面前承认错误并承担应负的责任，实际行动往往比单纯的说教更有说服力。

其次，家长要注意培养孩子的责任意识和责任行为。家长要帮助孩子树立责任意识，让其意识到自己是一个独立的个体，教育子女对自己的言行和选择的结果负责，不要为自己的错误找借口。在日常生活中有意识地通过劳动来培养孩子良好的责任行为习惯。

最后，家长要改变重智轻德的思想，把培养子女的道德修养和心理健康作为头等大事。父母要注重与子女之间的沟通交流，正确对待大学生的情感和情绪变化，注意子女的思想动态和价值取向，教育子女学会自我调适，养成豁达开朗、乐观进取的精神，培养健全的人格。

四、自身角度

事物的发展和前进是内因和外因共同作用的结果，内因是根本，外因是条件，外因只有通过内因才能起作用。良好责任意识的培养不仅要靠"外炼"，更重要的还是要靠"内化"。与外界的责任教育相比，自我教育乃是一种更为根本、更为深刻的教育。首先，大学生要加强自律自控，努力提高自身修养。自律自控就是要求一个人自觉地按照一定的社会道德标准对自己的言行进行自我审视并自我调控，即按照"应当如何"的要求去选择和约束自己的行为，控制自己的情绪和言行。大学生只有做到自律自控，才能在成长中面对纷繁的充满诱惑的世界，在学习和工作中正确把握自己，有效地约束和控制自己的言行，并及时改正不正确的言行，增强自我责任感。孔子说："见贤思齐焉，见不贤而内自省也"；"三人行，必有我师焉，择其善者而从之，其不善者而改之"。大学生也要有自省意识，随时随地反省自身，才能增强道德责任认识、锻炼责任行为，形成良好的道德责任品质。

其次，要积极参加实践活动，做到知行合一。大学生要不断积极主动地参加社会实践活动，在亲身实践中，把责任规范和要求内化为责任品质。从具体的工作做起，从身边的点滴做起，才能加深对道德责任规范的理解，从而提高履行道德责任的自觉性，只有做到知行统一，才能把责任认识和责任意识观念逐步升华为相对稳定的责任行为，从而履行好自己的责任。

【案例6.2】奉献社会——人生主旋律

《雷锋日记》（一九五八年六月七日）——如果你是一滴水，你是否滋润了一寸土地？如果你是一线阳光，你是否照亮了一分黑暗？如果你是一颗粮食，你是否哺育了有用的生命？如果你是一颗最小的螺丝钉，你是否永远守在你生活的岗位上？如果你要告诉我们什么思想，你是否在日夜宣扬那最美丽的理想？你既然活着，你又是否为了未来的人类生活付出你的劳动，使世界一天天变得更美丽？我想问你，为未来带来了什么？

孔繁森——先后两次进藏，已在高原工作6年。他自愿鲜血900毫升，帮助他收留的三个震灾中认识的孤儿。他因车祸牺牲后，人们在他的遗体上找到的现金只有8元6角，和他的"绝笔"——去世前4天写的关于发展阿里经济的12条建议。

王顺友——20年如一日跋涉在凉山彝族自治州木里藏族自治县群山深处的一名普通的乡邮递员、一名优秀的共产党员。1985年，40岁的王顺友顶班上了邮路，到如今整整20多年了。20多年来，王顺友每个月都有24~28天独自在邮路上度过，每年投递报纸8400多份、杂志330份、函件840份、包裹600多件，他从来没耽误过一个班期，从没有丢失过一份邮件，投递准确度100%。时至今日，王顺友已经在木里的深山中跋涉了53万公里，相当于走了21趟长征。

丛飞——在"义演"舞台，他是"歌手丛飞"；在178个孩子嘴上，他是"爸爸丛飞"；在深爱他的妻子心中，他是"男人丛飞"；在很多人眼中，他是"好人丛飞"。丛飞说，他是歌手，是"义工"……8年间，"义演"300多场次，义务服务时间超过3600多小时。"我叫丛飞，来自深圳，义工编码2478……"10年间，他"帮困助弱"，捐款累计达300多万元；在被确诊胃癌后，竟无钱支付住院费。

【参考文献】

[1] 丁文敏. 大学生责任教育概论[M]. 济南：山东人民出版社，2012.

[2] 吴兴富. 思想政治理论课案例精选 [M]. 南京：东南大学出版社，2010.

[3] 马莹华，郭玉坤. "思想道德修养与法律基础"课案例式专题教学教师用书 [M]. 北京：中国人民大学出版社，2008.

[4] 马克思恩格斯选集 [M]. 第1卷. 北京：人民出版社，1975：18.

[5] 马克思恩格斯选集 [M]. 第3卷. 北京：人民出版社，1975：329.

[6] 连淑芳. 思想道德修养 [M]. 上海：上海大学出版社，2003.

[7] 辞海 [M]. 上海：上海辞海出版社，1999.

[8] 现代汉语词典 [M]. 北京：商务印书馆，1983.

[9] 王晓虹. 道德责任：高校道德教育内涵的倾斜点 [J]. 江西科技师范学院学报，2004（6）：20-23.

[10] 李萍. 中国道德调查 [M]. 北京：民主与建设出版社，2001：21.

[11] 梁文超，曲莉娜. 当代大学生的历史使命 [J]. 黑龙江科技信息，2012（5）：137.

[12] 吕原生. 浅谈当代大学生的历史使命 [J]. 才智，2010（26）：197.

第七章　为什么要坚持科学信仰

【案例7.1】爱因斯坦的宗教观

爱因斯坦并不相信鬼神和拟人化的上帝，这一点应该是比较容易得出结论的，因为他清楚地指出："在人类远远还未成熟以前，……对于生活中危险的恐惧，使得人类想象出种种具有人性的鬼神来，这些鬼神在物理上人是觉察不到的，但是它们有本领使出令人生畏的或者令人欢迎的各种自然力。他们所相信的那些到处支配着他们的想象的鬼神，是他们按照自己的形象在头脑里制造出来的，但是它们却被赋有超人的本领。这些鬼神就是上帝这一观念的原始形式"。在《自述》中他又说过，到他12岁时，由于读了通俗的科学书籍，他"很快就相信，《圣经》里的故事有许多不可能是真实的"。"至于宗教派别的传统，我只能从历史上和从心理上来考查；它们对于我再没有别的意义"。

既然爱因斯坦不相信鬼神和拟人化的上帝，他的世界观从本质上已经超越了传统的宗教，那么他究竟怎样看待宗教呢？

英国科学家、哲学家罗素于1927年在"全英非宗教主义"者举行的一次集会上，发表过一篇著名的演说《为什么我不是基督徒》。其中谈道："真正使人信仰上帝的完全不是什么理智的论点。绝大多数人信仰上帝，是因为他们从儿童时代起就受到这种熏陶，这才是主要原因。"罗素认为，这正说明了，如精神分析学家所不断强调的：早期接触的事物比起晚期来，对人的思想具有更强大得多的影响。

爱因斯坦也有类似的看法。他认为，宗教意识"通过传统的教育机关灌输给每一个儿童。因此，尽管我是完全没有宗教信仰的（犹太人）双亲的儿子，我还是深深地信仰宗教"。宗教、尤其是犹太教对他的影响，那种虔诚的信仰体验，在他的内心深处还是留下了不可磨灭的印记。

爱因斯坦认为，一个信仰宗教的人，他的志向有这样的特征：受了宗教感化，就是已经尽他的最大可能从自私欲望的镣铐中解放了出来，而全神贯注在那些因其超越个人的价值而为他所坚持的思想、感情和志向。重要的在于这种超越个人的内涵的力量，在于对它超过一切的深远意义的信念的深度，而不在于是否曾经企图把这种内涵同神联系起来。说一个信仰宗教的人是虔诚的，意思是说，他并不怀疑那些超越个人的目的和目标的庄严和崇高；而这些目的和目标是既不需要也不可能有理性基础的。

第一节　宗教文化概述

一、宗教的起源

宗教作为一种文化现象和社会现象，具有悠久绵长的历史，它几乎与人类的精神生活与物质生活的全过程同步。从原始的自然物崇拜、原始宗教，发展到基督教、佛教、伊斯兰教等成熟宗教，无不对当时的社会、经济、文化发生重大影响。

1. **宗教起源神话说**

这种解释宗教起源的学说，是以语言学与民族学的比较研究为基础的。此派学说认为，宗教的起源及其最早的表现形式是自然神话，如太阳神话、星辰神话、风雨雷电神话，等等。此派学说还认为，神话和宗教中的神，都是自然物、自然力和自然现象的人格化。由人格化而神格化并产生对它的崇拜与敬畏，就是人类最原始的宗教。

2. **宗教起源万物有灵说**

认为宗教起源于万物有灵的崇拜。这种学说认为，原始人根据对睡眠、出神、疾病、死亡、梦幻等生理心理现象的观察，推论出与肉体不同的灵魂观念，然后把灵魂观念应用于万物，产生了万物有灵论；应用于死去的祖先，产生了祖先神灵和祖先崇拜；应用于自然物，产生了自然神和自然物崇拜。随着人类智力的升华，以后又发展为种类神崇拜和多神教、至上神崇拜和一神教。

3. **宗教起源图腾崇拜说**

图腾崇拜是一切宗教的起点，图腾崇拜是一种最古老的社会现象和最原始的宗教形式。在氏族的形成过程中，每个氏族都选择某种与自己的日常生活紧密相关的动植物作为本氏族的标志，并把血缘关系推广到这些动植物，把它们视作自己的亲属、自己的祖先。相信图腾祖先是氏族的保护者，并对它崇拜。

4. 宗教起源启示说

反对宗教进化论，认为世界上文化层次最古老、最原始的种族，都信仰至上神；原始文化中的至上神，就是一神教的至上神。崇拜这种至上神的宗教，才是真正的一神教。因此，一神观念是亘古以来就有的，对最高存在的信仰是远古时代人类文化的重要部分，它不以时间、空间为转移，其原因在于它起源于上帝对人类的原始启示。

二、宗教的本质与分类

宗教是一种社会意识形态，是对人们现实生活的虚幻的反映，是一种唯心主义世界观。宗教在其发展中，逐渐形成了宗教信仰、宗教感情及与之相适应的宗教组织、宗教设施、宗教教义、宗教教规、宗教仪式和专门神职人员，有众多的信徒。

1. 宗教的本质

宗教是自然压迫的产物，是在生产力和知识水平极其低下的情况下，在强大的自然力面前所产生的对"超自然"力量的崇拜。

进入阶级社会后，除了自然压迫的原因外，宗教得以存在和发展的最深刻的社会根源，是阶级的压迫和剥削。

宗教的出现加速了人类文明发展的进程，宗教的主要作用表现在让人类如何了解、适应、遵守自然规则的需要。宗教往往注重精神文化领域知识的传播，从而带领人类达到对认识自然的不断提升。

2. 宗教的分类

（1）部落宗教

部落宗教是指氏族—部落全体成员所信奉的宗教。产生于原始社会，目前尚存于少数原始部落社会中。信仰内容与氏族—部落的其他社会意识形态混为一体，一般没有明确的教义和规范的典籍，只有一些神话传说口耳相传。礼仪戒规常同社会风俗习惯相融合，通常以自然崇拜、图腾崇拜和祖先崇拜的形式出现。一般没有宗教职业人员和相应的宗教组织，由氏

族—部落的领袖尊长主持崇拜仪式。

（2）民族宗教

民族宗教是指民族成员所共同信奉的宗教。这种共同的宗教信仰往往同该民族的民族意识紧密地相结合，其崇拜的神灵或信仰的对象有时就是本民族的守护神或传说中的始祖。民族宗教是由氏族—部落宗教（又称原始宗教）发展而来的。早期一般带有比较鲜明的民族性，民族灭亡后，其宗教也随之灭亡。随着国家的形成和民族文化的发展，民族宗教摆脱了原始宗教的性质，转变成为古代的国家宗教。

（3）世界宗教

一些宗教的发展超出了民族和国家的范围，演变成为世界宗教。世界性宗教并不是指其分布广及世界各地，主要是指宗教所信的神灵被认为是整个世界的主宰，教义也是着眼于全人类与各个民族。世界宗教信教人数多，包括各个民族，分布范围广，遍及世界。

有人将中国人传统信仰"儒教"也算作一大宗教，它在中国有两千多年的精神与文化主导历史。作为中华文明的伟大传承，儒家思想是中国人民的核心价值观之一。

三、宗教的社会作用与影响

宗教产生于人类社会初期，来源于人类对自然的未知。人类历史上，宗教是被统治者利用进行统治的工具，是统治者对被统治者在思想上的一种镇压与奴役，宗教的政治意义远远大于宗教本身。当社会走向文明，宗教才成为一种真正意义上的信仰，成为灵魂上的自由。宗教是人类智慧的结晶，同时也是推动社会进步的重要力量。

1. 宗教的社会作用

佛教、基督教、伊斯兰教是世界三大宗教，从它们的教义中都可以看到真善美的、与人为善的精神。这些是宗教的精华，都是人类社会对善良与美好的追求与渴望，所以宗教在社会的法律、文化、经济及人的精神领域起着合理的约束和有力的推动作用。

（1）宗教与精神

它使人在精神上找到依靠和庇护，寄托心灵，使人平静，消除痛苦，慰藉精神，从而约束人们的行为，有利于社会稳定。

（2）宗教与法律

宗教有利于法治的建设，它在一定程度上约束人们的行为，形成道德风尚，减少社会犯罪的发生，有助于维护社会秩序和树立良好的社会风气；教义要求信徒爱国守法，依法开展宗教活动；宗教界积极参加社会公益事业，在各种灾难面前，不少宗教徒与人民一道献爱心，对慈善公益事业发展起着积极的推动作用。

（3）宗教与文化

文化是一国的软实力，属于综合国力的范畴。宗教可以促进人与人之间的交流，减少人与人直接的隔阂与冷漠，对活跃社会文化具有积极作用，有利于促进文化的多元化。

（4）宗教与经济

教义让信仰者在投资、消费等经济领域遵循一定的准则，有利于净化市场经济。宗教界以自养为目的的经济活动，减轻了信教群众的负担，有利于社会的经济发展。

2. 宗教的社会功能

宗教是人类社会发展到一定历史阶段的产物，是一种对超自然力量的信仰相适应的社会文化体系。宗教作为社会的重要组成部分，与社会生活的方方面面发生着密切的关系，产生着重大的影响，因此，宗教的社会功能也具有多样性。

（1）宗教具有社会整合功能

宗教通过共同的信仰，使信众具有了共同的、超越世俗的、神圣的价值观，有助于形成个体对共同体的认同感和归属感，从而使宗教组织具有很强的凝聚力。同时，宗教通过内在的宗教信仰外化为高度自觉的行为，使社会规范神圣化，进而达到对信众行为的整合。

（2）宗教具有社会控制功能

宗教能运用信仰、情感、仪式等手段，尤其是运用教规戒律来约束人们的行为。这种社会控制作用有着和道德相似的地方，即都是通过教育使之内化，并自觉地控制人的行为。

（3）宗教具有心理调节功能

宗教可以通过特定的宗教信念，把人们心态上的不平衡调节到相对平衡的状态，并由此使人们在精神上、行为上和生理上达到有益的适度状

态，为社会成员提供心理上的慰藉和安全感。

（4）宗教具有社会文化交往功能

宗教信徒参加礼拜，进行集体祷告，过宗教节日，都是社会交往的重要途径。同时，宗教作为一种文化现象，其自身的形成和发展就是人类文化史的一部分。宗教文化的传播，也使不同文化、不同人群得以交流、沟通，从而达到相互了解、理解和谅解。

3. 宗教对社会的影响

为社会服务是宗教信徒的义务。各宗教教义规定教徒要行善，将慈善作为基本准则。因此，行善是宗教为社会服务的重要方面，它不带有功利性，而必须具有来自内心的经常性和可持续信仰性。宗教信仰者行善，是其以信仰为动力作出的对社会的表达。宗教对社会的影响体现在以下四个方面。

（1）积淀性

宗教影响是历史积淀的结果，因为宗教是一种古老而普遍的社会现象或文化传统，印证着人类社会或文化的演变过程。

（2）弥漫性

宗教信仰不但是世界上大多数人的世界观、人生观和价值观，而且是这些人所信奉的生活方式。因此，宗教无时无刻不影响各宗教信徒的个人生活及社会活动。

（3）渗透性

宗教能够渗透所有人类社会活动，致使作为世界观、价值观和生活方式的宗教信仰及其实践，与政治、经济和文化等因素融为一体，难分难解，一起发挥作用或产生影响。

（4）深层性

正因为宗教是宗教信仰的现实反映或社会体现，蕴涵着诸种宗教对世界、社会和人生的根本看法及其价值导向，因而势必从深层或根本上影响着人类的政治、经济和文化活动。

总之，宗教不论是对人们行为的规范还是对人们思想的影响，归根结底是因为宗教给人以信仰。所以说，宗教的真正意义，在于给人以信仰，并通过信仰引导人们的行为，使社会处于和谐美好的状态。宗教、信仰是人类社会不可缺的精神食粮。同时，我们应该用辩证的观点看待宗教。

第二节　信仰与宗教和科学的关系

信仰是人类赖以生存的精神支柱，是人类积极活动的动力。信仰是人生追求完善的终极目标，没有信仰的生活事实上是不可能的。

我们是唯物主义者，我们相信科学。但是科学解决不了生活中一切问题，尤其是人们对美、善、爱的追求。

信仰与理性、道德是密切相关的。信仰是知识的综合、道德的完善和人生价值的追求。当人们有了信仰时，人们会自觉地根据信仰的生存价值取向，选择自己的行为，知道什么事该做、什么事不该做。从该意义上讲，信仰具有道德的功用，这是人的外在力量不能取代的。

长期以来，在人们的观念中，人们对信仰问题存在着诸多误解：或把信仰等同于宗教信仰，或将科学同宗教和信仰完全相对立，把科学与否作为评判一切对错的标准。究其原因，关键在于没有真正理清信仰与宗教和科学的关系。

一般来说，人类信仰可分为科学信仰和非科学信仰两大基本类型，宗教信仰是非科学信仰中的一种类型。

一、信仰与宗教

信仰，是指对圣贤的主张、主义，或对神的信服和尊崇，对鬼、妖、魔或天然气象的敬畏，并把它奉为自己的行为准则。信仰与崇拜经常联系在一起，但是与崇拜还有不同。概括地说，信仰是人对人生观、价值观和世界观等的选择和持有。对某种主张、主义、宗教、某人或某物的极其相信和尊敬，并作为自己行动的指南或榜样。

信仰的本质是相信其正确，甚至宁愿相信其正确，不在于其是否真实。所以，信仰无所谓真假，有信仰本身就是一种价值，因为坚持这种信仰使自己有所追求、有所寄托。信仰是对人生意义的一种假定。人，就其本身来讲没有意义，人的意义就在于自己给自己设定的一个意义，不同的人设定有不同的意义，没有统一的公认的普遍人生意义。设定的人生意义的丰富性，决定了信仰的丰富性。总体来说，信仰就是贯穿在人的世界观之中的一种意识规范。

宗教是人类社会发展到一定历史阶段出现的一种文化现象，属于社会意识形态。主要特点为，相信现实世界之外存在着超自然的神秘力量或实体，该神秘力量统摄万物而拥有绝对权威，主宰自然进化，决定人世命运，从而使人对该神秘力量产生敬畏及崇拜，并引申出信仰认知及仪式活动。宗教是对神明的信仰与崇敬，或者一般而言，宗教就是一套信仰。

二、信仰与科学

"科学"一词来源于拉丁文"scientia"，意为"知识"、"学问"，在近代侧重关于自然的学问。在中国古汉语中，科学一词意为"科举之学"。1893年康有为引进并使用"科学"一词，此后便在中国广泛运用。

1888年，达尔文曾给科学下过一个定义："科学就是整理事实，从中发现规律，做出结论"。达尔文的定义指出了科学的内涵，即事实与规律。科学要发现人所未知的事实，并以此为依据，实事求是，而不是脱离现实的纯思维的空想。至于规律，则是指客观事物之间内在的本质的必然联系。因此，科学是建立在实践基础上，经过实践检验和严密逻辑论证的，关于客观世界各种事物的本质及运动规律的知识体系。

就科学与信仰的关系而言，大体有三种不同的观点。第一种观点认为科学与信仰绝对对立、排斥，水火不容；第二种观点认为信仰可以存在于科学还无法企及的地方；第三种观点是基督徒的观点，认为基督教信仰既超越科学，又不与科学相悖。目前科学技术飞速发展，不但没有削弱宗教活动，反而有更多的人从宗教信仰中寻找精神寄托。

人类社会发展需要科学，也需要信仰。在人类社会发展中科学的作用是相当明显的，社会的每一个进步都渗透着科学的贡献。正是科学把人类从苦难的生产力落后的处境中解放出来，从这个意义上讲，科学是人类的"救世主"。

但是，我们还可以看到，科学研究的成果是中性的，其给人类带来的是福还是祸是由掌握它们的人来决定的。科学成果既可造福于人类，又可给人类带来灾难。

科学的作用并不是万能的。比如随着科学的迅速发展，人的道德水准并没有相应地迅速提高。我们不能要求人们用科学的规范，来规范人们的信仰与追求。显而易见，科学是无法代替信仰的。信仰除了赋予我们光明和力量外，还赋予我们爱和希望。与此同时，信仰也无法代替科学，信仰无法像科学那样使我们认识大自然，发现各种自然规律。

三、科学信仰与其他信仰

1. 科学信仰与宗教信仰

在信仰的结构中，真理和价值是信仰的两个基本要素。把对真理的追求屈从于价值追求，这是宗教信仰的典型特征；把对价值的追求建立在对真理的追求的基础上，这是科学信仰的典型特征。

科学信仰是建立在客观真理基础上的信仰。科学作为某一领域规律的系统化和理论化，是以客观规律为根基的。科学信仰符合客观规律，产生于实践，又被实践证明是正确的，并随实践的发展日趋完善。以真理为基础的信仰之所以是科学的，是因为真理揭示了事物发展的客观规律性，能够为人类指明前进的道路。真理本身有益于人类，能够为人类造福。

宗教信仰作为非科学信仰的典型形式，同科学信仰有不同的本质特征。

首先，宗教信仰以唯心主义为基础，而科学信仰以客观真理为基础。任何一种宗教信仰都是以虚幻的神灵说、世始论、灵魂不灭论、善恶报应说为精神依托或出发点去说明世界，并以此产生出种种理论及神学体系。

其次，宗教信仰要人们盲从盲信，而科学信仰提倡科学精神，提倡独立判断，不断接受时间的检验。宗教信仰信徒不准怀疑信条，只要求虔诚地信仰，无条件地接受一切神学观念的信条，如果怀疑动摇教义，那就是对神的极大不敬，就是对信仰的背叛。宗教信仰的这一特点，严重窒息了人们精神活动的自主性，使信徒们成为神学观念的精神奴隶。

最后，宗教信仰是憧憬来世虚幻幸福的精神赠品，而科学信仰引导人们自觉追求真理，以自觉为人类造福为己任。宗教信仰把人类的命运和世界的现状说成是天意或神的体现，教导人们面对一切现实的痛苦只能忍受或祈祷。它引导人们在虔诚地追求来世的幸福和幻觉中沉沦下去，使精神获得某种虚幻的满足、慰藉而自我麻醉，消极作为。

2. 科学信仰与鬼神信仰

鬼神信仰也要以对世界的一定认识为基础。但由于超自然的鬼神观念是对世界的歪曲反映，这就决定了对于这种观念的确信只能建立在我相信

是因为我应该相信的原则上,因而鬼神信仰必然是盲目的。在鬼神信仰中,知识为信仰服务,科学是神学的婢女,理性受非理性支配,因而鬼神信仰以盲目信仰和崇拜的迷信形式表现出来。

科学信仰是以客观规律的知识为基础,与鬼神信仰完全对立。对于真理的深刻理解从而确信不移。没有确信,科学只能是知识而不能形成信仰,这种确信是科学知识的结晶。科学信仰在本质上是理性的,从而具有自觉性。由科学信仰所推动和指导的实践活动,在本质上与客观世界的规律相一致,从而在总体上是社会发展和进步的积极力量。

四、自觉追求科学信仰

信仰作为人类精神世界的最高意识形式,深刻地影响着人们的思想活动和社会生活。然而,当今世界正经历着一场深刻的信仰危机。及时引导人们区分科学与非科学的信仰,自觉追求科学的信仰,显得十分必要。

我们既承认宗教信仰的客观存在,又将自己的信仰建立在科学的唯物的基础上,相信人类能凭借自己的能力改造客观世界,而不是寄托于神灵和来世。

只有真正区分和掌握科学信仰与宗教信仰的异同点及社会作用,才能真正确立科学信仰,摆脱一切非科学的信仰或种种迷信,才能真正拥有人的自主意识,成为掌握自己命运的主人。

【案例7.2】让坚持成为一种信仰

中国校友会网发布2010中国大学创业富豪榜,号称"小马云"的浙江盘石信息技术公司总裁田宁以1.5亿的身家排名第6位。

1977年出生的田宁是浙江省大学生创业第一人。2000年3月,读动物科学专业大四的他,凭着一股大学生特有的热情和对IT业前景的看好,注册了浙江盘石网络公司,主营电脑及其配件零售业务。

创业最初3年里,压力巨大,但他咬牙坚持。他从来都是每天最早到公司最晚离开,慢慢地,公司有了固定业务,在圈子里有了口碑。就这样,从"千山鸟飞绝"的偏僻店铺,到后来卖场规模最大的卖家,他只用了3年。

2004年盘石网络的电脑生意已如日中天,但田宁却把目光转移到互联

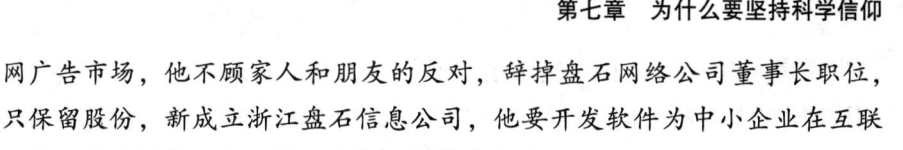

网广告市场，他不顾家人和朋友的反对，辞掉盘石网络公司董事长职位，只保留股份，新成立浙江盘石信息公司，他要开发软件为中小企业在互联网上做广告提供服务，帮助他们做到精准投放。

2005年年初，网络营销概念在国内才刚兴起，市场不成熟。很多人根本没有听说过网络营销。

功夫不负有心人，2006年公司终于盈利，2007年销售收入就超过5000万元，2008年首届中国网络广告行业大会上，盘石一举摘得了中国最佳网络营销策划奖、最佳网络广告第三方评测机构奖两项大奖。

今天，在杭州祥园路上的北部软件园左边，赫然可见整整七层的盘石大厦。盘石已有1500名员工，平均年龄只有24岁，几乎清一色的大学生，盘石招人用人也不看所学专业。"这是由公司需要有经验的服务型和销售型人才这一需求决定的。"田宁这样说。在公司，没有人叫他田总，所有人都直呼其名。田宁的生活非常简单，衣服穿100来元的外贸衣、短发、白衬衣、便裤，看上去和刚出校门的年轻人一样充满活力和热情。他经常在员工大会上讲：当初成龙做了十几年的替身才有在电影上露面的机会，李安做了十年的居家好男人才有了拿奥斯卡的机会。每个人要想成功都必须坚持，一个企业要成功怎么可能不需要坚持？他的名片上写着：坚持，如果不成为一种信仰，有时候真的很难。

第三节　科学信仰的力量

一、科学信仰的重要意义

信仰是人类特有的一种精神活动，它是指人们对某种理论、理想、学说、主义或某人等的极度信服和尊崇，并把它作为自己的精神寄托和行为准则。它表现为社会人超越有限的已知世界，对无限的未知世界寄予永恒渴望的终极关切态度。

科学信仰是一种巨大的精神力量。科学的信仰无论对社会的发展，民族的振兴，还是对个体人生道路的选择，都有着十分重大的作用。

1. 科学信仰是凝聚社会群体的纽带

凝聚力是信仰最本质的范畴。凝聚作用就是信仰最根本的作用。信仰产生凝聚力的内在动因，在于群体的认同感，而认同感则产生于群体的共同活动之中。这种认同感是信仰产生凝聚力的动因和源泉，是真正维系整个群体的纽带。

历史证明，一个民族、一个阶级甚至一个群体，其共同信仰对于它的成员，存在着巨大的吸引力。它不仅表现为民族和阶级对其成员的吸引，还表现为这个群体内部各个成员之间的相互吸引。一个群体的吸引力越大，其成员的归属感就越强。

信仰的凝聚作用，还表现在它能维护社会秩序，促进社会稳定。不管什么性质的社会，若是没有共同的信仰，就失去了社会联系的纽带，人们难以保持统一的行动，也会因失去凝聚力而成为一盘散沙。一位哲人说过，一个没有信仰的人生是残缺的人生；一个没有理想和信仰的民族，是一个没有希望的民族，当然更谈不上自立于世界民族之林。

2. 科学信仰是人生目标的灯塔

对于个人来说，人生目标的确立，是至关重要的大事。信仰则对人生目标的确立，起着导向作用。这种导向性，首先在于它可以决定你将成为哪一种人并影响一生。选择正确的信仰能够引导人们走正人生之路，带来美好的人生；不正确的信仰则会使人误入歧途，无所作为，甚至会毁掉人的一生。

古希腊物理学家阿基米德说过，给我一个支点，我可以把整个地球翻转过来。虽然他的话言过其实，但他强调了支点的重要性却是可取的。在人生的道路上，我们也需要支点。一是物质的支点，即衣食住行等物质生活资料；二是精神的支点，即理想、信仰等。法国著名作家雨果曾说过，"人有了物质才能生存，人有了理想才谈得上生活。"可以说，一个人理想信仰的确立，是他主体性的体现，是他存在的确证，表明他是一个真正独立的个体。

3. 科学信仰是理想实现的精神动力

孙中山先生充分肯定信仰的激励作用。他说，对于任何事情，"吾心信其可行，则移山填海之难，终有成功之日；吾心信其不可行，则反掌折枝之易，亦无收效之期。普通人如果信仰了主义，便深入刻骨，便能够为主义去死。"

邓小平强调指出："为什么我们过去能在非常困难的情况下奋斗出来，

战胜千难万险使革命胜利呢？就是因为我们有理想，有马克思主义信念，有共产主义信念。在我们最困难的时期，共产主义的理想是我们的精神支柱，多少人牺牲就是为了实现这个理想。"

信仰产生激励作用的内在动因，在于人对追求目标的积极肯定态度。马克思说："激情、热情是人强烈追求自己的对象的本质力量。"这就是说，信仰的重要的内在因素——情感、意志等，是人们追求真理、追求信仰对象的强大精神力量。它能排除一切干扰因素、模糊观念和动摇心理，激起人们为实现理想而奋斗的热情和意志。

4. 科学信仰是慰藉心灵的终极依托

人的认识能力是极其有限的，这是大自然的永恒规律。但是人类意识的本性就是超越有限，去追求和把握无限。为了实现追求无限、超越有限的目的，人通过各种形式进行尝试、探索。正是由于这种本性，人类才产生和需要信仰，凭借信仰弥补理性的局限，去实现对暂时性、有限性的超越。人类追求无限，最初主要是通过宗教信仰的形式来实现的。从一定的意义上说，宗教的历史是人类努力描述和追求无限的历史。

信仰中所包含的人的意志、感情和愿望等，这是知识无法代替的。一个人尽管可能掌握很多知识，但这些知识并不可能完全消除他在社会生活或家庭生活中所遇到的彷徨、烦恼和痛苦，而信仰却可以使他在精神上有所寄托，在情感上得到某种满足，在心灵上获得安慰，将痛苦减低到最低的程度。没有信仰，精神上就会感到一种失落，人生道路的磨难就会把人压垮。

5. 科学信仰是科学发现的精神源泉

科学发展史证明，信仰在科学创造中起着十分重要的作用。爱因斯坦等著名科学家都强调信仰的科学文化创造功能，并都承认他们的创造活动中信仰因素的独特作用。一般来说，科学家对理论的选择和建构需要双重根据：一是实证，即已被确认的观测结果；二是信仰，即"未经证实就相信它是对的"。对科学来说，实证与信仰是互补的，缺一不可。

科学离开这种精神，人们就要陷入怀疑论，今天怀疑牛顿力学是一场骗局，明天认为相对论是儿戏，最后一无是处，终于抛弃科学本身。另一方面，人们如果不承认科学包含着信仰精神，以为一切科学结论都可以实证，那就会否认科学的"无穷可探索性"，导致承认科学总有一天会封顶，

这是反辩证法的。所以，科学中渗透着信仰精神，信仰为科学家进行科学探索、实证观测提供信念基础和精神源泉。

二、当代大学生信仰现状

伴随着经济全球化进程的日益发展，潮水般涌入的各种文化思潮和价值观念冲击着青年的思想，某些腐朽落后的生活方式侵蚀着青年的心灵。有些青年崇尚西方文化及价值观，网络上大量的消极内容对一些青年也产生了负面影响。各种青年价值观中的多元化趋势，会造成青年政治思想观点的相对分散，从而影响主流政治倾向的形成。

信仰是人类社会中最基本、最深刻的精神现象，其表现为人们对某种思想、主义的信奉和遵循。当代大学生对信仰存在的问题，应引起社会及教育工作者的高度重视。

1. 信仰呈多元化趋势

改革开放以来，随着国外各种社会思潮的涌入，各种新观念、新事物不断呈现，加上思维方式不成熟性的影响，当代大学生的思想观念处在不断的变化和更新状态，这一变化的重要方面反映在崇拜物的多元性上。在大学校园里，共产主义、个人主义、拜金主义都有市场，马列著作和哲学各种理论都有一席之地。由于一些学生的崇拜是出于功利或从众心理，能够理解或半知半解或不能理解的观念和思想都成了他们的崇拜物，结果是在大学校园内常常出现对崇拜物走马灯式的迁移现象。

2. 缺乏明确的人生观和价值观

目前，在高校，如果不是在《马克思主义哲学原理》或者类似这样的政治性课堂上，一般很少提及到个人的世界观、人生观和价值观的问题。大部分学生对自己的世界观、人生观和价值观还不够明确。很难想象，一个利欲熏心、追名逐利的人能够树立起为人民、为民族、为振兴中华的崇高信念，能够成为青年马克思主义者。面对复杂多变的国际形势，面对物欲喧嚣、诱惑肆虐的世俗挑战，高校应引导大学生注重自身世界观、人生观和价值观的改造。

3. 出现信仰迷失现象

所谓大学生信仰迷失，是指当代大学生在信仰形成阶段中信仰的选择上处于的一种模糊和彷徨的状态。信仰迷失带给信仰主体的影响不容小视，它会使信仰主体出现思想上的彷徨、前进中的无目标感、行动上的失范等状况。有些大学生试图在宗教信仰中寻求精神寄托，有些在世俗信仰中迷失方向。有相当一部分学生对马克思主义的科学缺乏正确的认知，当然就无法做到对马克思主义的认同与信仰，一些大学生对功利主义的信仰在不断弥散。

三、如何树立科学的信仰

人们经常不作严格区分地把信仰和宗教用作同义词。其实，信仰应该是一个比宗教概念外延更宽的概念，宗教是信仰的典型范例，它只是一种特殊的信仰，在宗教信仰之外，还存在其他的信仰。

从信仰的类型来看，信仰又分为个人人生信仰和社会理想信仰两大类。所谓个人人生信仰是指个体对自己生存的意义和价值、生活的前途和命运、人生的状态和归宿，等等的超越性的把握和持有。个人人生信仰决定着个人的人生使命感和人生责任感。从某种意义上讲，人们有什么样的个人人生信仰，就会有什么样的使命感，有什么样的使命感，就会有什么样的责任感。所谓社会理想信仰，是指特定民族或社会民众，对特定社会历史发展阶段及终极发展归宿之理想的把握和持有。如果说，个人人生信仰着眼于个人对自己的前途命运的把握，那么，社会理想信仰，则意味着特定民族或社会民众对自身所置身于其中的社会发展之前景的向往与关怀。社会理想信仰是一种超越个人人生信仰的公众信仰。

大学生应确立科学的信仰。大学生科学信仰是个体的人作为有限的生命存在，以理性认识能力的有限性对无限的宇宙奥秘，包括人与自然、人与社会、人与自身存在的无限性进行追问，以至终极关切。这样的无限追问与终极关切，就是自觉地把个人人生信仰和社会理想信仰有机地结合起来，把献身科学与造福人类作为最高的理想信仰。

1. 科学信仰的判断标准

判断一种信仰的科学与否有三条标准：一是看是否具有积极向上的特征。能否引导信仰者积极向上的精神动力，使信仰者认识到走向不朽的真实意义，认识到人生的无限正是在有限中生成，从而在人生的道路上不断丰富自己、造就自己、完善自己。二是看它是否蕴涵超越现实的力量。能否鼓舞信仰者从日常生活中走出，思考着当下不能实现的需要，对有限的

现实生活进行各种评判。虽然信仰的东西在有限的时间里是难以实现的，但是它可以作为人们活动的目标，信仰的意义从一定的角度看，也就在于人们对信仰目标的不懈追求中。三是看信仰在方式上是否具有科学合理的特质。信仰与经验科学存在相当大的差异，不能简单地用经验科学的方法来研究信仰问题。事实上，信仰和科学又有着密切关联。它是科学向无限的推演，是人们基于科学的发展对自己生活的无限遐想。

2. 弘扬科学精神

科学作为对客观物质世界本质和规律的正确反映，作为从实践中获得的以逻辑思维形式表现出来的知识体系，它一开始就是并且永远是推动人类社会进步的革命性力量。首先，科学对人类社会的推动作用表现在它能够转化为生产力，创造出巨大的物质财富，从一定意义上说，现代技术、现代社会生产力乃是现实的、物化的科学知识。邓小平总结科学技术在现代生产中的作用，得出了科学技术是第一生产力的科学结论。其次，科学不仅通过转化为生产力创造出巨大的物质财富，而且它本身就是人类创造的精神财富，是一种巨大的精神力量，是陶冶和升华人类理性精神、提高人类认识能力和认识水平的关键因素。现代社会，科学的迅猛发展，为我们认识已知世界提供着越来越多的新鲜知识，同时也在揭示着越来越广阔、越来越深邃的未知世界。在新的时代条件下，如果愚昧落后，缺少科学文化，就可能被伪科学所愚弄，陷入新的迷误和迷信。

因此，我们不仅要在发展生产力的意义上讲科学，更应该在提高广大人民群众思想文化素质意义上讲科学；不仅要依靠科学技术提高物质文明的发展水平，而且要依靠科学技术力量推进社会主义精神文明建设，积极倡导科学、文明、健康的生活方式，努力形成学科学、用科学、爱科学的社会风气和民族精神。在努力脱贫的同时，下大力进行一项艰苦细致的工作，那就是"脱愚"。"脱贫"离不开科学，"脱愚"更离不开科学。为此，在实施"科教兴国"战略的伟大实践中，我们既要强调科技与经济的结合，也要强调科技与人的思想教育相结合；既要把攻克国民经济发展中迫切需要解决的关键问题作为主要任务，也要把提高人民群众的科学水平，使人们树立科学精神，提高全民族的科学素质作为主要任务。

3. 反对迷信盲从

科学知识固然重要，没有科学知识，人类社会的发展和进步就会停

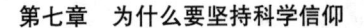

滞，但科学精神更加重要，因为没有科学精神，就没有了科学，人类社会将重新回到愚昧、野蛮、无知的年代，最终会毁灭人类自己。因此，在大力普及、推广和运用科学知识的同时，更要注重弘扬科学精神。科学精神要求追求真理，要求辩证地思考一切。科学精神的突出特点是崇尚理性思考，敢于批评。科学精神的内在要求是以创新为灵魂、以实践为基础。但在现实生活中，缺乏科学精神的表现很多。迷信盲从就是与科学精神相抵触的精神现象。迷信盲从的本质特征，就是从主观臆造的概念、结论出发，从超经验的幻觉和说教出发，认识和对待事物，决定自己的行为。迷信盲从不仅妨碍科学知识的普及和运用，而且扼杀人类尊重客观规律、勇于实践创新、凡事讲科学、用科学的理性精神，严重阻碍着人类的文明与进步。因此，必须同迷信愚昧及伪科学作斗争。要坚持科学精神，遵守科学道德，维护科学的严肃性、严密性和规范性。要坚持科学真理，支持严肃、严密、规范的科学实验和科学问题的自由讨论，支持反对迷信愚昧和伪科学的活动。要提高警惕，不要给迷信愚昧和伪科学的传播提供载体，引导群众选择健康、文明、科学的生活方式。要依法打击扰乱社会正常秩序和社会稳定的迷信活动和违法分子。

4. 坚持唯物主义

在科学发展的过程中，科学并不是一般地否定信仰。事实上，无论自觉与否，人们都是在一定的信仰指导下从事各种活动的。任何人、任何国家都有自己的信仰，只不过不同的人、不同的国家有不同的信仰。有的是在科学信仰指导之下，有的是在鬼神信仰的禁锢之中。目前，处于社会转型时期的中国，"信仰"问题已成为全社会普遍关注的问题，这种一定程度上的"信仰危机"不可忽视。信仰问题已不仅仅是纯个人的精神选择问题，而是一个牵涉整个社会、整个民族的社会大问题。

马克思主义是彻底的唯物主义，是科学信仰，是同鬼神信仰水火不相容的。划清科学信仰和鬼神信仰的界限，有助于坚持共产主义理想信念。用科学精神战胜鬼神迷信，必须用科学理论和科学知识武装头脑，特别要加强科学精神、科学思想、科学方法的学习。增强用唯物主义思想同反科学、反马克思主义思想作斗争的自觉性。

【案例7.3】 当职业上升为一种信仰

邓肯说:"我爱舞蹈,它是我的信仰"。巴顿说:"我离不开战场,那里有我的信仰"。卡耐基说:"热爱人类、拥抱人类是我的信仰"……

在熙熙攘攘的人流中,在大多数人眼中,职业已成为"饭碗"的代名词,是由"活着"到"活好"的进阶工具。面对职业压力与困境,又有多少人经年累月的沉浸在无奈与压抑中。我们问自己:怎么才能做到工作着并快乐着?

在《最糟糕情况下的营销》一书中,我们可以从另一个角度找到这个问题的答案。这不是一本专论职业发展与人生规划的书,我们读到的是:分崩离析的渠道之争、屡试屡败的产品投放、积重难返的区域市场、胜败未定的商业谈判、司空见惯的促销误区、术业欠专的客户管理……这些营销领域里的"糟糕事"。

书中在两位有着跨国公司营销经理职业背景的作者笔下,经情境化描述与深刻分析之后,读者获得了诸多解决营销问题的方法与技巧。我们看到的是一群自信、进取,对生活和职业充满爱心的营销人。他们把营销当成事业来追求、当成学问来探索。在赢取个人成功的同时,也致力于团队整体素质的提高,并不断思考营销理论与实践深度结合。

在这个愈来愈多以契约关系建立信任、以等价交换开展往来、以个人创富衡量价值的商业社会,许多职场人士无论是脸部还是心底的表情都是一个字:累。然而,当职业上升为一种信仰,我们看到的是一群在现实中寻觅理想、在纷乱大环境中追求规则化生存的人,做到了"工作着并快乐着"!

人因信仰而伟大。当职业与信仰结合,便获得了平凡中的美丽人生。

【参考文献】

[1] 宗教起源探讨 [EB/OL]. http://wenku.baidu.com/view/389bdad0360cba1aa811daf5.html 2012-03-15/2012-04-10.

[2] 谢延风. 宗教的历史发展 [EB/OL]. http://wenku.baidu.com/view/846d9f34ee06eff9aef807aa.html, 2011-10-30/2012-03-01.

[3] 宗教的本质及其分类 [EB/OL]. http://wenku.baidu.com/view/fcb585b465ce050

8763213ca. html，2011 - 10 - 05/2012 - 11 - 02.

[4] 宗教如何分类［EB/OL］. http：//wenku. baidu. com/view/10411bfcaef8941e a76e0548. html，2012 - 04 - 10/2012 - 05 - 12.

[5] 郑德明. 关于信仰与科学关系的思考［D］. 太原理工大学阳泉学院，2005.

[6] 蒋在哲. 科学信仰与宗教信仰之异同［J］. 科学与无神论，2001（2）：9 - 10.

[7] 鬼神信仰与科学信仰［J］. 北京科技大学学报（社会科学版），2001（2）：60.

[8] 汪维钧. 论科学信仰的功能［J］. 南京政治学院学报，1997（6）：22 - 25，48.

[9] 张彦哲，梁文海. 当代大学生信仰现状及问题分析［J］. 华章，2012（18）：132.

[10] 吴海盛，刘志斌，王凤霞. 大学生信仰研究的文献综述［J］. 市场周刊（理论研究），2009（3）：82 - 85，129.

[11] 张艳玲，刘计生. 倡导科学精神树立科学信仰［J］. 探索与求是，2001（4）：35 - 36.

[12] 张红梅，王全宇. 引导大学生树立科学信仰的教育探究［J］. 教育理论与实践，2007（6）：18 - 20.

[13] 马永忠. 略论当代科学信仰之重建［J］. 社科纵横，2007（9）：29 - 30.

[14] 段丽娟. 试论当代大学生马克思主义科学信仰的重建［J］. 华章，2011（6）：82.

[15] 于祺明. 关于爱因斯坦的"宇宙宗教感情"［J］. 中国社会科学院院报，2006（3）.

第八章　为什么要正确对待爱情

【案例 8.1】昂贵的惊喜

赵阳在南京理工大学读大二,其男友在江苏警官学院。两人相恋3年,每个月的电话费大约六七十元,其余支出大部分从生活费里出。这对恋人每个星期才能见一次面(警官学院一个星期只许请一次假)。

在一起的主要花销,就是吃饭。他们基本上是AA制,用的钱都是自己的生活费。赵阳表示,就是不谈恋爱,每个星期也会改善一下伙食,现在只不过是换了一种方式。情人节,赵阳给男友买了两盒巧克力,60多元钱;男友给她买了两只气球,还网购了一个100多元的玩具熊。

程波是西南大学的一名大二学生,女友已经工作了。每学期,他们仅交通费就要两三千元,而每月长长的话费单更成为他"不能承受之重"。尽管如此,每晚的"电话拉锯战"仍旧持续着。

南京理工大学的李飞,家住北京,而他的女友则在江南大学(无锡)读大二。他们的异地恋,花费集中在礼物上,经常一次六七百元。

由于是异地恋,见不着面的时候就上网视频或打电话。刚上大学时,李飞每月的手机话费约为50元;谈恋爱之后,每月话费激增至150元,"花钱不算什么,主要是时间和精力,因为有时候实在太想她了。"

为了给女友惊喜,李飞在她生日的前一周,到王府井大街的一个录音室,把自己唱的女友最喜欢的5首歌给录了下来,制成CD,封面上印贴着两人的照片。"每首歌打折后128元,一共花了将近700元。"

由于两人经常不在一起,李飞基本上没有除话费以外的恋爱日常花费,可生日、情人节、恋爱周年纪念日等诸如此类的固定性开支却占据了他生活费的很大比例。这样一年下来大概要花两万多元为浪漫爱情埋单。

第八章　为什么要正确对待爱情

第一节　当代大学生的恋爱现状及分析

爱情是一个古老而常新的话题。大学生正处于青年的中期，这时期人的生理基本成熟，心理也日趋成熟，这些决定了青年人对于情感需求强烈，因而谈及爱情，涉足恋爱是自然的。

虽然爱情可以让人陶醉，让人更好地学习和生活，但在另一方面，不成熟的恋爱心理也会给恋爱带来一些负面影响。因此，对新时期大学生恋爱呈现的特点、原因进行整理，培养大学生树立正确的爱情观，对高校更好地贯彻"以人为本"的教育理念，引导和教育大学生，帮助他们顺利完成学业、健康成长具有重要意义。

一、大学生恋爱的现状

当前，谈恋爱在大学校园中已逐渐成为普遍现象。随着人们的社会观念和生活方式的变化，恋爱问题已悄然渗透到大学生的学习、生活、人生态度、理想等各个方面。

1. 大学生恋爱呈现的整体趋势

（1）普及化

恋爱比例比较大。南京大学心理协会调查显示，"赞成谈恋爱"的同学占64.1%，同时9.1%"已经谈成"、21.6%"正在谈"、26.8%"原来谈过"，只有26.1%的大学生认为"学习期间不想谈"。

（2）低龄化

恋爱年龄比过去小。过去谈恋爱多是高年级学生，而现在大学生谈恋爱出现了低年龄化趋势，即由高年级发展到低年级，由高龄发展到低龄，而且呈上升趋势。很多低年级的学生学业未成，却恋爱先行，他们有的刚进大学校门就走进了恋爱圈。

（3）公开化

恋爱表达更开放。过去，大学生谈恋爱处于"地下活动"状态，常常鲜为人知。而现在大学生谈恋爱，恋爱方式由"秘密"转向"公开"，在爱情表达方式上，感情外露，无所顾忌。一些同学抛开了应有的矜持与含蓄，表现得越发投入与大胆。在教室、食堂、操场等公众场合旁若无人，

亲亲热热，搂搂抱抱。

（4）多元化

恋爱动机的多样化。某网站进行的关于"大学生爱情观"的网上调查显示：大学生谈恋爱并非都是为了爱。参加调查的共有560名大学生。结果显示，有26.61%的学生恋爱是因为一见钟情，36.07%是为了摆脱压抑感，16.25%是为了证明自己的魅力，14.64%是为了满足好奇心，还有6.43%是为了赶潮流。以往大学生谈恋爱多以结婚为归宿，而现在相当一部分大学生不以婚姻为目标，恋爱动机和目的多种多样。

（5）快速化

恋爱周期缩短，频率增快。以往的大学生从恋爱走向结婚常需要经过漫长的岁月，恋爱的目的是最终走向婚姻。现在的大学生从相识到热恋进展迅速，恋爱周期缩短，频率增快。注重恋爱过程，轻视恋爱结果。当代大学生流传着一句顺口溜，"不求天长地久，只求曾经拥有"。

2. 大学生恋爱现象的具体特征

（1）类型多样化

①比翼双飞型。这类学生基本上具备成熟的人格，有正确的恋爱观，能够以理性引导爱情，正确处理恋爱与学习、感情与爱情、爱情与学业的关系。双方有较强的事业心、进取心和自控能力，有共同的理想抱负、价值观念。这样的恋爱不仅能够促使双方共同进步，并且能够促进双方的快速发展。

②时尚攀比型。这类学生是当周边的许多同学有了异性朋友时，男同学为了不使自己显得无能，女同学为了证明自己的魅力，也学别人的样子匆匆地谈起了"恋爱"。由于目的性不强，缺乏认真的态度，常常是跟着感觉走，把谈恋爱看作一种精神上的补偿，这种恋爱带有很大的随意性。

③玩伴消费型。这类学生在精神上不太充实，同性朋友较少，时常感到孤独、烦闷。为了弥补精神上的空虚，急欲与异性朋友交往，成为一种近景性的精神"恋爱"需求。

④网恋型。随着高校校园网络的广泛建设以及校园内外互联网的普及，大学生上网的时间越来越多。大学生网恋不仅具有比例高、公开化的特征，而且轻率、速成的程度令人瞠目结舌。有些学生同网友聊过一次天

儿、发过一次 E-mail，便一见钟情，相见恨晚。有些学生第一次"接触"就能迅速在网上确立恋爱关系。大学生网恋一般很容易上瘾，而一旦上瘾就会沉湎于网上不能自拔。目前，大学生网恋呈现上升趋势。

（2）重过程轻结果

许多大学生在恋爱中并不会考虑将来的婚姻问题。也就是说，他们并不是为了选择终身伴侣而恋爱。很多人恋爱，只是因为需要爱或者需要被爱。大学生恋爱的动机是多种多样的，主要有以下几种：一是填充课外时间，丰富课余生活。二是摆脱孤独感，寻找倾诉伙伴。三是相互攀比，追求时髦。四是偏爱身体的魅力，被异性魅力和外形美丽所吸引。

（3）自主性强

大学生在恋爱问题上，常常表现为个性突出，重感情、易冲动，不受传统习俗的局限，一般都不征求父母的意见或者对父母严守秘密。正因为他们恋爱的自主性较强，所以，大学生恋爱呈现出不成熟与不稳定的特点。

在择偶标准上，往往重外表，轻内在；在恋爱方式上，往往重形式，轻内容；在交往态度上，往往重享乐，轻责任。这种恋爱观念上的不成熟性，导致恋爱对象选择上的不确定性和恋爱过程中感情、思想的易变。同时由于缺乏妥善处理恋爱中情感纠葛的能力，很容易造成恋爱进程的挫折和中断，恋爱的成功率很低。

（4）容易出现心理问题

爱情是一种人际关系。恋爱，是以一个人的整个人格状态面对另一个人的人格状态。爱情成功与否，与人格状态有关。过分地以自我为中心、不考虑别人的感受、虚荣心强、内心缺乏安全感都是健康人格的大敌。作为刚刚走入大学校园的大学生，正处在人格形成的重要时期。人格发展不完全，陷入热恋之中的大学生，往往不善于控制自己的情感，缺乏理智的驾驭能力。在感情上对恋爱对象过分依赖，稍有波折就痛苦万分。一旦感情受挫，即会情绪失控，无法自拔，对学习、生活造成严重影响。

二、大学生恋爱特征的原因分析

面对当代大学生青春激昂而略显浮躁的恋爱现状，我们将其原因大致

归纳为以下两个方面。

1. 大学生恋爱特征的内在因素

（1）身心特殊发展时期

大学生年龄一般在 17~23 岁，其生殖系统发育趋于成熟。此时的大学生正由青春期的"异性疏远"走向青年期的"异性接近"。因而在异性吸引、彼此产生好感的基础上，恋爱也就默默地潜入年轻人的心田。一项调查显示，83%的大学生有和异性交往的强烈欲望。由此，大学生开始喜欢打扮、整装，乐于在异性面前表现自己的长处，并希望得到好评；继而想入非非；最后发展为相互追求，堕入情网。

（2）个性张扬时期

随着年龄的增长和接受信息量的激增，大学生自我意识迅速崛起，这就扩大了他们思维活动的自由度。从老师、家长束缚下的中学生到自己独立支配生活的大学生，生活环境的大变迁又扩大了大学生行为活动的自由度。大学生的主体意识、个性意识日趋发展，他们不仅在校园内为今后立足社会而求知成材，也开始为今后建立家庭做准备。

（3）复杂心理因素时期

大学生处于青春的鼎盛阶段，存在很多特有的心理特征，这对其恋爱行为有着相当大的影响。包括好奇心理、性冲动心理、占有心理、依赖心理、补偿心理、游戏人生心理等。

2. 大学生恋爱特征的外在因素

（1）家庭因素

家庭对大学生恋爱的影响主要有两个方面：第一，现在多数的大学生都是独生子女，家庭的过分宠爱，使他们产生了极其强烈的依赖心理，进入大学后从依赖父母转向对新的关爱的渴求。此时若有异性朋友的友爱与关注，极易发展为爱情。第二，中学时期，大多数家长不了解子女青春期的心理问题，致使他们的好奇心不断累积。到了大学，远离了家庭束缚，最终触发了体验恋爱的动机。

（2）学校因素

目前高校对学生的恋爱问题所持的态度是不提倡也不反对，这种模糊性的政策使学校管理部门认识不统一，导致学生对待恋爱越来越开放。各高校的青春性教育也没有真正落实，类似的课程教学，基本是形同虚设。

高校的思想政治工作者在学生的恋爱观、道德观的教育方面也处在一个薄弱环节。一般来说，只要不出现严重后果，大学生的恋爱是不会遭到学校干涉的。

（3）社会环境因素

随着改革开放和市场经济的不断深入，在为我们创造物质财富、改善生活条件、带来新思想和看问题的新方式的同时，也带来了许多消极的东西：功利主义思潮等充斥着社会的方方面面；更有互联网的广泛应用，大量关于两性及恋爱问题的讨论，使大学生们眼花缭乱，难辨是非；不健康的小报、书刊、光盘及网站对思想单纯、社会经验少的青年学生产生了很大影响。年轻人特有的好奇心，驱使他们渴望揭开两性之间神秘的面纱，在一定程度上对大学生恋爱起了诱发作用。

第二节　大学生应树立正确的爱情观

爱情观是异性之间在生理、心理和环境因素的相互作用下，互相倾慕和培养爱情过程的思想观念。高校恋爱已成为一种很正常的现象，而且我国对高校大学生婚姻也不再做特殊限制，这就使大学生恋爱与婚姻合法化。

每个人对爱情都有不同的理解，它反映了个人的爱情观，影响着他们的爱情生活。爱情观是人们对恋爱婚姻问题的根本观点和态度，它是人生观的重要组成部分。主要包括什么是爱情、爱情的本质、爱情在个人生活中的位置、择偶标准、如何对待失恋等。不同时代、不同的民族和不同的文化传统影响着人们对爱情的看法。

因此，引导在校大学生客观、冷静、正确地审视自己的恋爱状况，树立积极、健康的恋爱观念，促使大学生树立正确的爱情观尤为重要。

一、正确认识爱情

爱情是人世间一种最美好的情感，作为已经成年或接近成年的大学生，思想活跃，生理渐趋成熟，精力充沛，对爱情的向往和追求再正常不过。爱情，是完美人生中不可或缺的情感，裴多菲曾经诗云"生命诚可贵，爱情价更高"。是啊，生命每个人只有一次，是最宝贵的。如果没有

爱情点缀，生命又显得多么的平淡乏味。大学时光，是人生最宝贵的黄金期，面对不期而遇的爱情是坦然接受还是退避三舍，爱情与物质孰轻孰重？等等。大学生究竟该怎样面对爱情，爱情究竟是什么呢？

1. 谈恋爱不是选修课也不是必修课

大学生应不应该恋爱，谈恋爱究竟是门选修课还是必修课，这个问题不能一概而论。每个学生的心理生理成熟度、家庭教育环境、物质条件是不同的，何况爱情需要一定的缘分，因此谈恋爱既不是选修课更不是必修课。

爱情产生于一定的缘分，是可遇不可求的。张爱玲曾在题为《爱》的散文中这样说："于千万人之中遇见你所遇见的人，于千万年之中，时间的无涯的荒野里，没有早一步，也没有晚一步，刚巧赶上了，那也没有别的话可说，唯有轻轻地问一声：'噢，你也在这里吗？'"

多数大学生经济尚未独立，需要父母或亲朋好友的物质帮助才能完成学业。谈恋爱互送小礼物，一起去KTV、吃烛光晚餐，等等都需要钱。如果家庭条件不够好，自己挣钱的能力、时间又不够，谈恋爱的花销肯定得向父母要，这势必增添家里的负担，给家长造成更多的负累。另外，谈恋爱需要一定的心理成熟度，大学生虽然生理已经成熟或接近成熟，但心理却未必成熟，心智的成长成熟差异很大。比如，对自身的了解是否足够，有没有独立的认知事物和待人处事的能力。

因此，谈恋爱或不谈恋爱，要因人而异，具体问题具体分析，切不可为恋爱而恋爱，盲目跟风，迷失航向。

2. 大学生恋爱要正确对待物质利益

柏拉图所提倡的"精神恋爱"是要理智看待的。爱情和面包，总要先吃饱，才可能有爱情，物质是爱情的保障。但没有共同理想追求的爱情，缺少感觉互不爱慕，强扭到一起，物质只不过是个躯壳，给人带不来多少快乐，有的只是无尽的痛苦和折磨。

没有物质保障的爱情不可能长久，往往以悲剧谢幕。也许，恋爱伊始两个人的确会有那种"就算全世界什么都不要，只要有他（她）就好"的感觉，但时间久了，尤其是两个人走出校园，走向社会生活在一起之后，两个人面对的问题就不只是情爱那么简单了。这时，再没有那么多的空闲在花前月下卿卿我我，更多需要考虑的是衣食住行柴米油盐。诸如：结婚得有房，亲朋好友故交同事的礼尚往来，结婚之后子女入学、老人看病养老，等等。

所以，在这个以物质为生存基础的社会里，没有一定的物质基础，爱情就不可能持久绵延。没有钱吃什么，喝什么呢？但太看重物质利益，把爱情当作手段，换取金钱、名誉、地位，爱情就被亵渎了，也会因此失去爱情。

所谓"宁愿坐在宝马车里哭，也不愿坐在自行车上笑"这种坐享其成，无视自尊，把爱情极端物化的观点，是十分庸俗和错误的。大学生要好好珍惜弥足珍贵的大好学习时光和来之不易的缘分，不要随意挥洒浪费感情的宝贵财富。

3. 大学生恋爱要理智对待性关系

大学生恋爱，源于异性的吸引，基于共同理想追求、较为一致的兴趣，是彼此的心灵呼应和共鸣。大学生朝气勃勃，精力旺盛，在恋爱过程中，难免由爱而欲，有性的冲动和欲望。

尽管如此，理智的态度还是不要过早发生性关系。由于大学生社会阅历不深，对发生性关系带来的影响和危害认识不足。恋爱中的男女生如果不懂得自我保护和采取措施，一旦发生性关系，轻者导致受孕，精神压力增大，学习备受影响；重者感染艾滋病，危及生命。

朱力亚，中国第一个敢于承认自己是艾滋病患者的女大学生。在武汉某大学就读大一的她交上了一个外国男友，随后开启了一段浪漫的异国恋情。然而，仅仅一年多，因同居，轻易地发生性关系而被外国男友感染上了艾滋病。这段异国恋情无情地将她推到了死亡的边缘，她的生命也从此走上了一条完全不同的道路，甚至让她看不到希望和未来。

大学生的恋情还很不稳定，还有待毕业走出校园后的检验。过早发生性关系，一旦分手就会悔之莫及，影响到后续的恋情和婚姻。因此，大学生在恋爱中，要自重、自爱，同时要尊重对方、理解对方，树立正确的爱情观。只有这样，才既不至于伤害对方，又对自己的终身幸福负责，而且也不致引起一些不必要的麻烦。

总之，真正的爱情，是一对男女基于一定的客观物质条件和共同的人生理想，在各自内心形成的对对方最真挚的仰慕，并渴望对方成为自己终生伴侣的最强烈的、稳定的、专一的感情。

二、对待恋爱的正确态度

1. 对爱情要有崇高的定位与追求

人的一生短暂而丰富多彩。在一个人的身边伴随着亲情、友情、爱情。但最重要、最稳定、最专一的情感则是爱情。无论你到哪里，无论你有多大，只有白头到老，结发夫妻会最牵肠挂肚，也只有爱情会给人以力量去完成任何一个任务。大学生考虑爱情的问题是无须指责的，但一定要正确认识爱情。爱情的本质是承担责任、甘于奉献。真爱是以互爱为前提的，它可以使人获得力量和幸福，充实人生，促进成材，构建和谐家庭。

爱情不是人生的全部内容。就短暂的人生而言，伟大的事业、崇高的理想更具有意义。当代大学生只有把爱情融入理想、事业，才能给自己的人生及爱情赋予真正的内涵。

2. 认识到恋爱要受法律与道德的约束

作为当代大学生，应具备一定的法律意识和法制观念。从法的角度来讲，修改后的婚姻法增加了关于禁止重婚的规定，增加了夫妻应当相互忠实、相互扶助的规定。在法律责任中，重婚追究其刑事责任，因一方重婚而导致离婚的，无过失的一方有权请求损害赔偿。不难看出，国家法律加大了对重婚的处罚，目的就是规范婚姻关系。对于恋爱中的一些过激行为，大学生应该有一个清醒的认识。大学生应该意识到，规范和约束自己的行为，不仅仅是法律的要求，同时也是道德的要求，恋爱与道德有着密切的关系。那些"以钱取人"、"以貌取人"、"以恋补虚"等恋爱动机不纯的人，是不可能获得真正的爱情的。那不但玷污了爱情本身，而且违背了道德的基本要求。

3. 正确处理学习和恋爱的关系

作为学生学习始终是主要目的，大学生应该把学业放在首位，摆正爱情与学业的关系，不能把宝贵的时间都用于谈情说爱而放松了学习。当大学生把爱情视为生命的唯一时，爱情就是一株温室中的花朵，娇弱美丽却经不起任何的打击。

在相当一部分同学眼里，爱情与学业是不相矛盾的，爱情能促进学习，作为学习的动力。确实，在大学生中，存在爱情与事业"双丰收"的现象，但比率并不高。大学生们更应利用自己的"黄金时期"多多积累知识，培养自己在各个方面的能力。当爱情真的降临到你身上时，要进行理智的思考，摆正爱情与学业之间的关系。恋爱观实际是人生观的反映，有什么样的人生观，就有什么样的恋爱观。大学生树立正确的恋爱观，正确处理爱情与学业的关系，对自己将来成为社会主义事业的合格建设者是有帮助的。

4. 学会识别爱情，注重保护自己

在爱的时候，恋人的智商几乎为零。因为在鲜花、美言的背后，恋爱双方要看清你所爱的人的"真伪"那是相当难的。有人利用慈善的外表、优雅的动作、高贵的气质欺骗无辜少男少女的心。天下没有不劳而获的美差，一切都需要自己的努力。

如果真有幸运落在你的身边，你一定要识别它的"真伪"，不要成为爱情的牺牲品。真爱是不需要任何承诺的，有承诺的爱情就预示着即将走到尽头。两个人最需要的是真情实感，只有这样，爱情才会结出美丽、灿烂的花朵。

总之，当大学生恋爱受到各种内在因素、周围环境影响时，必须培养自身道德和法律规范的修养，树立正确的恋爱观。这样做有助于大学生人生观、价值观的逐渐成熟与完善，有助于大学生处理好学业与爱情的关系，有助于培养大学生健康的心理，减少不必要的损失，有助于大学生寻求自我真正的爱情。

第三节　如何处理恋爱过程中出现的问题

一、大学生恋爱中的感情问题

1. 单相思的困惑

单相思是指异性关系中的一方倾心于另一方，却得不到对方回报的单方面的"爱情"。爱情错觉则是指在异性间的接触往来关系中，一方错误地认为对方对自己"有意"，或者把双方正常的交往和友谊误认为是爱情的来临。爱情错觉是单相思的另一种形式，它常会使当事人想入非非，自作多情。

单相思与爱情错觉都是恋爱心理的一种认知和情感的失误。单相思使

某些学生陷入痛苦的境地，处于空虚、烦恼甚至绝望之中。若是处理不好，对以后的恋爱婚姻生活都有消极的影响。因此，陷入单相思的大学生要及早止步另做选择。要想克服单相思和爱情错觉，重要的是正确理解爱情的深刻含义，同时用理智驾驭情感，尊重对方的选择，不可感情用事。

(1) 备受煎熬的爱恋

"从大学一年级开始，我就一直迷恋外系的一个女生。她有着长长的头发，水汪汪的眼睛，很少说话，一副很忧郁很美的样子。我几乎每天都在想她，每天都想看看她。可当她真的与我擦肩而过时，我却没有勇气表白。我幸福而痛苦地活着，忘乎所以地陷入了一种相思的状态。

在冷雨飘飘的黑夜里，我被这感情煎熬着。想向她表白，却又没有勇气，害怕玷污了她的纯洁，害怕她的拒绝，害怕她觉得我无耻、污秽，连朋友都做不了。我在表白与不表白之间徘徊，在该与不该之间进退。我真的不知道该怎么办，谁能帮我呢？"

在许多人的成长故事中，都曾有过上文这位男生的情感体验：偷偷地迷恋着一个人，因为他（她）身上有种不可抗拒的吸引力。而自己只是有意无意地留意着对方的一举一动，让其音容笑貌左右自己的视线，为了此情而辗转反侧，彻夜难眠……

(2) 面对单相思如何自我调节

人处于单相思的状态下，既不敢表白，又无法停止自我折磨，似乎很难从痛苦中摆脱出来。但只要真正认清当前的处境，问题还是可以解决的。

冷静对待自己的炽热爱情。当你对某人产生强烈的感情时，请先冷静一下：这首先是因为你到了青春萌动的年龄，而你所"爱"上的人，可能只是某种虚幻的爱情偶像。事实上也许爱情是不存在的，只是自己制造的一个假象。

克服爱情错觉心理。单相思者由于对倾慕对象一往情深，希望得到对方的爱情动机十分强烈，常常会把对方的言行举止纳入自己的主观需要来理解，从而造成对对方的认知偏差。由于爱对方，于是觉得对方也一定爱着自己，觉得他（她）的一言一行都好像在向自己示爱，这是人们常产生的所谓"爱情错觉"。必须客观看待对方的言行，勇于承认自己产生了爱情错觉，才可能成功地转移自己的感情。

消除"爱情固执"心理。明知别人不爱自己，但依然爱着对方而不能自拔，这就是"爱情固执"，必须借助理性努力从感情上加以调整。为此，可以经常提醒自己："我不应该这样去爱他（她）"，"在感情上我与他（她）没有任何联系"。

扩大人际交往。单恋者往往有丰富的感情需要，但又未得到满足，才格外空虚、寂寞、向往关爱。所以，应该多结交朋友。有了多方面的情感支持，才不会把爱情当作唯一的救命草，抓住不放。要将自己已经积聚的相思之情疏淡，并转化成更广泛的爱，如对父母更亲些，与朋友加强联系，多参加集体活动等。

敢于自表。通常，单相思的困扰还与当事人的性格有关。如果一个人过于内向或遇事犹豫不决，在面临爱情这样的重大问题时，难免顾虑重重，躲躲闪闪，结果给当事人带来很大的情绪困扰。对于这种情况，可以用直截了当的方式，表达出自己心中的爱意。

丰富生活内容，转移注意力。单恋的人一往情深地陷在感情里，大脑里形成一个固定的兴奋点，注意范围缩窄，注意力增强；不关心其他事情，只关注自己的爱情；对爱情异乎寻常地投入。因此，要有意识地转移注意力，主动地投身到其他活动中，把生活安排得紧凑一些，让注意力转移。

2. 失恋的得与失

当前大学生的恋爱，呈现低年级化，人数呈上升趋势。一年级就开始谈恋爱的已不是个别现象。这些低年级学生，由于社会阅历浅，思想单纯，对于自己的人生目标和需要还没有一个很清楚的概念，造成在对待恋爱问题上简单、幼稚和不成熟。在择偶标准上，往往重外表，轻内在。在恋爱方式上，往往重形式，轻内容。在恋爱行为中，往往重过程，轻结果；重享乐，轻责任。这种恋爱问题上的不成熟性，加之他们在就学期间经济上尚未独立，恋爱过程中感情和思想易变，缺乏妥善处理恋爱中情感纠葛的能力，极易造成恋爱的周期性中断，或对恋爱对象的选择飘忽不定，恋爱的成功率很低。

正是由于以上特点，决定了大学生的失恋是正常现象。失恋是指恋爱过程的中断。失恋带来的悲伤、痛苦、绝望、忧郁、焦虑、虚无等情绪使当事人受到伤害，是人生中最严重的心理挫折之一。失恋所引发的消极情绪若不及时化解，会导致身心疾病。该如何排解失恋后的伤心和正确调整

失恋后的心态呢？

其实，失恋首先是一种幸运，其次才是不幸。失恋，至少证明我们曾恋过，没恋又何来失。请相信上帝是公平的，关了一扇门，也许就会为你开一扇窗。失恋并不等于失去一切，没必要那么伤心。任何人的一生，都不可能没有得失。失恋后，请试着这样做：

①失恋不失志。失恋不等与失去一切，如果因为失恋而萎靡不振，导致事业心丧失，或者丢掉向上的信心的话，那么事业也会抛弃你，你会因为失恋而失去更多的东西。失恋，不可失志。

②失恋不失德。失恋后，再斤斤计较过去的点滴就没必要了。失恋是很痛苦和愤怒的，但是再痛苦和愤怒，也不能做过激的蠢事。因为这不但解除不了痛苦，反而会违反道德和人性，甚至触犯刑律，让你显得很愚昧无知。失恋后，让一切成为过去，再伤再痛也不要再回头观望。不是人人都能吃到回头草，所以还不如做个平淡如水的普通朋友好了。

③失恋不失去自我。爱情没有了，你还有自己。这话也许自恋了一点。但试问一个不爱自己的人，又怎可指望他人来爱呢？不管是因为什么原因而导致分手，首先要做到的是保证自己还爱自己。该按时吃的三餐一定要去吃，该睡觉的时候就乖乖去睡觉，睡不着听音乐，总比没出息地暗暗垂泪来得好。只有让自己变得更好，你才能收获新的爱情。所以，请千万记住，失恋后要更加爱惜自己。

④保持乐观、豁达而健康的心态。尽管小说里把爱情写得纯美无比，但真正在爱情上"春风得意马蹄疾"的人其实很少。失恋的不只你一个，失恋别失去好的心情。把眼光投向远方吧，别死死盯在眼前的爱情挫折上。另外，冷静地分析一下过去失恋的原因，吸取一些教训，也有助于心情的开朗与愉快。

⑤不忘排除自己的痛苦。不要把失恋的痛苦长时间憋在心里，记得一定要把痛苦发泄出去。可以请一两天假出去旅游，或者找朋友聊天，找家人一起去看看电影，或者更勤奋地工作，等等。总之，就是要把注意力分散，达到自我解脱的目的。

3. 同性恋的苦恼

赵小薇是大三的女生，现在和林爽相处。赵小薇说，是她主动追林爽的。追求的过程很辛苦，因为当时林爽还有男朋友。她每天给林爽买礼物，给她买饭洗衣服，甚至还和林爽的男友吵过架。

林爽在日记中这样写道："本想找点话题，后来竟然谈到了婚姻。我以前在村子里玩的几个好友也都已经有了对象，或者订婚了。至于我与她的将来，我真的不敢讲，好悲哀的一生啊！"

赵小薇说，她想将来做变性手术，然后跟林爽出国结婚，又觉得不现实，只能走一步看一步。现在在校园里还好，想一想毕业后就要面对未知的社会，真不知道别人会怎么看自己。

同性恋是一种复杂的社会现象。同性恋心理有其自然性，这一点已被越来越多的心理学家所认同。人们常把同性恋看作精神病，性变态，性倒错。研究专家总结出：对于想要做男人的女人，或者想要做女人的男人，同性恋关系是一种尽量接近正常异性恋的情绪上的努力。所以，我们看待同性恋要用一种理智的眼光，不应该有歧视，也不应该因为好奇而去尝试，要像对待常人一样的眼光看待他们。

一切都应该顺其自然。倘若你真的是同性恋，那你也不应该有所隐瞒，而是大胆地说出来。旁人不应该以嘲笑的眼光看待同性恋者。

总之，同性恋是一种复杂的人类社会问题。单一地从个人权利，或社会伦理，或心理学，或自然法则都无法准确定义同性恋行为。这种争议将长期存在下去。某些事物的存在有其必然性，在我们还无法确定孰是孰非的情况下，持谨慎而尊重的态度才是正确的。

二、大学生恋爱中的经济问题

【案例8.2】究竟是谁在为浪漫爱情埋单

"平淡之中制造一些小浪漫，丝丝点点的浪漫累积着情感；平凡之中制造一些小惊喜和希望，甜蜜难计算忧烦不来纠缠……""制造浪漫"是每一个恋人的恋爱必修课，也是维持爱情的润滑剂。

不少人为此费尽脑子想尽法子。在大学校园里我们时常能看到一个男生买了一大束花带到女生寝室楼下示爱，或者在特别的节日为女友送上礼物，或者是为对方开一个盛大的生日派对，邀上三五好友度过一个令其难忘的夜晚……在这一次次精心策划的浪漫背后少不了"爱情经费"。那么，如今这些大学生的恋爱成本是多少呢？又是由谁来支付这笔费用？

男生付账的情况还是比较普遍的，毕竟现在独生子女比较多，家里给的钱比较充裕。即使女孩喜欢AA制，男生也未必同意。

北京某高校学生洪某说："我们学校很多女生，一个月的生活费用也就在500元以内。平时吃饭，买零食，看电影，逛公园，买衣服、包包、化妆品，还有节日礼物。这些东西统统由男朋友搞定——估计费用在400~5000元不等。"所以洪同学非常犹豫要不要找一个女朋友。

而实际上，对于多数男生来说，自己埋单就是由父母花钱。

兰州的一个男大学生王某狮子大开口，一下向家里索要8000元。母亲严女士在吃惊之余，看到自己正在上大学的儿子遗忘在家中的一份恋爱记账单。这份账单上，为女友购物消费就占了很大比重。

"2012年2月14日，给女朋友买手表、玫瑰花共160元；2012年4月6日，庆祝认识一周年纪念日，花400多元；2012年5月15日，为女朋友买生日礼物宠物狗一只，280元；2012年6月19日，请女友及同寝室姐妹在肯德基吃饭，108元；2012年7月6日，'支援'女友去美容院200元；2012年8月6日，去景泰县游玩，花600多元；2012年12月24日圣诞节，买大白熊玩具90元，打游戏100元，吃饭65元……"

粗略计算，一年时间，王某在爱情上的花销竟达两万元，爱情投资占了他总花费额的2/3以上。这些钱都是他向父母要的。

无论做什么都需要金钱，衣食住行也离不开金钱。而现在也不难发现，象牙塔里的爱情已经越来越趋于物质化了。现在的大学生基本上都是独生子女，家境相对优越，即使自己尚且不能养活自己，恋爱时的花销却是让人咋舌。当然，恋爱谈的是"爱"，而不是钱。把风花雪月抛在一旁，只把世俗之物摆在台面上，岂不是太煞浪漫的风景？可是，谈恋爱不能只是"乌托邦"式的空谈，必然要考虑到现实的因素。而大学生的恋爱成本主要花费在以下几个方面：一起吃饭、逛街、游玩时所花的钱、通信费；另外一项比较大的支出是送礼物。而大学生"恋爱消费"的资金主要是来自父母。

爱情不该是金钱游戏，可是不知从什么时候开始，在校园里很少看到抱着一摞书埋头走路的身影，取而代之的是一对对情侣，牵手或搂腰，随时随地地相互亲热，不时地拎着大包小包血拼归来。大学生恋爱消费越来越高，这与攀比心理不无关系。爱情是浪漫，不是浪费。现在大学生谈恋爱越来越普遍，而与甜蜜爱情相伴而生的往往是高额消费。比方说，家庭条件好的送手机、送电脑、送钻戒，花钱如流水；家庭条件欠好的也不甘示弱，或寅吃卯粮，或提列各种缘由向家里要钱。

之所以在大学生们的消费支出中多了一项恋爱消费，归根到底是社会的开放潜移默化地使大学生耳濡目染。然而不争的事实是，金钱就像通往校园爱情的桥梁，金钱就像校园爱情的引路人，更像爱情的狙击手，没钱能打下爱情攻坚战的高手屈指可数，没钱能谈论持久战的更是凤毛麟角。大学生的爱情被越来越多人默许的时候，他们的负担也越来越重。

调查的结果显示，绝大多数的大学生情侣每月的恋爱成本占生活费的30%左右，少数情侣的恋爱成本占生活费的50%。大部分被调查者认为，每个月谈恋爱的开销不超过当月生活费的30%比较合理。

现在不少大学生的消费观念直逼社会人士，其实大学生的恋爱方式大可不必如此效仿，金钱消费也需量力而为。大学校园的恋情不要以金钱维系，应以情感维系。花钱不是表达情感的唯一方式，而只是虚荣心和炫耀心理在作祟。

三、大学生恋爱中的抉择问题

1."三角恋"怎么办

事实上，"三角恋爱"在生活中是很常见的。有许多人可能都有纳闷的时候："为什么我爱的人不爱我，我不爱的人却又看上我？"这是不少年轻人容易陷入"三角恋爱"的原因之一。

有的年轻人甚至爱上了已婚的人，还认为自己的爱很纯洁高尚；有的明明知道对方已有恋爱对象，却偏对人家穷追不舍，谓之"执着的追求"；也有人与原来的异性朋友分手了，而当这朋友找到新的恋人时，却又去干涉，甚至说人家坏话，破坏人家声誉；还有的人同时交上几个异性朋友都与人家"海誓山盟"，玩弄不严肃的"恋爱游戏"。

首先，出现"三角恋爱"的局面，应该允许对方通过鉴别而选择；如果自己充当了不受欢迎的第三者，就应该明智地及早退出，促使对方恋爱成功，这才是符合道德的做法。不能认为自己从里面退出来，就感到吃亏了，因而产生对异性朋友及其恋爱对象的敌意和企图报复的心理。这样的心理状态是对身体健康不利的，也是心胸狭窄的表现。

其次，恋爱中也是有竞争的。但这种竞争不是靠蛮力来治服别人，而恰恰是以自己的人品、魅力和各方面素质上的优势来取胜；另外也取决于对方的择偶标准和判断标准。

当你处在两份感情之中无法抉择时，应冷静理智地分析两个可能的恋爱对象的各方面的条件，如人品、学识、是否有共同的爱好，等等。适当地将两方进行对比，从中选择更适合自己的人选。爱情是排他的，尊重自己也尊重他人，适时作出合理的选择才能使恋情健康发展。

2. 父母反对如何选择

由于几千年来的传统思想仍然左右着一部分人的婚姻观念，个别父母会从自己的"过来人"的角度干预儿女的感情。这也使得很多深陷爱河的年轻人，尤其是思想尚未成熟的大学生陷入抉择的痛苦。

【案例8.3】该怎样结束这段感情

我叫璇子，今年22岁，大学期间跟男友恋爱至今，感情很好。不料，当我把恋情告诉家里时，遭到了父母的坚决反对，理由有两点：

第一，我男友学历不高，也没一门拿手的技术。

第二，他家里条件不是很好，跟我们家不般配。

因为这件事，我跟父母大吵了一架，甚至还离家出走过。之所以这么坚持，是因为看到男友虽然条件不是很好，但是很上进，很有拼劲儿。而且，他是真心对我好，无微不至的好，单纯的好，这些都让我难以割舍。尽管出走后没过多久就回家并向父母道歉，但这之后，我一直在父母和男友之间徘徊挣扎。

随着家里给我施压，以及身边一些好友的劝告，我开始重新考虑我跟男友的关系。可能是心理因素，越来越感觉跟他没共同语言，他不能满足我精神层面上的需求。我们待人处世的方式也不一样，加之父母态度决绝，说绝对不可能接受他，使我对他的感情产生了动摇。

但是，我不知道该以怎样一种方式去结束这段感情。他是个很脆弱的人，以前跟他提过两次分手，每次都被他偏激的行为给打断。他总是以一种他认为拼尽全力的方式在爱我，而且我也实实在在感受到他是真的爱我。

(1) 如何看待父母的反对

父母对子女的感情持反对态度，大都是为了子女好，希望子女幸福。无论家长以什么理由反对，都是出于对儿女的关心和爱。所以应该多考虑父母的感受，听取家长的意见，毕竟他们经历的更多，眼光更长远。不应一时冲动执拗，伤害了父母的良苦用心。

从璇子父母提出的两条反对理由来看，尽管显得现实些，势力些，但这些因素确实关乎婚姻的幸福。

比如，学历及门第背景的差异会导致日后相处及沟通等层面的诸多问题；而无一技之长，可能日后会陷入"贫贱夫妻百事哀"的境地。

但任何事情都不是绝对的。生活中，有些"门不当，户不对"的人顶着父母的压力结了婚，生活得很幸福并最终赢得父母的祝福；有些人不顾父母的反对贸然成婚后，婚姻很不幸，才惊觉"不听老人言，吃亏在眼前"的道理。所以，在理解父母一番苦心的同时，要认真思考父母反对的问题是否存在，是否合理。你们能否通过努力，解决问题，让父母放心。千万不要盲目地逆反，离家出走，跟父母较劲儿。

假如真的要争取这份感情，可以将男友在知情后对你的善待和包容对父母和盘托出，改变父母对他的不良印象，慢慢融洽他和你父母之间的关系，直至他们接受并支持为止。在父母与男友的纷争中，自己要当好润滑剂，两边哄劝。等父母被你们的痴情感动，对这份感情充满信心，把握十足时，再言婚嫁也不迟。

(2) 如何审视自己的感情

在璇子的述说中，比较多的是谈及男友对她的爱，对她的好。她只是因为他不嫌弃她，一味对她好，才放不下这段感情。需要提醒璇子，没有任何人能无怨无求地对另一个人好一辈子。他爱你是希望你爱他，他对你好必然也希望换取你对他的好，真正的感情是互爱与平等的。

还有，没有任何人能保证嫁给他就一定幸福，因为恋爱靠激情，婚姻靠经营。心智成熟，经营有术，爱情才有可能持久。而在这个过程中，婚姻本身也面临各种诱惑，充满各种变数。尤其是：他捍卫爱情的偏激手段也值得警惕，因为过于执拗缺乏宽容的爱也容易让人窒息。

感情要随缘，强求不得。感情问题最终还需要自己作出取舍，只能听凭内心的感觉做出自己最想要的选择。不妨扪心自问，你爱他吗？你对他

好吗？太过依赖一份爱，却又无能力付出爱，这份爱终究不牢靠。尤其是当他撒手不爱时，你将何以存身？

假如现在依然无法抉择，不妨将谈婚论嫁的事情放一下。多下功夫读书、工作，努力提升自己的心智，改变自己喜欢依赖他人的弱点。也利用对男友的影响力鼓励他在事业上积极打拼，并努力提高自己的学历层次。待你们之间的差距缩小，两人都变得更成熟，更有自信时，再谈婚论嫁也不迟。

3. 婚前性行为何去何从

性爱是情爱的升华，是情爱的最高境界。如果在婚前发生性行为，双方的情感在恋爱阶段达到高峰，而义务却未达到最大，会出现婚前恐婚，婚后没有勇气面对种种矛盾和落差，进而使婚姻的幸福感大大降低。这就是为何有很多人感叹"婚姻是爱情的坟墓"的重要原因之一。

如果婚前性行为都不能理性地控制，那么，婚后面对各种诱惑时（比如婚外情）的控制力可能要低得多。作为一个优秀的人，特别是男人，要想成大事，个人的自律非常重要。作为想嫁一个好男人的女人，自己也要相当优秀；女性婚前洁身自爱在过去可能是一种必要，在现在和将来也算是一种美德。

如果恋爱双方在恋爱过程中情深似海，难以自拔，在有充分的思想准备的情况下，明确未来的各种可能性并愿意承担后果时，由爱而性也不是完全不可以。在这种情况下，双方应做好避孕措施，避免可能带来的意外负担，防止疾病的传播。这是尊重他人也是自爱的表现，更是作为大学生应有的责任感的体现。

如果发生婚前性行为，最后双方又不能在一起，对双方伤害都很大。特别是女方，无论是生理还是心理都要承受巨大的压力与痛苦。因为大学生还没有真正踏入社会，对社会认识不够成熟，一份稚嫩的爱能存在多久？希望大学生们保持纯洁的爱，如果这份爱在踏入社会后确实能维系，再结婚，再发生性行为也不迟。

【案例8.4】大学生"三角恋"引发的悲剧

一边是相恋五年、对自己体贴入微的前男友朱国梁，另一边是猛追自己、经常搞些浪漫惊喜的现男友卫骏勇。面对二人，大学女生张宝娟的感情天平摇摆不定。

2005年，张宝娟与朱国梁升入同一所高中，互相爱慕，互相鼓励，于2008年从湖南考入上海某高校读书。朱国梁勤奋好学，尤其是数学、力学等科目成绩出众，深得系领导器重，还被选为班长。据其所在学院一位负责人介绍，学院已经把朱国梁确定为留校师资的培养对象。但家境贫寒、生活节约的朱国梁和出身文艺家庭喜欢浪漫的张宝娟，由于在生活细节上经常有分歧导致感情慢慢有了裂痕。

在张宝娟对这段恋情痛苦迷惘的时候，其大学同学卫骏勇开始追求她。12月20日，张宝娟正式向朱国梁提出分手，与卫骏勇走到一起。但朱国梁始终割舍不下对张宝娟的感情，还是一如既往地发短信关心张宝娟，并把他们的合影翻拍下来，用彩信传给她。想起那五年的美好时光，张宝娟心里充满愧疚。而在和卫骏勇交往过程中，张宝娟发现卫性格易躁冲动，所以张宝娟的感情又开始摇摆了。

为了彻底断了张宝娟对朱国梁的留恋，2010年1月2日，卫骏勇捅了朱国梁20多刀，朱国梁经抢救无效死亡。卫骏勇出逃后不久被警方抓获。

【参考文献】

[1] 刘书静. 大学生恋爱现状分析及其伦理思考 [J]. 高校论坛, 2010 (10)：61-61.

[2] 毛静. 大学生恋爱状况的现状分析与教育对策 [J]. 北京教育, 2010 (29)：561.

[3] 刘舒敏. 当代大学生恋爱现状分析与对策 [J]. 教育与职业, 2011 (3)：174-175.

[4] 关青. 大学生爱情观及爱情行为偏离与矫正 [J]. 现代教育管理, 2011 (3)：98-100.

[5] 陈立慧. 对当代大学生爱情观的思考 [J]. 广西青年干部学院学报, 2012 (4)：27-29.

[6] 顾土东. 浅析如何引导大学生树立正确的爱情观 [J]. 剑南文学（经典教苑），2011 (12)：382.

[7] 恋爱中出现的问题 [EB/OL]. http：//blog.sina.com.cn/s/blog_65f6eeaf0100mq1y.html 2011-04-05/2012-05-02.

[8] 刁文佳. 大学生恋爱：浪漫虽可贵花销价不菲 [N]. 中国青年报, 2009-11-27 (1).

[9] 赵婉露. 大学生恋爱成本调查：经费更倾向于双方共同承担 [EB/OL]. http：//

learning. sohu. com/20120411/n340255571. shtml，2012－04－10/2012－05－04.

［10］大学生恋爱与金钱［EB/OL］. http：//blog. 163. com/shining_pig/blog/static/20454825820122164522 0740，2012－03－16/2012－04－17.

［11］李淑平. 女大学生情陷三角恋——男友20多刀捅死情敌［N］. 东方早报，2010－02－08（6）.

［12］李蕊. 大学生恋爱遭到家长反对，面对割舍不下的感情，是否还有必要争取？［N］. 徐州都市晨报，2008－05－09（A08）.

［13］车广秀. 怎样面对父母反对的爱情？［EB/OL］. http：//blog. sina. com. cn/s/blog_499ed1890100kn6n. html，2010－07－02/2011－08－01.

［14］如何摆脱虚幻的单相思［EB/OL］. http：//xinli. lnu. edu. cn/info/news/show27046. htm，2008－04－03/2010－04－01.

［15］高小奇，刘建林. 刚入校时班里还没有同性恋，到大四时已有四对［N］. 中国青年报，2006－01－13（7）.

［16］李曾婷. 论大学同性恋［EB/OL］. http：//blog. sina. com. cn/s/blog_818df4bf0100taoz. html，2011－06－30/2012－06－12.

［17］王川. 我是同性恋怎么办？［EB/OL］. http：//blog. sina. com. cn/s/blog_50dc926c0100bcox. html，2008－10－21/2008－12－12.

［18］苏明祥. 大学生应如何对待失恋［J］. 才智，2008（7）：202.

第九章 为什么要正视风险与失败

【案例9.1】 霍英东的成功秘诀

有一次,一位记者问香港工商巨子霍英东:"你成功的秘诀是什么?"

霍英东答道:"能为人之不能为,敢为人之不敢为,走别人没有走过的路。"霍英东就是凭借着敢冒风险的勇气,从一个渡轮上的加煤工人成为当今香港巨富的。

霍英东是从航运业起家的,后来又抓住机遇,率先转向地产业。但是,随着地产业的日益兴盛,竞争也愈演愈烈。霍英东决定在其他领域再开辟一片天地来迎接挑战。

霍英东想到了海底淘沙,这个想法来自他从事地产建筑业时的切身体验。他在建造楼房时,常常为建筑材料伤脑筋,因为海沙是建筑中必用的材料,但由于香港岛小滩少,建筑用沙多由外地运入,且需求量大,常常供不应求。既然房产建筑业如此兴旺,那么,海底淘沙肯定会是一个很有潜力的新兴行业。

然而,海底淘沙要把海沙从深数十米甚至几百米的海底淘上来,又谈何容易,不仅机械设备要求极高,而且用工时间长,获利的前景难以预测。当时香港没有人敢做这件事。而霍英东却坚信,只要引进先进设备,提高劳动效率,海底淘沙一定会带来可观的利润。亲朋好友得知他的想法后,都为他担心,怕他血本无归。他却爽朗地一笑,说:"创业需要冒险的,不入虎穴焉得虎子?"接下来,霍英东说做就做,他首先从泰国引进了大型挖泥船,开始实施他的计划。接着,他又去欧洲订购了一批淘沙机械船,用以取代落后的人力淘沙工作。

霍英东的勇气和冒险精神终于有了回报。两年后,随着事业的拓展,他已拥有80多艘各种船只,还获得了中国海沙进出口专利权,等于垄断了

香港海沙的供货市场。

可见，对于表现为不确定的风险，我们需要适当的冒险。只有敢于承担风险，才能获得意想不到的成功。

第一节　什么是风险与失败

一、认识风险

1. 什么是风险

风险是指可能发生的危险。风险有两种类型：一种风险表现为损失的不确定性，另一种风险表现为不确定性。

若风险表现为损失的不确定性，说明风险只能表现出损失，没有从风险中获利的可能性，如遭遇车祸的风险。而风险表现为不确定性，说明风险产生的结果可能带来损失、获利或是无损失也无获利，如金融风险属于此类，并且风险和收益成正比。

2. 正确认识风险

（1）可以预测的风险

可以预测的风险是必须承受的。如考研究生失败，上新项目失败造成的时间、机会和经济损失等。但决策前应该做最大限度的损失补救方案。

知识和勇气是不朽的，如果我们能够掌握充分的知识，具备一定的勇气，敢于承担一定的风险，那么我们就拥有了不朽的本钱，这样我们也可以变得不朽。要想让智慧之花茁壮地成长，除了要拥有丰富的知识，还要有足够的胆识承受风险；而对于那些有知识而没有胆量承受风险的人来说，他们的智慧是结不出任何果实的。

但是光有学识没有胆识也是不行的，对于可以预见的风险，我们应当不惧风险，敢于承受。当然，胆大并不是鲁莽，也不是冲动，而是经过深思熟虑之后做出的大胆的举动。

（2）不可预测的风险

如飞机失事、地震等天灾人祸，应该持听天由命的自然态度，不必忧心重重或杞人忧天。要想获得成功，有时是需要创新和冒险的。因为创新具有风险，所以我们也要避免盲目冒险。

【案例9.2】农民的担忧

一天,国王在下山巡视时,问老农:"你种土豆了吗?"

"没有。我担心天不下雨,种了也白种。"

"你种玉米了吗?"

"没有。我担心土里的蚯蚓会偷吃玉米种子。"

"那你种南瓜了吗?"

"没有。我担心瓜种子是假的,种后只开花不结。"

"那你种了些什么?"国王恼怒地问道。

"什么也没种。我要确保安全。"老农说完,便躺在树底下睡起大觉来。

某些人也有类似老农的想法,他们不敢承担任何风险,因而什么也不敢撒手去做,到头来也就什么收获都没有。但是,人生必须学会适当地冒险,因为最大的危险就是不冒任何风险!只有勇敢地迎接风险,才能战胜风险,获得成功。

一般情况下,任何事情回收的报酬越大,风险也就越高。但在成功人眼里,风险与报酬是成正比的,所以他们愿意冒险。他们相信,即使事情往坏的方向发展,他们也有机会把钱再赚回来。但是其他人呢?他们总想着冒险所带来的负面效应,也就是在潜意识里期待失败,总是怀疑自己的能力,如果事情稍有不顺,就觉得世界末日来临了。正因为他们总是看见障碍,所以他们通常都不愿意冒险。

在此,需要强调的是,愿意冒险并不代表愿意损失。有些人冒的是经过了计划和慎重考虑的风险,并且付诸必要的努力,因此他们的冒险是有价值的。

只有善于抓住机会,并适度冒险的人,才会获得事业上的成功。有些人很聪明,对不可测因素和风险看得太清楚了,不敢冒一丁点儿险,结果聪明反被聪明误,永远只能"糊口"而已。实际上,如果能从风险的转化和准备上进行谋划,则风险并不可怕。

二、认识挫折和失败

1. 什么是挫折和失败

所谓挫折是指受到压制、阻碍,或失利、失败,总之是人的主观愿望

受到外界的阻挡不能实现而产生的生理和心理感受。

失败是在所难免的，所有人都会有失败的时候。重要的是犯了错误的时候，应及时承认错误并且想如何去弥补它。许多人一经历挫折，就悲观失望，并马上与失败联系在一起。其实挫折不等同于最后失败，可能是探索中必然经历的过程。有时候，人生必须经历一些风雨和磨难才有可能获得成功。

2. 经风雨，见彩虹

你可能经常乘坐飞机，但你是否知道，展翅蓝天的飞机是喜欢顺风起飞还是逆风起飞？如果你回答："顺风。"那么我告诉你："错了。"因为飞机起飞时，若逆风行驶，则飞机上侧的流速大于飞机下侧的流速，而流速越大，压强就越小，从而上下表面压强差越大，而压强差越大，飞机起飞就越快也越高。所以，修机场时，要根据该地区的风向，选择风多的方向修建起飞跑道。

这则常识告诉我们，逆风有利于飞机展翅起航。同样道理，压力是人成长的动力。大家可能不喜欢压力，但又离不开压力。如果没有压力，也就没有动力，潜能就得不到发挥，人也就难以成就大业。所以，挫折有时候也是一种催人上进的动力。

3. 失败是不可避免的

任何令人艳羡的成功中必然包含着不为人知的失败。失败是不可避免的。一年之中有春夏秋冬、寒来暑往、冬去春来，经历着春生、夏长、秋收、冬藏。这就是自然界的阴阳和谐，谁都没有能力改变自然规律。试想，如果因为我们偏好晴天，不喜欢雨天，就一直天晴不下雨，那将会是怎样的后果？世界万物还能生存吗？如果因为我们喜欢白天，不喜欢黑夜，太阳就永远挂在天空，人类生活还能有序吗？

同样，人生路漫漫，谁也不可能一帆风顺，失败、挫折是难免的。面对挫折的勇气来源于对自己的信心和面对挫折和屈辱时所表现出的坚忍，它可以激发出最大的力量，使你获得最后的成功。

不朽的成功者是那些或出身卑微，或身有残疾，或饱受屈辱和折磨，但是能凭借坚强的意志和不屈不挠的精神，来勇敢挑起生活重担的人们。他们总是吞咽下苦难的泪水，将不幸化为无尽的力量；他们，用成功来洗刷一切。

4. 厄运也是一种契机

厄运并不总是致命的，厄运也并不总是长久存在的。生命是一种循环的过程，好事变坏事、坏事变好事的情况是经常发生的。有时候，厄运甚至就是一种幸运，就是一种难得的契机，因为它将你逼到了不得不选择去走另一条路的状况。而你一旦踏上了另一条新路，成功可能就在向你招手了。

【案例 9.3】厄运中的幸运

1924 年，美国家具商尼克尔斯的家突然起火。大火把家里的一切烧得精光，也把他准备出售的家具烧毁。除了一片残存的焦松木，大火什么也没给他留下。看着一片狼藉，他把双手死死地插在头发里，心情坏极了。突然，这烧焦松木独特的形状和漂亮的木纹把他的目光吸引住了。他小心翼翼地用碎玻璃片削去沉灰，再用砂纸打磨光滑，然后涂上一层油漆。一种温暖的光泽和红松般清新的纹路呈现眼前。尼克尔斯惊喜地狂叫起来，马上制作出仿纹家具。就这样，仿纹家具从此诞生了。大家都来争相购买他制作的家具，生意十分兴隆。有人评论说："尼克尔斯独具特色的家具像一只在火灰里死而复生的不死鸟一样蓬勃兴起。"一场大火给他带来灾难，同时也带来了新产品和金钱。现在尼克尔斯创造的第一套仿纹家具收藏在纽约州博物馆。

不论在什么时候发生了什么事情，你都要记住：厄运与幸运往往是交替出现的。当幸运来临时，固然要把握它，利用它；而当事情开始向坏的方面转化时，或者当所谓厄运当头的时候，就要当机立断地采取行动，将厄运的影响降低到最小，并努力摆脱它所带来的阴影，让生命开始新的征程。暂时的挫折并不可怕，只要不绝望，坚定信心，就完全可以把挫折当作走向成功的转机。崎岖的生活道路和艰难困苦的环境，往往更能使一个坚强的人充分体现他们自身存在的价值。

所以，无论在什么时候都不要灰心，不要悲观，不要消极。要知道，希望和转机，往往是同挫折与困难一同降临的。如果你只看到挫折，看到困难，而看不到希望和转机，你无疑只能是一个失败者。其实，你碰到的困难不管是大是小都不重要，关键要看你面对各种困难的态度是坚强的还是脆弱的。

第二节 大学生应具有的风险意识

现代社会是一个充满风险的社会。对于高校大学生而言，由于将来的就业面临的不确定性因素较多，因此在校期间要注意各种能力的培养，并在入校之初就应对将来的就业等具有风险意识。意识决定行为，只有拥有了对将来的风险意识，才会促进学生学习等方面的自主性。这一方面有利于学生管理工作，另一方面也有利于学生的全面成长。

一、学业风险意识

学业风险是指由于各种原因使得学生不能完成或不能按时完成学业，或者不得不将完成学业的目标值降低。大学生考入大学的首要目标之一是按时以可接受的成绩完成学业，取得学历和学位证书。但目前导致学生不能完成或不能很好地完成学业的不确定性因素有许多，有大环境（社会）的因素，也有小环境（学校）的因素，但主要是学生自身的因素。例如，有的学生认为学的东西将来用不上从而不好好学习导致多门功课不及格；有的学生沉湎于网络影响了学习，等到自己醒悟为时已晚，于是破罐子破摔；等等。

引导学生认真完成学业的关键是弄清影响学生按时完成学业的因素是什么，然后因势利导，帮助其对问题产生正确的认识。例如，有的学生认为现在学的知识将来大部分用不上，这实际上是一个认识的误区。学生还没有毕业，对自己将来具体做什么工作现在还不知道，怎么能认为现在学的没有用？况且在校期间学的知识有的是可以直接应用于工作中的，而有的则是提高一个人的综合素质的。2005年9月1日起施行的《普通高等学校学生管理规定》第二十七条明确规定，"学生学业成绩未达到学校要求，或者在学校规定年限内未完成学业的"，应予退学。2005年和2006年出现过少数高校"批量"劝退学生的现象。虽然对此的看法不一，但有一点应当是肯定的，那就是目前各高校越来越重视人才培养质量，在学习方面达不到要求的学生将面临被劝退的风险。

二、就业风险意识

大学生考入大学的最终目标是为了就业，但是由于当前的就业市场竞争较为激烈等各种因素，可能导致学生毕业后找不到工作或找不到理想的工作。例如，中国高校自1999年开始大规模扩招。1999年和2000年，招生规模分别比上年增长了41.20%和30.77%。涌入就业市场的高校毕业生连续几年大幅增长，找工作变得越来越难。中国人力资源和社会保障部就业促进司的数据显示，2009年应届高校毕业生的数量为610万人，而2007年和2008年毕业的495万和560万大学生中分别还有100万人和150万人没有找到工作。2013年更是有近700万应届毕业生。由于受金融危机的影响，就业难的问题尤为突出。

对学生而言，影响就业的因素有许多，可以划分为可控因素和不可控因素。所谓不可控因素是指单凭学生自身的力量无法控制的因素，例如，高校扩招造成毕业生供给增加等。可控因素是指凭学生自身的力量可以控制的因素，例如，学生在校期间及早树立就业风险意识，充分利用学校的各种资源，努力学习，培养自己在就业时的竞争优势。尽管就业难，但优秀的学生不会找不到工作。在校学生正确的就业风险意识应该是熟悉影响就业的大环境因素但不怨天尤人，掌控好自己可以控制的因素，努力提高自己各方面的素质，就业时就会发现原来自己选择的余地很大。

三、健康风险意识

健康风险包括身体健康风险和心理健康风险。对于大学生来讲，在当前的学习、就业环境下，心理健康尤其重要。《简明不列颠百科全书》将心理健康解释为：个体心理在本身及环境条件许可范围内，所能达到的最佳功能状态，而不是指绝对的十全十美。心理健康的相对面为心理不健康，有许多表现形式。2004年7月4日《中国青年报》的一份调查结果显示，14%的大学生出现抑郁症状，17%的人出现焦虑症状，12%的人存在敌对情绪。随着生活节奏的加快和竞争的日益激烈，这些比重还会进一步上升。对于怎样才算心理健康，没有统一的定义。一般而言，心理健康是指个体的心理活动处于正常状态下，即认知正常，情感协调，意志健全，个性完整和适应良好，能够充分发挥自身的最大潜能，以适应生活、学习、工作和社会环境的发展与变化的需要。

判断心理健康通常有三个标准：心理活动与外部环境的协调性、心理活动内部协调性、心理活动的稳定性。心理不健康不仅影响一个人的学习、生活，也会影响一个人的工作甚至个人发展；同时严重的心理不健康可能会引发一些安全事故。因此，学生在校期间要具有健康风险意识，不仅要保持自己心理健康，还要关心他人、帮助身边的同学养成健康的心理，使每一个学生都生活在一个健康、和谐的团体中。

一些人错误地认为，为爱自杀是值得自豪、浪漫的事。2012年4月14日，北京某名牌大学一对情侣从学校公寓楼坠亡之后，短短6天时间内，各地又相继有5名高校学生跳楼自杀身亡。统计显示，自杀死亡者中，有三分之一为高校学生。为什么总有大学生走不出自己的心理阴影怪圈？

有一项调查，对大学生生活压力测试，列出了大学生生活中会发生的85项事件，根据这些事情所造成的心理影响的强度和持续时间，综合评定它们对学生心理影响的大小。

调查结果显示，最令大学生感到困扰的是"恋爱受挫"，有43.1%的人选择此项；还有37.3%的人选择了"就业难"；其他依次为"被别人误解或错怪很郁闷"；"家庭不和睦"；影响最小的是"不喜欢所学专业"。

第三节　如何正视风险与失败

一、对待失败需要有正确的态度

1. 尽量避免失败

失败毕竟是人生道路上的逆流，与人生前进的方向背道而驰。而且失败对人毕竟是一种"负性刺激"，总会使人产生不愉快、沮丧、自卑。所以并不是提倡失败越多越好。正确的做法应该是：收敛欲望，做好充分的准备，尽量避免失败。

（1）欲望适度

如果学会用经济学的观点来分析人生挫折，那么我们就会增加一些理性和从容。我们可以根据自己支配资源的能力，确定自己的目标和愿望，使我们的人生目标和愿望增加可行性。

孔子提出了人生的"三戒"忠告，即少年戒色、中年戒斗、老年戒得。这"三戒"是人生的大智慧，教导我们不仅要懂得在人生的不同阶段得到什么，而且要知道重点放弃什么。青春年少，情窦初开，对异性充满好奇,在这个阶段如果沉迷于女色,就容易丧失斗志,影响事业。因此,青春时期要适度节制生理欲望,努力成就事业,为幸福人生奠定基础。到了中年,已经成家立业,事业有成,此时正值春风得意、信心满腹、心高气傲的时期,常常会高估自己的能力,将某一偶尔成功放大为无所不能的感觉;往往高估自己的实力,不肯服输,喜欢争强好胜,甚至有可能结下仇人,祸及家人。因此,此时要修炼戒斗,学会宽容大度、和谐处世。年老之时,人生已经果实累累,应当收敛欲望、享受人生。如果仍然患得患失,什么都想得到,就难免为物所困,为名利所累。

如果不了解经济学基本规律,不听从孔子的"三戒"教诲,那么人生的欲望就像打开了潘多拉魔盒,飘散在各个角落。于是有限的资源必定阻挡人们愿望的实现,使之遭受挫折。所以,有欲望,但是要学会在适当的时候收敛,否则膨胀的欲望也会带来不必要的挫折。

(2)未雨绸缪

鼹鼠是完全生活在地下的地鼠,它们擅长在地底挖洞,挖的不止一条,而是四通八达、立体网状的坑道。要挖出这样的坑道当然很辛苦,但一旦完成,就可以坐等食物上门。同样在地底钻土而行的蚯蚓、甲虫等,常会不知不觉闯进鼹鼠的坑道中,被来回"巡逻"的鼹鼠捕获。鼹鼠在自制的网状坑道里绕行一周(有时要花上几个钟头),就可以抓到很多掉进陷阱的猎物。如果俘获的昆虫太多,吃不完的就先将它们咬死,放在储藏室里。有人就曾在鼹鼠的储藏室里发现数以千计的昆虫尸体。

先多花些时间,做好完善的硬件设施,未雨绸缪,这样才有安逸清闲的日子可过。

狼是一种非常聪明的动物。如果让狗与狼做单个搏斗,败的肯定是狗。狗与狼是近亲,它们的体型也难分伯仲,但失败的为什么是狗呢?因为狗经过人类长期豢养,不面临生存的危机,久而久之形成一种惰性。而生长在野外的狼,为了生存,必须时刻提高警觉,主动出击,才能适应野外的生存环境。其实,人类社会的竞争也是激烈的,我们如果不保持积极进取的心态,未雨绸缪,也容易被淘汰。

【案例9.4】苦恼的国王

从前,有一个国家,连一匹马都没有。

十二个为什么

这一国的国王非常忧虑，脑海中幻想着邻国强大的兵马有一天攻打到本国的时候，实在无法应付。于是他下决心，用重金向四处购买骏马！

如国王的希望，不久买来了五百匹高大的骏马。国王见了，心中非常欢喜，下令叫人加以训练。

当五百匹马被训练得能够冲锋陷阵的时候，邻国对他的态度改变了，建立邦交，派遣使节，表现得非常和气。国王的心中，以为高枕无忧了。

这样和平的日子过了几年之后，国王看到这五百匹马，老是坐吃山空，这一笔经费的负担颇为巨大，心中又忧虑起来！

忽然，他灵机一动，欢喜雀跃道："何不让这些马从事于生产的事业？这样不就能增加国家财政的收入了吗？"

于是，他下令将这五百匹马牵到磨坊去磨米。

每天，工人们用布把这五百匹马的眼睛紧紧蒙住，又用鞭子抽打，逼着它们拉着石磨旋转。起初，这些马非常不习惯，横竖乱窜，工人们也感到吃力。但后来，时间一久，五百匹战马对拉磨也就习惯成自然了。

国王一见，更加高兴。他快乐地笑道："哈哈！这些马既能保国，又能生产，一举两得！"

不久，邻国突然进兵侵入他的国境，他即时下令召集那五百匹马，准备迎战！国王领着五百骑兵，浩浩荡荡向战场进发。一路上，国王骄傲地想着："大胆的敌人啊！我有这么多强壮的兵马，有何畏惧你们的侵略？你们何不睁开眼看看我那肥硕的马，你们简直是来讨死的。让我们的军队，杀得你们片甲不留！"走着走着，到了战场，两军交锋，展开激烈的战斗。国王的五百匹马虽很壮硕，但平常都以拉磨旋转成为习惯，此时和敌军交战，仍然不断地旋转着。骑在马上的兵将一着急，提鞭加紧地抽打着，这样抽打越快，马旋转得也越快。敌军见状大喜，遂驱军直进，横杀直刺无往不利，把那国王的骑兵杀得落花流水，逃窜而去。

志在成功的人，必须时刻保持旺盛的斗志。在顺利的时候，未雨绸缪，不断进取。这样，在困难和挫折面前才能够勇往直前，直到成功。

2. 面对失败保持坚韧和乐观的态度

面对挫折和失败，一定要有耐心、坚持和执着，保持乐观的态度，把失败当成新的起点，只有这样才不会被眼前的困境打倒。

第九章 为什么要正视风险与失败

（1）坚定信念

心理学家曾经做过这样一个实验：把一只小白鼠放到一个放满水的水池中心，这水池在小白鼠游泳能力可及范围之内。小白鼠落入水中后，转着圈子发出"吱吱"的叫声，用鼠须测定方位。它的叫声传到水池边沿，声波又反射回去，被鼠须探测到，借此判定了水池的大小和自己所处的位置。它尖叫着转了几圈以后，不慌不忙地朝着一个选定的方向游去，很快就游到了岸边。

心理学家又将另一只剪掉了鼠须的小白鼠放到水池中心，小白鼠同样在水中转着圈子，也发出"吱吱"的叫声。但由于"探测器"已不复存在，它探测不到反射回来的声波……几分钟后，筋疲力尽的小白鼠沉到水底，死了。心理学家这样解释：鼠须被剪的小白鼠无法准确测定方位，自认无论如何是游不出去的，因此停止了努力，自行结束了生命。心理学家最后得出结论：在生命彻底无望的时候，动物往往强行结束生命，这叫"意念自杀"。

就像剪去鼠须的小白鼠不知道水池的大小选择了意念自杀一样，有的人无限夸大了自己所遭遇的逆境，认为横亘在面前的厄运是"无论如何游不出去的"。对处境感到无比绝望的他们放弃了做最后一搏的信念，松开了不该亦不能松开的手，任满腔的理想、抱负、雄心壮志全部淹死在很浅很窄根本就不足以伤害到自己的"水池"里……

人很容易遇到些失败或障碍。有的人因此就悲观失望，消沉下去，或在严酷的现实面前失掉活下去的勇气，或怨恨他人，结果落得个唉声叹气，牢骚满腹，不仅一事无成，生活过得也非常不愉快。其实，身处逆境而不丢掉信心的人，不计较暂时的得失成败、满怀巨大信心而不断奋斗的人，完全有希望成为人生的胜利者。

（2）跌倒了再爬起来

在学习或工作中，我们必须以乐观的态度来面对失败，因为成功是由无数次失败所构成的。在挫折面前，我们即使 100 次被打倒，也要挣扎着 101 次站起来。人生没有迈不过去的坎，跌倒怕什么？跌倒了就再爬起来！

我们对待挫折和失败该抱有这样的态度：把不幸当做新的起点，以微笑面对生活。失业了，就把它当做新事业的起点；失恋了，说明又有一段新的感情要开始了；遭到友人的背叛，正好让你有机会认识更多更诚挚的

朋友；考试失利，就可以激发你更加努力了……只要出现了一个结局，不管这结局是幸运还是不幸，客观上都是一个崭新的开始。

3. 失败无法避免，巧度阴霾

如果失败无法避免，在遭遇失败之后，不要埋怨，而是要冷静思考，努力做到以下几点。

（1）相信事情总会好起来，在逆境中仍满怀希望

法国作家莫泊桑有一句名言："人是生活在希望中的。"有希望可能就是一种积极向上的力量，哪怕是梦。一个连梦都不会做的民族是没有希望的民族，我们每个人都在做梦，做好梦。我希望明天赚更多的钱，我希望明天提的报告更好听，都是在做梦。我们编织了一个个美梦，去努力，去圆梦，去寻梦，去争取。梦破灭了，我再编一个梦去圆梦，实现了我又继续编梦，破灭，编梦，实现，人生就是如此充满希望。

失败总是以不同的方式光顾每一个人，它可以彻底摧毁一个人的自信，也可以完全造就一个人的坚忍。关键在于，身处逆境时，你是否仍然满怀希望。希望，对于社会来说，常常意味着更多的东西。它意味着我们乐观向上，在不断地进取，不断地实现目标；我们的思考一天比一天深入；我们对自己和他人也更加有信心。希望的真正意义在于，它使人类不会忘记自己的良知与使命，能给每个人带来欢乐。

希望是人生航路的指路明灯，希望会给人带来光明和继续活下去的勇气。只要心中有希望，死神也退却。这个世界并没有失败，所谓失败，只不过是暂时未获成功。所以，每个暂时失败者都要积极地面对困境，对未来抱有希望。

（2）不要做完美主义者，这样可以客观地面对失败

阿Q是鲁迅先生《阿Q正传》小说中塑造的一个典型人物。阿Q具有自欺欺人、自轻、自贱、自嘲、自解、自感屈辱，同时又妄自尊大、自我陶醉等特点。阿Q在人们脑海中虽然是负面形象，但任何事物都具有两面性，阿Q也不例外。他的那种自我嘲解法、精神胜利法与忧郁、自杀相比就具有积极意义。因此，当你犯有错误、精神紧张、压力特大的时候不妨阿Q一下，通过自我解嘲和精神胜利法舒缓情绪、减轻压力、恢复理智。从这一角度来讲，阿Q精神不愧为一道人生的安全阀，一剂心灵的滋补汤。

第九章 为什么要正视风险与失败

中国人讲究阴阳互补,一阴一阳之谓道。一个人需要有刚强的一面,同时也需要有柔情的一面。牙齿非常刚强,舌头非常柔软,但是牙齿却往往在舌头之前脱落下岗。我们应当学习老子的教诲:"人法地,地法天,天法道,道法自然。"大自然是最好的老师,我们应该向大自然学习,从中汲取大智慧。阿Q精神就是适时柔软,以柔克刚。

我们常常听到职场人士坦承:"我是一个完美主义者。"常常听到这样的议论:"小丽姑娘老大不小了,条件挺好的,嫁不出去的主要原因是对男方的要求太完美了。"常常听到这样的声音:"赵经理是个完美主义者,什么事都要尽善尽美,工作稍有差错就深深自责,晚上睡不好觉。"

完美主义者的最大特点是追求尽善尽美。完美主义者具有一股与生俱来的冲动,他们将这股冲动投注到那些与他们的生活息息相关的事情上面,尽量使其完美,乐此不疲,但因为目标太高,其结果往往不遂人愿。

追求完美、严格要求本身没有错,这种追求是进步的动力。但需要注意的是,当最终结果不能完美的时候怎样办?我觉得应该学会理性思考、自我解脱、原谅自己,否则紧绷的琴弦会断,过大的压力会伤人。人生需要追求完美,但不要强求完美。

(3)认真总结经验教训,将挫折向成功转化

将挫折向成功转化。如果有个柠檬,就做柠檬水。这是一位聪明的教育家的做法。而傻子的做法正好相反,如果他发现生命给他的只是个柠檬,他就会沮丧,自暴自弃地说:"我完了,我的命运真悲惨,连一点儿发达的机会也没有,命中注定只有个柠檬。"

住在美国加州的一位快乐的农夫叫皮特,他甚至把一个"毒柠檬"做成了柠檬水。当他买下那片农场的时候,他觉得非常沮丧,因为那块地坏得使他既不能种水果,也不能养猪,能在那片地上生长的只有白杨树和响尾蛇。后来,他想了一个好主意,他要把自己所有的东西都变成一种资产,他要利用那些响尾蛇。皮特的想法使每个人都很吃惊,因为他开始做响尾蛇罐头。

现在,皮特的生意做得非常大,每年去他的响尾蛇农场参观的游客差不多就有两万人;从响尾蛇身上取出来的蛇毒,运送到各大药厂去做蛇毒的血清;响尾蛇皮以很高的价钱卖出去,做女人的皮鞋和皮包。

在生活中,我们遭遇失败并不可怕,可怕的是在失败后,不去正确分

析失败的原因，也不认真总结失败带给自己的经验和教训，就在失败面前举起双手"投降"，从而没有勇气再去做新的尝试。

正如美国通用电气公司创始人沃特所说："通向成功的路就是分析你失败的原因，找出问题的纠结，然后不断的尝试，再尝试。"其实，要这样做并不困难，困难的是一遇到失败就妥协，就失去了斗志。

二、如何培养与提高大学生的挫折承受能力

挫折和挫折感是普遍存在的一种社会现实和心理现象，是个体在实现目标过程中遇到难以克服的阻碍或干扰，使需要和动机无法满足而产生的紧张状态和情绪反应。当代大学生正处于心理迅速走向成熟但又尚未完全成熟的时期，他们往往表现出心理承受能力弱、耐挫折能力差的弱点。在就业形势越发严峻的今天，面对诸多不如意的境况，大学生的抗挫折能力显得越发重要。

1. 当代大学生产生挫折感来源

当代大学生产生挫折感是由多种原因综合互动形成的，归纳起来有以下八个方面的主客观原因。

（1）教育体制在学生挫折教育培养方面的欠缺

当代大学生大多是在应试教育体制下培养起来的。他们自上学起，就围着成绩高低打转，升学的压力使他们失去了多种素质培养的机会。传统的应试教育使得学校片面追求升学率，忽视了对学生进行必要的挫折教育，导致不少学生心理脆弱，承受力低。考上大学后，现实中的大学校园环境及设施与大学生想象中的"天堂"有一定差距，使大学生心理产生失落感。面对新的环境，一旦遭遇挫折，要么消极逃避，要么遭受沉重打击。

（2）来自家庭方面的压力

家庭的一些潜在或显性的条件，如家庭的自然结构、家庭的人际关系、家庭的教育方式、家庭的抚养方式等对大学生的心理挫折都有直接或间接的影响。自小娇生惯养的孩子进入大学后，由于缺乏勇敢面对挫折的能力和战胜挫折的经验，往往就经受不住哪怕是一点阻抑个人要求、愿望的刺激，易产生心理挫折。有的生活在"单亲家庭"中，长期缺乏父爱或母爱，他们在物质上、精神上的要求经常受到阻抑，这些孩子进入大学后

第九章 为什么要正视风险与失败

往往表现出内向、孤僻的性格,很少与人交往,不易表露感情,抑郁寡欢。

(3) 面对学习的压力

经过十几年的寒窗苦读和激烈的高考竞争后,有相当数量的学生自觉或不自觉地放松了对自己的要求,迷失了自我。有的甚至意志衰退,丧失进取心,沉溺于电脑游戏中,导致学习成绩下降。有的因几门功课不及格而面临留级或退学的危险。一些来自农村的大学生,由于家境相对贫寒,在饮食、穿着方面比不上其他学生,但又不甘心不服气,想以优异的学习成绩来显示自己的才能,但由于过分紧张的学习和沉重的经济压力使他们常常夜不能眠,食不甘味,由此也会产生挫折心理。

(4) 生理缺陷及疾病原因

当代大学生更重视自我形象,注重自己的"面子工程",有的甚至"以貌取人",时刻注重自身形象。大学生身体有疾病或生理上有些缺陷本属正常现象,但一些同学却不能正确认识。有的大学生患有慢性生理疾病,久治不愈,忧心忡忡;有的脸上有疤,走路时总是不敢抬头;有的男生个子太矮小,有的女生体态肥胖而产生极强的自卑感,不愿参加集体活动,不愿意与别人交往,沉默寡言,闷闷不乐。

(5) 专业学习缺乏兴趣

大学的专业学习对很多学生来说是陌生的。大多数学生高考的志愿都是在教师和家长的参谋下填报的,只有少数学生是出于个人志向的主动选择。在这样的情况下,进入大学校门之后,所学专业与自己的志向大体一致的大学生会感到满足、欣喜和安慰,并因此增添学习的动力。但所学专业与自己的志向不一致的同学,对学习缺乏动力、信心不足、厌倦、敷衍应付等,产生厌烦和抵触的负面情绪,造成心理压力。

(6) 人际关系障碍

当代大学生大都渴望有较高的人际沟通能力,以不断促进自我认知和自我完善。对新生而言,新环境、同学关系等都与中学显著不同,大家来自四面八方,经济、文化背景各异,思想观念、价值标准、生活习惯和行为习惯也不同,因而不太容易交往。有的学生由于个性特点或修养有缺陷,对自己存在的不足不能正确认识,导致在群体中不受欢迎,没有知心朋友。很多同学都因不良的人际关系而心情烦躁、紧张。有的干脆逃避复

杂的人际关系，把自己紧紧地封闭起来，从而产生压抑、孤独和焦虑情绪。

(7) 青春期的恋爱困扰

大学生谈恋爱已成为普遍现象，但大学生感情不成熟、自控能力差，且大学生恋爱与其学生身份存在某些冲突。老师的警告、家长的责怪及毕业后两地分开的现实困难，都使大学生的恋爱往往成为无果之花。有的受失恋、单相思的困扰，产生苦闷、惆怅、失望、愤怒等情绪，使一些大学生处于情感的沼泽中不能解脱，日思夜想，焦虑失眠。

(8) 期望值过高，理想追求受阻

大学生的自我评价越高，目标期望脱离实际，满足自己要求的机会便越小，遭到挫折的可能性就越大。在长辈们的呵护娇惯下成长起来的独生子女大多自我感觉良好，对一切都表现出较高的热情，认为自己有能力处理所遇到的一切事情，一旦遇到打击或不如意，就会因承受不了而出现抑郁、忧愁、痛苦等情绪。如有的学生不顾自己的客观条件，把自己的学习目标定得很高，一旦有了一点点疏漏，就会无休止地责怪自己，使自己总是生活在紧张、焦虑和不安的情绪状态之中。

2. 大学生该如何培养与提高自己的挫折承受能力

(1) 善于调节自我抱负

如果一个人给自己确立的标准高，那么他的抱负就大；如果对自己确立的标准低，那么他的抱负就小。可见，抱负是自定的标准，仅仅是个人愿望，与个人的实际成就不一定相符合。一般而言，抱负直接影响个人的学习和生活，一个有远大抱负的人，往往对自己的要求也较高，因而其学习、工作的效率也就较高；反之，则缺乏积极性、主动性，因此其学习、工作的效果也就较差。但是，个人的抱负必须建立在对自己的实际能力正确认知的基础之上，如果一个人的抱负总是高于自己的实际能力，就会因为难以达到预期的目标，很容易使自己产生挫折感。

在现实生活中，不少大学生在学习、生活等方面的挫折感都与自我抱负标准确立不当有关。因此，大学生必须学会根据自己的实际能力正确设定生活的目标，调整自我抱负水平，并在前进中及时调整自己的目标。如果在目标实施过程中，发现自己设定的目标不切实际，前进受阻，就要及时调整目标，以便继续前进。对那些远大的目标，要把它分解成近期目标

第九章 为什么要正视风险与失败

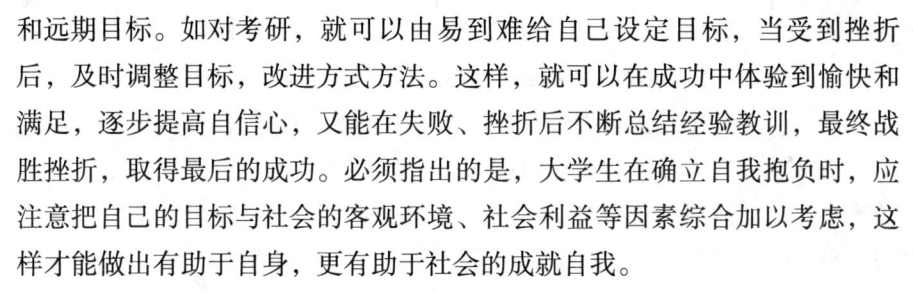

和远期目标。如对考研,就可以由易到难给自己设定目标,当受到挫折后,及时调整目标,改进方式方法。这样,就可以在成功中体验到愉快和满足,逐步提高自信心,又能在失败、挫折后不断总结经验教训,最终战胜挫折,取得最后的成功。必须指出的是,大学生在确立自我抱负时,应注意把自己的目标与社会的客观环境、社会利益等因素综合加以考虑,这样才能做出有助于自身,更有助于社会的成就自我。

(2) 正确认识自我和评价自我

由于当代的大学生大多没有经历过艰苦生活的磨练,社会阅历不够丰富,他们往往对自我的认识与评价不到位,要么高估,要么低估。他们一般都想出人头地、大展宏图,因而对自己的目标定位过高。但是,社会环境是非常复杂的,面对激烈的竞争形势,大学生却又没有做好迎接挫折与困难的心理准备,常常在挫折面前表现出信心不足或迷惘无措。因此,大学生必须正确认识自我和评价自我。

正确地认识自我和评价自我,就是指大学生应根据自己的学习、成长的现实,恰当地分析自身的长处和不足,这样才能扬长避短、取长补短,实现自我价值。例如,某师范生的表达能力不好,很容易给自己造成压力、带来困扰,如扬长避短则是改变职业,如取长补短则是加强口才的锻炼。当然后者解决内在问题,成效更为显著。其次,要根据自己外部条件和内在条件的变化及时调整自己的期望值,避免一些无谓的"碰壁"、"撞墙"。

(3) 确立合理的自我归因

在生活中,人们对行为的成功与失败进行归因是一件很平常的事。心理学家研究表明,在归因中,有些人倾向于情境归因,认为外部复杂且难以预料的力量是主宰行为的原因。如一个学生认为自己成绩不好,是由于教师教学水平或是考卷难度太大方面的原因。有些人倾向于本性归因,即认为自身的努力、能力是影响事情的发展与行为结果的主要原因。例如,一个学生认为自己成绩不好是由于学习不够努力造成的。

一般来说,进行本性归因的学生对自己的行为与学习有更多的自我责任定向与积极态度。但是从对失败的归因方面来看,由于他们倾向于把原因归于主观因素,就容易自我埋怨、自我责备。如果这种自责、悔恨过多,就会给他们带来挫折感和心理损伤。因此,大学生首先要学会多方面

收集关于事件的信息，了解困难的原因所在；其次，要学会合理的归因，避免归因的片面性，学会实事求是地承担责任，克服过分承担或完全推诿责任的倾向，避免过多自责带来的挫折感；再次，要积极采取措施主动改变挫折情境因素，从而有效应对挫折。例如，在学习过程中发现最近学习效率不高，通过原因分析之后，在解决内在问题的同时，可以尝试改变学习地点、学习时间，或改变学习科目的顺序、学习结构等，从而避免学习效率不高给自己带来的压力和困扰。

（4）增强挫折认知水平

心理研究表明：一个人越是能够获得与挫折事件相关的信息，就越能够有效地处理它；越是参加到他怕面对的挫折情境中去，就越能够有效地对付这种情境。可见，个体对挫折的反应和承受能力不仅取决于挫折情境本身，更取决于其对挫折的认知。

正确地认识挫折首先应该认识到挫折的两重性：即挫折一方面对人有消极的影响，如挫折会影响个体实现目标的积极性，降低个体的创造性思维水平，损害个体的身心健康；另一方面也有积极的作用，如挫折能增强个体情绪反应的力量，增强个体的容忍力，提高个体对挫折的认识水平。因此，辩证地看待挫折的两面性，就能够变不利因素为有利因素，化消极因素为积极因素，促使挫折向积极方面转化的。其次，大学生还应学会对客观事物、挫折情境的正确认识。如有的学生因一次考试不及格就悲观失望，甚至自暴自弃，这种表现是由于他的错误认知导致的。

【案例9.5】沉默中蓄势待发的小树

一个孩子与父亲一起来到一个小农场。孩子在玩耍时发现几棵无花果树中有一棵已经死了。它的树皮已经剥落，枝干也不再呈暗青色，完全枯黄了。孩子伸手碰了一下，只听"吧嗒"一声，枝干折断了。

孩子对爸爸说："爸爸，那棵树早就死了，把它砍了吧！我们再种一棵。"可是爸爸阻止了他，说："孩子，也许它的确是不行了。但是，冬天过去之后它可能还会萌芽抽枝的——它正在养精蓄锐呢！记住，孩子，冬天不要砍树。"

果然不出父亲所料，第二年春天，那棵好像已经死去的无花果树居然真的萌生新芽，和其他树一样在春天里展露出生机。其实这棵树真正死去的只是几根枝杈，到了春天，整棵树枝叶繁茂，绿荫宜人，和其他伙伴并没什么差别。

那个昔日的孩子后来成了一名小学教师。在他20多年的教学生涯中，他不止一次地遇到类似的情形。小时候背起字母来都结结巴巴的皮埃尔，现在竟成了一位小有名气的律师；而当年那位最淘气、成绩差得一塌糊涂的巴斯克，后来是大学的优等生，毕业后自己创办了一家红火的公司。

最不可思议的是自己的儿子布朗。他幼时不幸患了小儿麻痹症，几乎成了废人，可是小学教师记住了爸爸的话，不放弃对儿子的希望，一直鼓励他不要灰心丧气。现在，布朗顺利地完成了大学课程，担任了公共图书馆的管理员。要知道，布朗只有左手的三个手指头能动弹，就是扶一扶鼻梁上的眼镜也十分困难！

"冬天不要砍树"这句话一直鼓舞着当年的那个小男孩，每每遇到让他沮丧伤怀的事，他都靠着这句话顺利地度过了一个又一个家庭和事业上的危机。失败和挫折是一时的，只要在失败和挫折面前挺直腰板，别趴下，坚持一下，凡事都有转机。

【参考文献】

[1] 郑陆胜，郑艳红. 左右你一生的心态［M］. 北京：中国妇女出版社，2008.
[2] 伏建全. 心态决定你的命运［M］. 北京：中国致公出版社，2009.
[3] 千智莲. 心态就是本钱［M］. 北京：新世界出版社，2008.
[4] 叶建华. 人生幸福来源于自我和谐［M］. 北京：机械工业出版社，2012.

第十章　为什么要锻炼处事与决策能力

【案例 10.1】幽默处事有益健康

幽默的语言有趣、可笑、意味深长。在生活中，幽默对人们的心理影响很大，它能使生活充满情趣。哪里有幽默，哪里就有活跃、欢乐的气氛。谁都愿意与谈吐不俗、机智风趣者交往，而不喜欢与抑郁寡言、孤僻离群的人接近。幽默将文学与心理学相结合，在处理人际关系时主要体现在下述五个方面。

(1) 能帮助解决问题

以带有幽默感的态度来解决问题，常会收到意想不到的效果，往往会使对方的不愉快和愤怒情绪一扫而光，甚至会使对方化怒为笑，从而原谅你小小的过失。

(2) 有利于活跃家庭气氛

家庭中充满幽默，能活跃气氛，使家人之间更加愉悦、融洽。有这么一对小夫妻，为了一件小事发生了口角，妻子正处盛怒之时，丈夫反而夸赞她生气时更动人、更漂亮，妻子立刻被逗笑了。一场争执顷刻化为乌有。

(3) 打破与异性的隔阂

以轻松、俏皮的幽默语言与异性接触交谈，容易提起话题，并能使双方很快建立起友善关系。

(4) 容易达到自己的目的

在自己需要别人帮忙时，以幽默的口吻要求比央求或者命令的效果好得多，甚至会改变对方的敌对心理，使他在不愿意的情况下转而乐意为你效劳。

(5) 可以消除尴尬

在双方或多方处于尴尬的情况下，幽默的语言就好比细雨和风，只要轻轻扫过，立刻会使气氛活跃起来，一扫彼此之间尴尬和沉闷的空气。

生活中，人与人之间难免会发生一些磨擦，有时甚至会剑拔弩张，弄得不可收拾。而一个得体的幽默，往往会化干戈为玉帛，使双方摆脱窘困的境地。列宁说："幽默是一种优美的，健康的品质。"愉悦轻松，表达了人类征服忧愁的能力。在人们的精神生活中，幽默就如一种活性物或松弛剂，有益于人们的身心健康。愿你成为一个有幽默感的人。

第一节　大学生的处事能力

如何为人处事，反映了一个人容纳、协调不同观念的能力。这种能力所包含的心理因素，是容忍与己不同甚至是冲突的个性。所谓个性，通俗来讲是指不同个性的人在对一些事情的看法上和情感的表达上所具有的迥然不同的方式。

社会是一个由不同个性的人组成的矛盾冲突综合体，人与人之间时时刻刻都存在求同存异的协调矛盾的过程。有的人善于为人处事，人际关系良好；有的人协调能力差，人际关系紧张。有道是"一个好汉三个帮"，每个人都希望自己有良好的处事能力，能在学习、工作、生活中减少阻力，增加动力。

一、什么是能力

一般认为：能力是顺利完成某种活动所必需的个性心理特征，或是指在智力发展的基础上掌握知识和应用知识的本领。根据适用范围，能力可分为一般能力和特殊能力；根据能力的层次，可分为单一能力和综合能力。

能力与智力是有区别的，不能说能力就是智力。因为智力属于认识活动的范畴，是保证人们有效地认识客观事物的稳定心理特点的综合。而能力是属于实际活动范畴，是保证人们成功地进行实际活动的稳定心理特点的综合。因此，主张从实际活动的领域来分析能力的结构。基于这种观点，有人曾提出，任何能力都是由组织能力、计划能力（或定向能力）、适应能力、实际操作能力和创造能力这五种基本因素构成的相互联系的完整的心理特征。

能力包括认识活动的能力,也包括实际活动的能力。而智力主要是认识能力,对于实际活动,它只是作为一种基础条件,并不等于实际活动的能力。所以,在现实中,能力与智力常常出现"不同步"的情况。一个智力水平很高的人,解决实际问题的能力并不一定很强,反之亦然。

智力虽然属于认识活动范畴,但并非只有实际活动才涉及能力,认识活动本身就存在能力的问题。作为认识能力的智力,会在很大程度上影响认识的效果,决定认识活动的顺利与否。实际活动的能力也不能离开认识能力而独立存在,认识能力是实际活动能力的前提和基础,实际活动能力是认识能力在现实中的延伸。在实际活动能力中无时不渗透着认识能力,离开认识能力的纯粹的实际活动能力是不可能存在的。对于认识活动来说,智力就是能力;对于实际活动来说,智力是潜在的能力。

因此,实际活动的能力是智力与技巧的有机统一。能力是一个多层次的有机整体,作为一个大系统,它由两个子系统构成。一是智力,智力主要是人们在掌握知识和技能过程中表现出来的心理特征,它决定着人们对知识、技能掌握的速度、程度和牢固性。二是技巧,即对知识和技能巧妙、灵活的运用,主要是在运用知识和技能过程中表现出来的心理特征,它决定着人们解决实际问题的合理性、变通性和创造性。这两个方面的有机结合,构成了人们现实的能力。

二、大学生提高处事能力的重要性

现代社会是一个思想多样化、人格独立化和个性张扬的时代。大学生是社会中思想最活跃的一群人,和父辈们相比,他们更多的要求个性得到尊重和发挥,要求个人发展,要求个体权益,这一方面是社会文明、自由和进步的标志。另一方面,由于对个性的片面理解,"张扬个性和以自我为中心,不顾集体或他人的利益"似乎已经划上了等号。在这些当代大学生心中,集体或者社会的约束已经是个性发挥的障碍,于是千方百计的冲出社会约束的圈子,形成自我为中心的生活态度。

然而事实是,激烈的社会竞争和复杂的人际关系,让不少当代大学生尝到个性过度张扬的"苦果":人际关系紧张,缺乏社会安全和温暖感,等等。更有甚者,由于为人处事的失败,背上了沉重的心理负担,以至于对社会失望,感到人生无趣,最终走上自杀的道路。

"利己主义"的处事哲学，造成人际关系的难以协调，说到底是为了实现自身利益而不考虑他人利益的一种处事哲学。这种违反哲学规律的处事哲学必然在现实面前要受到挫败，"利己"的目的没有达到，反而自食"利己"带来的人际关系恶化的苦果，最终和社会的主流背离，甚至离开正常的社会生活圈。

当今时代，科学技术正在日新月异地飞速发展，人类知识总量迅猛增长，知识更新周期明显缩短。在这种历史条件下，无疑对大学生的能力素质培养提出了更高的要求。据调查，一个大学生在校学习只能获得所需知识的10%左右，更多的知识，要靠他们在实际工作中凭着自己的能力去学习和探索。因此，大学生能力素质的培养显得尤为重要，这关系到他们能否很好地适应现代社会，并承担起历史赋予他们的重任。

但是，在实际教育过程中，由于传统教育理论的影响，一些教育者往往更注重知识的传授，并把提高教学质量理解为增加知识传授的份量和提高知识的巩固性；而在学生中，由于长期处于片面追求升学率的氛围下，很多人形成了过分注重分数的思维定势。所以，死记硬背，应付考试的学习方式较为普遍，从而导致"高分低能"的情况仍在一定程度上存在。

西方社会从人们对"智商"的关注到对"情商"的研究，也给我们传递了这样一种信息：市场经济社会的人，比任何社会阶段都需要良好的人际关系，为人处事已经成为一种生存能力。因此，对大学生的素质能力，特别是处事能力的重视与提高显得尤为重要。

三、如何提高大学生的处事能力

1. 借鉴儒家经典的处事哲学思想

古今中外，为人处事的相关论述可谓汗牛充栋。可是总结回顾起来，中国儒家经典的处事哲学却一再得到人们的重视和吸收借鉴。儒家思想博大精深，贯穿了政治、经济、文化各个方面，而在为人处事方面也有不少经典的论述值得借鉴学习。

（1）收敛个性、修身立德的处事原则

儒家的为人处事的哲学思想是从对人性的思考开始，在对"人之初，性本善"还是"性本恶"的探求中逐步发展和完善起来。不管是"性善论"还是"性恶论"，都意识到"龙生九子，子子不同"。人生而有之的

性格等因素是造成每个人处事观念不一样的先天原因。对此，儒家提出要"收敛个性"、"修身立德"，通过自我不断的反省来纠正自己的错误。

（2）"中庸"的处事态度

"中庸"是儒家思想的重要组成部分。长期以来，不少人认为强调"中庸"就会导致为人处事的平庸和圆滑。其实由于不同人的不同性格，如果没有一个人或者双方的相对"中庸"，要和平相处是难以想象的。用"中庸"教育青少年，其教育结果关键在于教育方法得当，而不是不采取"中庸"教育。"中庸"的处事态度，是通过教育及训练，使人们懂得克服自己的欲望和任性，懂得克服自己的偏颇。有的人气质火爆，凡事倾向与人对着干；有的人气质迟钝，凡事随着别人转。通过儒家思想的"中庸"方法，一个人可以慢慢改变自己的气质，做到和他人和睦相处。

（3）"和为贵"的处事方式

不管一个人如何"收敛个性、中庸处事"，所谓"泥菩萨还有三分火性"，也总会和他人产生矛盾冲突。儒家强调发生矛盾冲突双方要以"和为贵"。一直以来，人们有一种误解，认为强调"和为贵"就是妥协和丧失原则。然而在人际关系处理中出现的冲突，大部分不是原则性的冲突，而是气质和性格的冲突。在这种情况下能"退一步海阔天空"又何乐而不为呢？

"和为贵"处事方式的关键，在于矛盾双方要有足够的耐心，坚持通过交流、协商、谈判和相互让步来得到一致，其所谓"己所不欲，勿施于人"，要求双方站在对方的立场来考虑问题，最终达到和解，化解矛盾。"和为贵"的处事，其实质是"宽于待人，严于律己"。这样一来与人相处矛盾就少了，人际关系也协调了。

2. 掌握处事的核心要素

（1）真诚和尊重是为人处事的关键要素

对别人要抱着诚挚，宽容的胸襟；对自己要怀着自我批评，有过必改的态度。与人交往时，你怎样对待别人，别人也会怎样对待你。好比照镜子一样，你自己的表情和态度，可以从他人对你流露出的表情和态度中一览无余。你若以诚待人，别人也会以诚待你；你若敌视别人，别人也会敌视你。最真挚的友情和最难解的仇恨都是由这种反射原理逐步造成的。因此当你想修正别人时，你应该先修正自己；你想别人尊敬你，你就应该尊

第十章 为什么要锻炼处事与决策能力

敬别人；你想他人理解你，你就要首先理解他人。

（2）互惠互利是为人处事的必要条件

利益关系是人们各种社会关系中的重要组成部分，而能否正确处理与他人的利益关系是决定一个人为人处事的能力能不能经受考验的"试金石"。儒家哲学中并不反对以正道谋求功名利禄，而是要求人们在利益面前"按劳取酬"、"公平公正"，争取做到"无私奉献"。换句话说，就是要互惠互利。如果在人际交往中没有互惠互利，就难以荣辱与共。"世界上没有免费的午餐"，索取必须和贡献成正比，如果坑蒙拐骗，一味侵害他人利益，到头来是搬起石头砸自己的脚，人际关系将陷入僵局。

（3）培养真正的友情

如果能做到这一点，很多大学时的朋友就会成为你一辈子的知己。在一起求学和寻求自身发展的道路上，这样的友谊弥足珍贵。交朋友时，不要只去找与你性情相近或只会附和你的人做朋友。好朋友有很多种：乐观的朋友、智慧的朋友、脚踏实地的朋友、幽默风趣的朋友、激励你上进的朋友、提升你能力的朋友、帮你了解自己的朋友、对你说实话的朋友，等等。

（4）学习团队精神和沟通能力

社团是微观的社会，参与社团是步入社会前最好的磨练。在社团中，可以培养团队合作的能力和领导才能，也可以发挥你的专业特长。但更重要的是，你要做一个诚心诚意的服务者和志愿者，或在担任学生工作时主动扮演同学和老师之间沟通桥梁的角色，并以此锻炼自己的沟通能力，为同学和老师服务。这样的学习过程也不会很轻松，挫折是肯定有的。但是不要灰心，大学社团里的人际交往是一种不用"付学费"的学习，犯了错误也可以重头来过。

（5）善于从周围的人身上学习

在班级里、社团中，多观察周围的同学，特别是那些你觉得交往能力和沟通能力特别强的同学，看他们是如何与人相处的。比如，看他们如何处理交往中的冲突，如何说服他人和影响他人，如何发挥自己的合作和协调能力，如何表达对他人的尊重和真诚，如何表示赞许或反对，如何在不冒犯他人的情况下充分展示个性，等等。通过观察和模仿，你渐渐地会发现，自己的人际交往能力有了意想不到的提高。

（6）提高自身修养和人格魅力

如果觉得没有特长、没有爱好可能会成为自己人际交往能力提高的一个障碍，那么，你可以有意识地去选择和培养一些兴趣爱好。共同的兴趣和爱好也是你与朋友建立深厚感情的途径之一。很多在事业上有所建树的人都不是只会闭门苦读，他们大多都有自己的兴趣和爱好。业余爱好不仅是人际交往的一种方式，还可以让大家发掘自己在读书以外的潜能。例如，体育锻炼既可以发挥你的运动潜能，也可以培养你的团队合作精神。如果真的没有什么兴趣爱好，那么，多读些好书丰富自己的知识也可以提高自己的人际交往能力，因为没有什么比智慧和渊博更能体现一个人的人格魅力了。

3. 学习处理事情的小窍门

在日常生活中，我们经常会遇到各种各样的事情需要处理与面对。在处理事情的过程中，要做到细心谨慎，细节决定成败。

（1）保留意见

过分争执无益自己且有失涵养。通常，应不急于表明自己的态度或发表意见，让人们捉摸不定。谨慎的沉默就是精明的回避。

（2）言简意赅

简洁能使人愉快，使人喜欢，使人易于接受。说话冗长累赘，会使人茫然，使人厌烦，而你则会达不到目的。简洁明了的清晰的声调，一定会使你事半功倍。

（3）决不夸张

夸张有损真实，并容易使人对你的看法产生怀疑。精明者克制自己，表现出小心谨慎的态度，说话简明扼要，决不夸张抬高自己。过高地估价自己是说谎的一种形式，它能损坏你的声誉，对你的人际关系产生十分不好的影响。

（4）决不自大

把自己的长处常挂在嘴边，常在别人面前炫耀自己的优点，在无形中贬低了别人而抬高了自己，其结果则是使别人更看轻你。

（5）决不抱怨

抱怨会使你丧失信誉。自己做的事没成功时，要勇于承认自己的不足，并努力把事情做圆满。适度地检讨自己，并不会使人看轻你，相反总强调客观原因，报怨这，报怨那，只会使别人轻视你。

（6）不要说谎

对朋友同事说谎会失去朋友同事的信任，这是你最大的损失。要避免说大话，要说到做到，做不到的宁可不说。

（7）学会道歉

人生有太多的地方，需要诚心地说"对不起"。道歉是人生的处世艺术，不会说"对不起"的人，必定是孤家寡人。有时一声"对不起"，可以消去对方莫名的怒火。而刻意去狡辩的话，则可能爆发剧烈的争吵。切记：有些话，等冷静后再说。

第二节　大学生的决策能力

一、什么是决策

决策是指人们为了达到一定目标，在掌握充分的信息和深刻分析各种情况的基础上，科学地拟定各种方案并加以评估，最终选出合理方案的过程。这是管理学中给出的一个关于决策的解释。

人的一生会遇到无数大大小小的事情需要选择和决定，每一次选择与决定都是一个决策过程。自我决策能力是一个人能否独立思考，果断处事和独立完成某项工作的能力。

比如，对于即将毕业走向社会的大学生来说，面临求职择业，别人的意见和忠告各种各样，最终要靠自己决定，这就是对自我决策能力的一次检验。在未来的工作中，每一件事情，每一个问题，都不可能像在学校那样有老师给你作指导，而必须靠自己作出决定，及时予以处理。因此，培养良好的自我决策能力对大学生来说是十分重要的。

对于即将走向社会的大学生来说，决策能力在其整个能力素质结构中占据着重要的地位。作为未来社会建设的中坚力量，大学生毕业后可能进入到社会的各行各业，也将会有许多的问题需要他们做出迅速而又准确的决策，他们所作出的决策的科学性很大程度上影响到自身和社会的发展。所以，在大学期间大学生应该时刻注意决策能力的培养，为将来的工作、生活打好基础。

二、大学生决策能力的影响因素

当代大学生的决策能力状况不容乐观。许多大学生在大学期间并没有重视决策能力的培养,以至于进入社会以后,作各种决策时达不到很好的效果。当代大学生的这种状况主要是由历史和现实原因引起的。

1. 家庭环境影响

一个人的决策能力需要得到长期的开发、培养和发展,儿童时期相当重要。如果一个人从小就获得很多机会,由自己来对一些事情作出决策,同时家长加以正确的引导,这将十分有利于其决策能力的培养和提高。

当代大学生基本上是独生子女,很多人从小就没有养成独立思考问题、独立解决问题的习惯,更多的是在父母的帮助下处理各种问题。更有甚者,"饭来张口,衣来伸手",什么事都是由父母帮其完成。从表面上看,这些家长很疼爱他们的子女,想让自己的子女生活得无忧无虑。但从长远来看,子女在性格和能力发育的一个关键时期即儿童时期,并没有得到一个发展的良好环境,很难培养为人处世的能力,其中就包括决策能力。

家庭教育是一个人受教育的起步阶段也是关键阶段,具有不可代替的作用。很多大学生由于在这一阶段缺乏良好的家庭环境,使其决策能力没有得到很好的起步。

2. 学校环境影响

学校在学生的能力及品德的形成过程中,具有独特的地位和作用。当代大学生不论是在小学还是中学时期,大部分时间都是在学校里度过的。同时,青年学生正处在长身体、长知识的时期,也是心理逐渐成熟,能力和性格逐渐形成的时期。但是长期受应试教育模式的影响,许多学生在读小学时想着怎么考上重点中学,读中学时就想着怎样考上重点大学。学生们"两耳不闻窗外事,一心只读圣贤书",当然也就谈不上决策能力的培养了。

同时,在小学、中学时期,学生严重缺乏主动性,在学习、课余活动乃至生活方面都严格按照老师指定的"路线"走。进入大学之前,根本没有获得足够多的机会来培养自己的决策能力。

3. 创新意识缺乏

在信息高度发达的时代做出很好的决策,不仅需要丰富的经验和知识,也需要具备良好的创新意识。当代大学生由于从小受传统教育的影响,在创新能力的培养方面得到的锻炼不够,在创新意识方面存在着明显不足。虽然有的学校比较注重学生创新意识的培养,但面对学业、考试、就业等压力,很多学生难以顾及创新意识的锻炼。即便是大学期间,学生作决策也更多是停留在理论层面上,而没有获得足够的实践锻炼机会。这样,即使作出了一些决策也是缺乏创新意识从而落入俗套。

三、如何提高大学生的决策能力

1. 决策能力的构成

决策能力是决策者对某件事拿主意、作决断、定方向的综合能力。决策能力主要由这样几个方面构成:

(1) 准确的提炼能力

提炼能力是准确和迅速地提炼出解决问题的各种方案的能力。包括两个基本要素:第一、获取尽可能广泛的决策方案,特别是不要局限于传统的解决办法之中,要善于"借外脑"来帮助判定决策方案。第二、对各种决策方案要进行提炼,以把握各种方案的本质和核心,正确地评估每个方案的条件及效果,分析各个方案实施的可能性。

(2) 准确的预测能力

决策与预测是密不可分的,要具备卓越的决策能力,首先应具备准确的预测能力。预测是决策的基础,决策是预测的延续,正确的决策必须有准确的预测。如果没有准确的预测,将会导致决策失误。预测的目的是为决策提供准确的资料、信息和数据,在正确预测的基础上,选择满意的方案。

(3) 准确的决断能力

从众多的决策方案中选取满意方案的能力,以及危急时刻或紧要关头当机立断的决断能力。这种能力是进行科学决策的关键能力,误选、漏选会与成功失之交臂。对此,必须把握以下几个主要标准:一是所取方案实施的条件要具备,若条件不具备,则要弄清获得该条件的代价是什么。二是所取方案要与决策目标相符,若不符则不可取。三是所取方案是要能被决策方案的受益人及相关利益人所接受。四是所取方案要能被决策方案的执行者所接受,好的决策方案只有执行和实施后才能达到最终的目的,因

此要注意决策方案的可接受性。五是正确评估决策方案的风险。有些人在选取决策方案时只看到乐观的一面，而没有考虑环境的可能变化，这种乐观情绪往往会造成损失。

2. 培养决策能力应注意的事项

（1）克服从众心理

从众心理是指个体对社会的认识和态度常常受到群体对社会的认识和态度的左右。从众行为者的意识深处考虑的是自己的行为能否为大众所接受，追寻的是一种安全感。从众行为者认为群体的规范、他人的行为是正确的时候，就会表现出遵从；当他认为群体的规范、他人的行为并不合适，而自己又没有勇气反抗时，就会被动地表现为依从。从众心理重的人容易接受暗示，他们依赖性强，无主见，人云亦云，容易迷信权威和名人，常说违心的话，办违心的事。决策能力强的人，能摆脱从众心理的束缚，做到思想解放、冲破世俗，不拘常规、大胆探索，因此他们能独具慧眼，发现一般人不能发现的问题，捕捉到更多的成材机遇。

（2）增强自信心

拥有自信心是具有决策能力者明显的心理特征。没有自信就没有决策能力。增强自信心首先要有迎难而上的胆量。一个人绝对不可在遇到危险时背过身去试图逃避，若是这样做，只会使危险加倍。但是如果立刻面对它毫不退缩，危险便会减半。其次要变被动思维为积极思维。"凡事预则立，不预则废"，平时善动脑筋，关键时敢作决定。再次要培养自己的责任感和义务感，跳出个人的小天地，如此你的自信才能坚实可靠。另外平时交往注意选择那些有自信心、敢作敢为的人。时间长了，看得多了，你必然会受到积极的影响。

（3）决策勿求十全十美，注意把握大局

做事务求十全十美，不想有任何挫折或失误，那只能作茧自缚。如能识大体，把握大局，权衡出利弊得失，当机立断，才能尽快达到自己理想目标。持之以恒，你的决策能力和水平就会很快提高。

3. 提高决策能力的途径

（1）提高决策的预见能力

一般来说，决策的预见能力分为五个方面。

①敏感能力，凭借对事物表象某种特有的直觉，判断事物未来的走

第十章 为什么要锻炼处事与决策能力

向,这种预见性往往一时找不到事物的理性和客观论证,难以使外人理解和接受;

②综合能力,就是透过众多繁杂的现象,挖出有价值的第一手客观材料,并按一定的线索或科学原则,对材料进行综合归纳处理,为决策提供可靠的客观依据;

③分析能力,运用一定的技巧和方法,对事物作辩证的分析,从中发现其他相关因素和潜在的系列信息,逐步理顺事物内部及事物之间的各种矛盾关系,找出影响事物发展的主要症结;

④推导能力,按照有关的逻辑关系及事物运作的内在规律,探索客观物质变化的新动向或新规律,以此提高决策的价值和可行性;

⑤自信能力,决策者对自己所作出的任何一项预测,必须有充分的自信,要能够经得起时间的考验,经得起实践的考验。

（2）提高决策的应变能力

世界上的事物复杂多变,人们的第一次决策或多或少都带有一定的主观色彩,不可能绝对准确,还必须接受实践的检验,在实践中不断调整、修正、完善,此谓决策的应变性。

实践中的决策应变能力有四：

①监测能力,即对决策小范围内的试点、事态的发展以及时势变化的关注程度;

②反馈能力,主要是看决策者对决策实施后带来的系列连锁反应以及周边信息的掌握程度;

③反思能力,也就是对决策的实践检验能力,能否对实践中出现的异常情况做到举一反三,并查找决策中的漏洞;

④对策能力,决策能否适应变化了的新环境、新情况,主要看对策的准确性和力度。

（3）提高决策的冒险能力

一个善于决策的人,不是对事情有了百分之百的把握再去决策。决策总带有一定风险,事情都清楚了才去"决策",算不上决策。要知道,条件完全具备之际,往往是最佳的机会消失之时,一味追求完善,就会坐失良机。一般来说,只要有60%以上的把握就应当敢于决策,应当有信心去行动。从一定意义上讲,风险和收益的大小是成正比的,风险越大,成功

后得到的利益也越大，收益就是对人们所承担风险的补偿。一点风险都不敢冒的决策，绝不能算高明的、卓有成效的决策。

制订风险决策必须注意六个问题：

①要克服"楚霸王式"的匹夫之勇，凡事不能蛮干，要讲方式方法，讲运筹，讲谋略；

②要克服精神冲动，切勿感情用事、失去理智；

③要克服个人功利思想，切勿冒天下之大不韪，搞个人英雄主义；

④要克服不自量力、好高骛远、贪大求洋的思想；

⑤要克服脱离现实、不讲客观条件的做法；

⑥要克服不负责任、轻举妄动的行为。

（4）提高决策的风险承受能力

决策需要承担风险，决策就是对决策者心理素质的全面考验。没有充分心理准备的决策是不成熟的决策，没有充分心理准备的决策者是不称职的决策者。

决策者必须具备的心理承受能力大致有五：

①自强能力，决策受到外来因素的挑战或抑制，不甘自弱，勇于进取；

②自越能力，不满足现状，敢向自己挑战，敢于自我否定，向更高层次、更高目标奋进；

③自若能力，就是要处变不惊，镇定、自然，不为外界的影响而动摇；

④自调能力，当决策环境及内容发生变化，或者决策方案与现实出现反差，决策者主动、冷静地反思自我，洞察决策中潜在的隐忧，及时进行自我调整；

⑤自诊能力，当决策者情绪低落或决策行为极度受挫，决策者能理智地进行自我诊断、控制。

（5）提高决策的创造能力。思维反映到决策活动中就是思路，"脑中有思路，脚下有出路"，这就是思路给决策者带来的奇妙效应。眼下，不少企业严重亏损，市场经营举步维艰，可以说，思路不开阔，缺乏创造能力乃是问题的症结与核心。倘若决策者的"思想再解放一点，胆子再大一点"，换个脑筋看问题，变个方法解决问题，则效果就会大相径庭。红豆制衣俏销东瀛，源于千古绝唱红豆诗，发了"情财"；杭州金龙商厦推出"十点利"销售法，精于利人利己，薄利不薄。这些决策者都显示出了非凡的思维创造力，达到了匠心独运，出奇制胜的效果。

要提高决策创造能力，首先必须加强思想修养。

①要养成思考设疑的习惯，对遇到的每个问题多问几个"为什么"，考虑这样处理还会出现什么问题，然后从实际出发逐一加以解决，长此以往会渐渐激发出创造力。

②要有明确的决策目标，将自己的主要精力集中在决策目标上，创造性也就寓在其中了。

③要善于利用综合知识，利用类比思维，把相关学科及各知识、技术领域中的规律性内容和具有启发性的同类客观行为借鉴到决策中来，综合处理，演绎推理，使决策在创新的基础上不断完善。

④要敢做那些表面看来不可能做到的事，敢于冒险，敢于探索，善于"无中生有"，爆发惊人的创造力，使思维优势在决策的空白地带充分体现出来。

（6）提高决策的竞争能力。如今是信息时代，谁能掌握更多的信息，谁能更好、更快地利用信息，谁就能赢得市场竞争的主动权。然而，要使好信息真正变为财富，还需要科学的决策来作保证。

如何从信息上提高决策的竞争能力呢？

①要充分认识信息在科学决策中的重要地位和作用，能够独具慧眼，从一般性信息中发现别人不易发现的使用价值，把共享的信息转化为独家享用的特有信息。

②要扩大信息渠道，提高信息的时效性、准确性和可靠性。

③收集信息要广、快、精、准。

④要提高对信息独立思考、接收处理的能力。

第三节　注重培养稳定的情绪

一、情绪对人际关系与决策的影响

情绪是一种心理状态。人们在认识和接触外界事物时，总会产生不同

的态度，并伴随着各种相应的体验，这种对客观事物的反应叫做情绪。人的情绪是对客观环境和事物经过内心体验所采取的态度，同时伴有外部表情，如面部表情、外部行为和个人的立场与观点等。

1. 情绪变化对人际关系的影响

情绪是人类社会生活和人际交往中不可缺少的一个重要环节。人类社会交往的存在和维持，从心理学的角度而言，首先是语言交际的存在。同时，情绪的作用一点也不亚于语言。二者相辅相成，缺一不可。

情绪通过表情渠道达成人们相互理解，它以十分微妙的表情动作传递着交际的信息，产生共鸣，培植友谊，成为人们建立相互依恋的纽带。人与社会之间和人与人之间的关系都可以通过情绪反映出来，诸如爱和恨、快乐和悲伤、期望和失望、羡慕和嫉妒等，情绪和语言一起调节着人际行为。心理学研究发现，在人际交往的过程中，人们往往喜欢那些喜欢自己的人，前者的喜欢似乎是后者喜欢的一种回报，这种相互吸引的现象称为回报性吸引。这种现象在现实生活中表现为，当一个人对对方表现出热情、真挚、友好情感时，这种情感通过表情等情绪来表达，对方也会给予同样的回报，从而有助于人际关系的良好发展；而当一个人对他人表现出冷漠、无情时，则他人也往往会产生疏远、反感，甚至憎恶的情感，从而导致人际关系的不良发展。处于青春期的大学生的情绪表现，直接影响其人际关系，对其建立和谐的人际关系有着重要的作用和意义。

2. 情绪变化对决策的影响

核心情感。我们经常听到这样一句话：跟着感觉走。这句话是对情境一致性最简单与生动的诠释。这里的"感觉"是一种感受，类似于目前研究中出现的"核心情感"。

核心情感是一种神经生理状态，而不是具体的情绪，像温度一样始终存在于有机体。这种感受不是纯认知的，而是带有很重的情感根源。对这些感受进行概念化和分类，上升到言语层面时，感受就已经介入了认知领域。从这样的角度分析，情绪可能是先于认知而存在；后期情绪与认知是交互作用，共同为个体服务。

从情绪的本质来讲，核心情感是一种始终存在的神经生理状态，而且还可以作为一种通用度量来比较不同性质的事件。核心情感对决策产生的影响是如何发生，以及通过怎样的机制，还需要进一步的研究。

从决策方面来讲，个体在决策行为制订之前的情感反应预期，会反作用于决策的制订。但多数情况下，很多决策并非泾渭分明，当顾忌一些道德伦理和社会规则、自然规律等因素时，个体经常会作出不合逻辑的决策行为，例如母亲会为了孩子放弃自己的生命，等等。总而言之，不论从哪种角度考虑，忽略情绪对决策的影响，甚至认为情绪是一个破坏决策的因素，这种认识都是片面的。

情绪对决策产生影响，一种是自动化的直觉反应，另一种是经过认知分析和评价，然后影响决策。

有些情况下，情绪可以不经过认知思考，直接影响决策行为。人们根据自己的情绪作出快速判断，而不用整合判断任务的外部信息以及自己的内部记忆和联想。大部分情况下，情绪对决策发生作用，是需要借助于认知评估进行的，也就是决策过程中另一种信息加工——分析系统。此系统过多地依赖理性，主要基于规则进行，加工过程和结果都可以被意识到。

3. 理性决策与感性决策

（1）完全理性决策

完全理性决策需要有明确的解决问题的目标，实现目标的策略和方案，预测每种方案的结果及其概率，选择成本最低的解决问题的方案。然而，只有在简单的事务中，才能作出完全理性的决策，因为简单事物受自然环境、社会因素、决策者素质的影响才最小。毕竟，属于完全理性决策的方案非常少，仍然是一种理想模式。

如果人们的行为是完全理性的，那么人们在决策时，可以很清楚地区分某两个决策孰好孰坏，或者二者一样好。没有任何一个复杂的不确定性决策能够完全满足这些条件。由于择优的标准不一，信息不对称，事物的不断变化，一旦时过境迁，原先"最优"的决策也不可能再有效。

（2）有限理性决策

人们作出决策的时候，决策者并不是面对一个既定问题，并不能确切地知道每一方案或行为的具体真实后果，只能做出估计。这就是人们对未来形势的一种期望，它实际上是人们在心理上的一种假设，称为预期。

决策者的知识、信息、经验和能力都是有限的，他不可能也不企望达到绝对的最优解，而只以找到满意解为满足。人的行为的复杂性反映了其所处环境的复杂性，在这样的环境中，人不可能做出最优的决策。

由于现实生活中很少具备完全理性的假定前提，人们常需要在一定程度的主观判断基础上进行决策。也就是说，决策都是在有限度的理性条件下进行的。完全的理性导致决策人寻求最佳决策，而有限度的理性可以使其寻求符合要求的或令人满意的决策。

4. 大学生的理性决策与感性决策选择

感性和理性一直是一对矛盾体，对于年轻的大学生更是如此。该感性的时候用了理性那就是循规蹈矩；该理性的时候如果用了感性那就是感情用事。

感性和理性中，感性属于智力活动的高级层面，比如爱情、兴趣、情怀、眼光、脾气性格等都是理性解释不了的；理性属于智力活动的初级层面，比如专业技能技巧方法等书本上找得到的，都属于理性。

所以，一些重要的决定，如从事的专业、工作职业、爱情、自己的发展规划要由感性来决定。遇见这些事时，多想想自己是不是感兴趣，是不是真正爱那个人，是不是真正喜欢从事的工作。这种大事是不能完全用理性的决策模型来解决的，要尊重自己主观的感受和期望，了解自己的目标与能力去做选择。

利用感性把重大决策做出来后，执行的过程中就不能继续依靠感性，要用理性的态度去对待，要一步一步脚踏实地运用自己的智商、技能、方法等理性手段把事情按照计划步步落实到位。

综上所述，作重大战略决策时，要用感性，但要基于理性常识，不能过度分析，斤斤计较得失；作战术性决策或是执行决策时要运用理性，但是要基于感性的毅力，百折不挠，永不放弃。

二、大学生情绪特点与极端情绪

1. 大学生情绪表现的特点

（1）情绪的强烈性与温和性

大学生的情绪表现有时是强烈的。如对一件很不公平的事，他们往往表现出愤慨、激动，反应强度很大。有时，他们又表现出细腻的特点。如许多大学生在阅读了一部文艺作品之后，会长时间地沉浸在某种情绪之中。这种情绪不单纯来源于书中的内容，还有相当一部分是通过他们的思考和遐想而派生出来的较为复杂的情绪和情感。

（2）情绪的可变性和固执性

大学生的情绪有时不够稳定，常从一种情绪转为另一种情绪，这是由于情绪体验不够深刻造成的。但有时他们的情绪又体现出固执性，如一些学生因为几次失败便完全被一种无助和抑郁的情绪所淹没，很长时间不能摆脱。

（3）情绪的内向性和表现性

大学生在情绪上已逐渐失去了那种毫无掩饰的单纯和率真，内向性和表现性并存。如会在某种场合将喜、怒、哀、乐等各种情绪隐藏于心；然而有时候，为了从众或其他一些想法，会将某种原本的情绪加上一层表演的色彩，失去了童年时的那种自然性。

2. 大学生极端情绪的表现

小林以当地第一名的成绩考入北京某重点高校，第一学期期末，本来踌躇满志准备获取奖学金的她未能如愿。她的情绪从此一落千丈，变得郁郁寡欢，无心学习，也无法处理好与同学的人际关系，还整夜失眠，最后不得不去医院精神科检查，结果诊断她是患了抑郁症。

大学生常见的情绪困扰又称为情绪的适应不良。按其起因，又具体表现为情绪反应过度、情绪反应不足、负性情绪泛化或持续，以及情绪不能接受或情绪难以控制等几个方面。

（1）情绪反应过度造成的情绪困扰

大学生的社会情感丰富而强烈，具有一定的不稳定性与内隐性。表现为情绪波动大，喜怒无常，会因一点小小的胜利而沾沾自喜，也易为一次考试失败、情感受挫而一蹶不振，甚至无法控制自己的情绪。当前，大学生负性情绪的控制力相对较弱，个体负性情绪表现为情绪高低不定，难以驾驭自己的情感，不能保持一种常态的情绪。

首先是愤怒。愤怒是人的基本情绪反应，从程度上可分为不满、气恼、愤怒、暴怒、狂怒等。面对自己的愤怒情绪无法自控，实际是过去经历中被伤害所遗留下来的仇恨和愤怒情绪的一种转移，也称为迁怒。如何解决呢？对于曾有过被伤害经历而常有愤怒情绪的人，应主动找心理老师进行心态调整，早日摆脱愤怒的阴影；对于表达过激和方式不当者，应学会采用心理调节的方法，缓解自己的冲动情绪。

其次是焦虑过度。考试前的焦虑几乎是每个学生都曾经历过。焦虑情

绪本身并非一种情绪困扰，这里所说的，是指自身的焦虑程度已经构成了对学习和生活的干扰。适度焦虑有益于个人潜能的开发，如果一个人没有焦虑或是焦虑不足，就会导致注意力涣散，工作学习效率下降。所以，无论是听课还是课下自习，都可以保持一定的焦虑。但是过度的焦虑，往往又会导致过度紧张而产生注意力分散和工作学习效率降低。学生的焦虑具有一定的代表性，主要表现在自我焦虑与考试焦虑。

焦虑情绪的发生原因是多方面的，可分为情境性焦虑、情感性焦虑和神经性焦虑。情境性焦虑又称为反应性焦虑，指包括由于面临考试、学习压力、当众演说等外界的心理压力所造成的焦虑情绪；情感性焦虑是指对预期发生的事的担心，对自己的过错感到自责等引起的焦虑反应；神经性焦虑则是指由于情绪紊乱、恐慌、失眠、心悸等心理和生理原因引发的焦虑。克服焦虑的方法也是很多的，主要有放松训练方法、改变认知方法、角色训练方法等。

再次是过度应激状态。应激状态是指当事者在某种环境刺激的作用下产生的一种适应环境的反应状态。在应激状态下，往往会伴随着多种负面情绪。例如，在应激产生的同时附加着恐惧、震惊、厌恶等；应激状态中还可能同时附加着痛苦、敌意、惧怕、失望等情绪感受。所以，应激状态实际也是一种消极的情绪。

（2）情绪反应不足造成的情绪困扰

在心理学课上，老师让每位学生写出近一周来自己每天的情绪状况，然后进行课堂小组的交流与讨论。讨论结束时，一名学生谈了自己上完课的感受："我这一周情绪都特别不好，很郁闷；只有今天，我感到很轻松。因为我听到了小组中很多同学都和我同样郁闷，所以我感到轻松了……"他的话还没讲完，就引起了全班学生的哄笑。

大学生的情绪反应不足主要表现为忧郁、冷漠等情绪反应。

首先是忧郁。忧郁是一种愁闷的心境，表现为没有激情，忧心忡忡，长吁短叹，话语减少，食欲不振等生理和心理反应。它以个体心中持久的情绪低落为主，常伴有身体不适、睡眠不足等，心情压抑、沮丧，什么活动都懒于参加，什么事也提不起精神来，逃避参与。家庭经济状况差，家庭亲和感差，考试的连续失败，失去亲人，失恋，同学感情失和等都是抑郁的直接诱因。忧郁在大学生群体中表现较为普遍。

特别需要指出的是，忧郁情绪与抑郁症既有联系又有本质的区别。前者属于一种不良情绪困扰，需要的是心理上的调整；而后者则属于精神疾病，需要及时到医院就诊。

其次是冷漠。冷漠同样是情绪反应强度不足，表现为对人对事漠不关心的消极状态。处于冷漠情绪的大学生，在行为上常表现为对生活没有热情和兴趣；对学习漠然置之，无精打采；对周围的同学冷漠无情，甚至对他人的冷暖无动于衷；对集体活动漠不关心，麻木不仁。此情绪状态的学生是无欲望、无关心、无气力的"三无"学生。

冷漠是一种对环境和现实的自我逃避的退缩性心理反应，它虽然带有一定心理防御的性质，但是它会导致当事者萎靡不振、退缩躲避和自我封闭，并严重影响一个人的身心健康。克服冷漠情绪，首先要从建立责任意识入手，逐步建立起自己的生活目标，同时应开展人际的交往，积极投入到生活和学习中来。

3. 大学生情绪问题的原因分析

（1）交际困难造成心理压力

"踏着铃声进出课堂，宿舍里面不声不响，互联网上诉说衷肠"，这反映了相当一部分大学生的交际现状。

因为当同学们进入大学后，交往的范围比以前有所扩大。有60%的人认为自己不知如何与人交往、不懂交往的技巧与原则。即使他们很想与别人交流，但却不善于表露自己的感情，最终导致达不到沟通的目的。有的大学生性格内向，他们非常的胆小害羞；有的大学生害怕到公共场所，也害怕见陌生人；有的大学生有自闭倾向，不愿与老师和同学交往。这些情况都使得大学生们感到孤独无助，没有朋友，也没有倾诉对象；同时，也为自己的害羞而惭愧、郁闷。由此可见，许多大学生都存在交际困难的问题，这是造成他们情绪问题的重要因素。

具体表现如下：

①人际关系不适。进入大学，远离原来熟悉的生活与学习环境，面对新的群体，学生多少有些不适。部分学生对大学的师生关系、同学关系、异性之间的关系显得很不适应。一位新生感叹说："在大学，没有一个可以谈得来的朋友，心里真的感到好孤独。"一方面，有的学生从未离开过家庭，在父母的呵护下成长，对于如何关心别人、如何得到朋友的关心想

的较少；另一方面，学生又希望获得别人的认可，"心里话儿对谁说"成为学生普遍的困惑。

②社交不良。大学生活在一定程度上给学生创造了一个小社会的环境，使他们可以充分地展示自我，但部分学生缺乏在公众场合表达自己思想的能力与勇气。面对各种各样的活动，他们充满了兴趣，却又担心失败，久而久之，就只能感叹"外面的世界很精彩，外面的世界很无奈"。特别是到周末，学生普遍感到无处可去，甚至出现了"周末恐惧症"。盼周末，又怕过周末，那种孤寂的感觉真难受。

③个体心灵闭锁。学生从校门到校门，缺乏人际交往经验。而自身在人际交往中的不自信又不利于增加自身的人际魅力，妨碍了良好的人际交往圈的形成。有的新生认为"没有朋友"，有的感到"孤独、寂寞"，对与人主动交往，很多学生更希望自己成为交流的对象而不是交流的直接发起者。与此同时，由于个体间的正常交往不够，又易引发猜疑、妒忌等。

（2）对网络的依赖性很强

一方面，一些大学生由于交际困难、不善言辞、性格过于内向等原因而在网络的虚拟世界里寻求心理满足感。另一方面，他们也被网络本身的精彩深深吸引。所以，有些大学生对网络的依赖性越来越强，有的甚至染上网瘾，每天花大量时间泡在网上，沉溺于虚拟世界。自我封闭，与现实生活产生隔阂，不愿与人面对面交往。

大学生最喜欢上网聊天和短信聊天这两种方式。他们认为这样可以不必面对真人，可以畅所欲言，没有压迫感。这种对网络的沉迷，久而久之，会影响大学生正常的认识、交往、情感和心理。而且迷恋网络还会使人产生精神依赖性，在日常生活和学习中举止失常、神情恍惚、胡言乱语、行为怪异。

（3）难以排解情感危机

大学生对情感方面的问题能否正确认识与处理，已直接影响到大学生的心理健康状况。在大学中，正确处理爱情与学业的关系是学生的一门必修课。面对爱情，大学生想得更多的是"不在乎天长地久，只在乎曾经拥有"，甚至"预约失恋"，爱情与婚姻分离是一种较为普遍的现象。许多人没有正确的恋爱观，不能正确对待恋爱问题。因此，恋爱失败往往导致大学生心理失衡，有的甚至走向极端，造成悲剧。

三、如何培养稳定的情绪

目前社会结构的变化、利益分配的调整、信息膨胀的急剧、社会节奏的加快、各种思潮的冲击，使人们的思想、观念、心理、行为发生了一系列的变化。大学生作为活跃敏感的群体，要迎接这些变化的冲击，同时还要面对各种困难、问题和压力。其心理的不成熟又使他们感到迷茫和痛苦，迫切希望得到来自家庭、社会、朋友等方面的支持与帮助。

积极良好的情绪反应，是学生成才很重要的因素，也是学生心理健康中值得重视的问题。一位哲学家说过："不善于驾驭自己情绪的人总会有所失"。良好的情绪可以成为事业和生活的动力，而恶劣的情绪危机则会对身心健康产生破坏作用。因而把自己的情绪升华到有利于个人、社会的高度，乃是明智的良策。在情绪易于剧烈波动的时刻，应该保持冷静、清醒的头脑，告诫自己严防偏激情绪的爆发。人的情绪和其他一切心理过程一样，是受大脑皮层调节和控制的，这就决定了人能够有意识地控制和调节自己的情绪，故可以用理智驾驭情绪，做情绪的主人。

愉快的、稳定的情绪是身心健康的重要心理条件。抑郁、不稳定的情绪在一定条件下可导致身心疾病。因此，培养良好情绪对增强身心健康、防治疾病是很重要的。

1. 学会保持好的情绪

当你发现自己开始变得情绪不稳定，感到有压力、恐惧、忧愁或者沮丧时，一定要想办法用良好的心情来取代，如：保持冷静、鼓足勇气、下定决心、礼貌谦让、积极向上。

（1）要热爱生活、热爱工作

一个人对生活的意义有着正确认识，就会热爱生活，情绪稳定，充满乐观主义精神。富有事业心、热爱工作的人，在完成一件有意义的工作后，就会体验到满足感与成功感，这种情感有益于身心健康。热爱工作的人，具有强烈的上进心，能避免把精力消耗在生活琐事上，因此精神生活充实；热爱工作的人在遇到困难或挫折时，也会正确地对待困难，积极地克服困难。

（2）要正确处理人与人之间的关系

人与人之间的关系最易引起人的情绪变化。人与人之间关系友好，引

起满意的愉快的情绪反应，使人心情舒畅，有利于身心健康；人与人之间关系紧张，引起不满意、不愉快的情绪反应，使人心情抑郁不快，不利于身心健康。

（3）要善于把心中的积郁倾吐出来

使情绪获得适当表现的机会。如果心理上的冲突引起情绪变化，长期压抑在心中，就可能影响神经系统的功能而引起疾病。人在情绪苦闷的时候，找细心朋友谈心，倾吐心中抑郁，心情就会平静些。

（4）要善于控制自己的情绪

人的情绪是受人的意识和意志控制的。因此，人都要主动地控制自己的情绪，善于驾驭自己的情绪。任意放纵消极情绪滋长，经常发怒，将导致情绪失调，引起疾病。

（5）要培养幽默感

幽默感是调剂人的情绪紧张、适应环境的有力工具。幽默感能减少愤怒和不安情绪，使情绪变得轻松。

（6）要积极锻炼体魄

人的情绪与人的身体健康有密切关系。一个人身体健康，往往表现为精力充沛、心情开朗。一个人长期疾病缠身，容易引起忧郁的心情。中国医学界提出的"因病而致郁"就是对久病或重病而易产生情绪抑郁的生动概括。因此，积极锻炼身体，合理安排生活，适当睡眠是情绪饱满与安定的基础。

2. 掌握几种心理自救方法

（1）回避法

当人陷入心理困境时，最先也是最容易采取的便是回避法。在心理产生困境时，在大脑中往往形成一个较强的兴奋中心，回避了相关的外部刺激，可以使这个兴奋点让位给其他刺激引起新的兴奋中心。兴奋中心转移了，也就摆脱了心理困境。"眼不见心不烦"，说的正是这一道理。比如，家里的琐事使你"勃然大怒"或"闷闷不乐"，就到单位上班；身患绝症者不妨去医院看望垂危病人；面对一份无望恋情的深深困扰，以一种大智大勇来逃避。这都是有效的心理自救，也可算客观回避法。此外，还可采取主观回避法，即通过主观努力来强化人本能的潜在机制，努力忘掉或压抑自己不愉快的经历，在主观上实现兴奋中心的转移。注意力转移是最简便易行的一种主观回避法。

(2) 转视法

并不是任何客观现实都可以逃避的。有时候，同一现实或情境，从一个角度来看，可能引起消极的情绪体验，陷入心理困境；从另一角度来看，却可以发现积极意义，从而使消极情绪转化为积极情绪。

一位老太太有两个儿子：大儿子卖伞，二儿子晒盐。为两个儿子，老太太差不多天天愁。愁什么？每逢晴天，老太太念叨："这大晴天，伞可不好卖哟！"于是为大儿子愁。每逢阴天，老太太嘀咕："这阴天下雨的，盐可咋晒？"于是为二儿子愁。老太太愁来愁去，日渐憔悴，终于成疾。

幸一智者献策："晴天好晒盐，您该为二儿子高兴；阴天好卖伞，您该为大儿子高兴。这么转个看法，就没愁发喽！"这么一来，老太太果然变愁苦为欢乐，心宽体健起来。

看来，我们在审视、思考、评价某一客观现实情境时，学会转换视角，换个角度看问题，常会使痛苦不堪的心理困境化为乌有。

(3) 安慰法

伊索寓言说，一只狐狸吃不到葡萄，就说葡萄是酸的；只能得到柠檬，就说柠檬是甜的，于是便不感到苦恼。心理学便借来用，把以某种"合理化"的理由来解释事实，变恶性刺激为良性刺激，以求心理自我安慰的现象称为"酸葡萄与甜柠檬"心理。不错，所谓的理由不过是"自圆其说"，但确有维护心理平衡，实现心理自救之效。

(4) 幽默法

幽默法对解脱心理困境是极有助益的自救策略之一。笑是精神消毒剂，幽默是走出心理困境的良药妙方。当事业和生活受到挫折时，当交际出现僵局时，幽默的行为、幽默的语言，常常能使困境和窘迫转为轻松和自然，从而使精神得到放松，有利于和缓气氛、释放情绪、减轻焦虑、摆脱困境。

(5) 低调法

人出于本能会不断提高自己的人生期望值。这自然有其积极意义，它是个人进取、社会进步的一种心理驱动力。但"物极必反"，一味不切实际地以过高的期望值来对待人生，正是有些人终生不能享受生活的快乐和幸福的心理根源。期望值越高，心理上的情绪冲突越大，这是社会心理学的一个结论。"没有花香，没有树高，我是一棵无人知道的小草。"拥有了

小草的境界，便可摆脱心理困境。

（6）宣泄法

善于心理自救者总是选择合理的方式来宣泄心中的苦痛。一是理智地合理宣泄。如对自己的至亲好友诉说心中的委屈和痛苦，或者自己跟自己倾吐，诉诸文字。二是情感性的合理宣泄。在适当场合，大哭一场，大叫一番，任怒火喷发，这也是智者和强者所为，因为这是陷入极度心理困境的即时性的最佳自救策略。

（7）补偿法

"人无完人"，一个人在生活或心理上难免有某些缺陷，因而影响某一目标的实现。人会采取种种方法补偿这一缺陷，以减轻、消除心理上的困扰。这在心理学上称为补偿作用。面对自身的某些弱点或缺憾，无须徒叹奈何，要学会品味苦涩，积极另寻一条出路，以真正走出心理困境。"失之东隅，收之桑榆"，是对这条自救之路的最好诠释。

（8）升华法

困境和挫折，绝非人们所祈求的，因为它给人带来心理上的压抑和焦虑。善于心理自救者，能把这种情绪升华为一种力量，引向对己、对人、对社会都有利的方向，在获得成功的满足时，也清除了心理压抑和焦虑，达到积极的心理平衡。在人遇到挫折时，一味憋气愁闷，或颓唐绝望，都无济于事，做出反社会的报复行为更是下策。这都是拿别人的错误在惩罚自己。正确态度是：化挫折失败为动力，从心理困境中奋起，做生活的强者。

大学生作为将来社会的建设人才，不仅需要提高自己的知识文化水平，更要提高自己的情商，即控制、管理自己情绪的能力。只有这样，才能在今后的人生中立于不败之地，谋求最大的自我发展，同时为社会做出最大的贡献。

【案例 10.2】从"买土豆"看职场优秀人才素质

两个同龄的年轻人同时受雇于一家店铺，并且拿同样的薪水。可是一段时间后，叫阿诺德的小伙子青云直上，而那个叫布鲁诺的小伙子却仍在原地踏步。布鲁诺很不满意老板的不公正待遇。终于有一天，他到老板那儿发牢骚了。老板一边耐心地听着他的抱怨，一边在心里盘算着怎样向他解释清楚他和阿诺德之间的差别。

第十章　为什么要锻炼处事与决策能力

"布鲁诺先生，"老板开口说话了，"您现在到集市上去一下，看看今天早上有什么卖的。"布鲁诺从集市上回来向老板汇报说，今早集市上只有一个农民拉了一车土豆在卖。

"有多少？"老板问。

布鲁诺赶快戴上帽子又跑到集上，然后回来告诉老板一共40袋土豆。

"价格是多少？"布鲁诺第三次跑到集上问来了价格。

"好吧，"老板对他说，"现在请您坐到这把椅子上一句话也不要说，看看别人是怎么做的。"

老板把阿诺德叫来。老板说："您现在到集市上去一下，看看今天早上有什么卖的。"

阿诺德很快就从集市上回来了，向老板汇报说，到现在为止只有一个农民在卖土豆，一共40口袋，价格是××；土豆质量很不错，他带回来一个让老板看看。这个农民一个钟头以后还会弄来几箱西红柿，据他看价格非常公道。昨天他们铺子的西红柿卖得很快，库存已经不多了。他想这么便宜的西红柿老板肯定会进一些的，所以他不仅带回了一个西红柿做样品，而且把那个农民也带来了，他现在正在外面等回话呢。

老板转向了布鲁诺，说："现在您肯定知道为什么阿诺德的薪水比您高了吧？"

故事到这里已经完了，布鲁诺也许找到了他比阿诺德薪水低的原因。其实他找没找到并不重要，重要的是这个具有深刻生活哲理的小故事带给我们的思考。

阿德诺在完成老板交给的任务时，不仅关注了土豆的货源、数量、品质、价格等方面的要素，而且还拿了一个土豆给老板看看。更智慧的是，他还了解到"这个农民一个钟头以后还会弄来几箱西红柿"，并判断"据他看价格非常公道。昨天他们铺子的西红柿卖得很快，库存已经不多了。他想这么便宜的西红柿老板肯定会进一些的"，所以作出决策"不仅带回了一个西红柿做样品，而且把那个农民也带来了"。

从他完成老板交给的任务，我们感受到他思维的严谨，思路的清晰，行动的完整，考虑得非常周到，有很强的灵活处理问题的能力。而且一些细节还体现了阿德诺不是以"自我决断"（以自我为中心），而是考虑了老板的感受和需要，还具有前瞻性（买西红柿）。总体看他的表现是"系统

整体并审时度势"解决问题的策略的体现，是一种"主动工作精神并有团队意识"的工作态度。这样的精神和智慧是优秀人才所必备的重要素质。

【参考文献】

[1] 吴云. 论大学生能力素质的培养［J］. 学术交流，1996（5）：131－133.

[2] 在校大学生如何锻炼自己的处世能力［EB/OL］. http：//tieba. baidu. com/p/132336421，2006－09－10/2006－11－15.

[3] 叶赋桂. 现代新儒家的思想特质［J］. 清华大学学报（哲学社会科学版），1997（1）：15－21.

[4] 胡安良. 简论庄子"外化而内不化"的处事原则［J］. 青海民族学院学报（社会科学版），2009（4）：141－145.

[5] 陈逸鲁. 亚伯兰为人处事的属灵原则［J］. 天风，2007（15）：6－7.

[6] 周阿根. 幽默处事有益健康［J］. 医学文选，1994（4）：68.

[7] 为人处事的能力如何培养［EB/OL］. http：//honeyoue. blog. 163. com/blog/static/46007603200822215351968，2008－03－22/2008－01－02.

[8] "买土豆"的故事与职场人才［EB/OL］. http：//www. cphoto. net/article－92252－1. html，2011－10－14/2011－11－14.

[9] 刘魁. 创新意识与大学生决策能力培养［J］. 湖北经济学院学报（人文社会科学版），2006（7）：142－143.

[10] 邓正红. 提高企业领导决策能力的途径［J］. 企业活力，1995（9）：23－26.

[11] 邢学成. 完全理性决策与有限理性决策的探讨［N］. 科技日报，2010－12－24（005）.

[12] 超临界流体，感性决策理性执行［EB/OL］. http：//blog. sina. com. cn/s/blog_4d1a372f010009vx. html，2007－06－16/2008－01－04.

[13] 国秀琴，张继红. 大学生情绪表现与人际关系状况的探讨［J］. 教育与职业，2008（3）：124－125.

[14] 黄玲玲，张晶晶. 情绪与认知因素对大学生决策的影响［J］. 牡丹江大学学报，2010（7）：108－110.

[15] 郭韶敏. 当代大学生情绪障碍分析及自救建议［J］. 教育与职业，2007（26）：100－102.

[16] 耿健. 大学生心理健康案例分析［N］. 京华时报，2005－07－11（3）.

[17] 教科室. 怎样培养良好的情绪［EB/OL］. http：//wenku. baidu. com/view/2c92fc6a25c52cc58bd6bef6. html，2010－01－23/2010－02－24.

第十一章　为什么要提高讲话与写作能力

【案例 11.1】怎样和不喜欢的人相处

"人无完人",凡人总会有些地方会惹着别人。即便你圆滑无比,毫无球刺,也总有人看你不顺眼,这就是人性的微妙之处。现今人与人之间关系已被看成是一种艺术,里面有着太多的学问,俗话说"不经事则不长智",每个人都在努力寻求一种捷径,能使人与人之间的沟通更简单。这条路在哪里?我们就从"过来人"的身上去觅觅看吧。

如果两个人性格都像烈火,那一遇到摩擦或争执的时候就很容易发生爆炸,最后的结果只能是两败俱伤,这样对谁都没有好处。可如果有一方肯退一步,愿意去扮演水系的角色,那么结果势必会比较乐观一点,我相信"火"终究会被"水"收服。

也许你每天都会接触一个陌生的人。记住,不管别人对他的评价如何,你千万不要带任何的偏见去待他,你可以假设他是友善的,这样他才可能成为你的朋友。

在和别人发生口角的时候,应该主动和别人"say sorry"、打招呼,学会发掘他人身上的闪光点并学会包容他的缺点,这样心态就能放平衡,处事会更积极。

面对讨厌的人、你无法理解的人、关系僵持的人,你可以尝试以下几点:

①站在对方的角度考虑问题,多看看别人的优点而不是死咬缺点不放,学会宽容。

②尊重对方,关心对方,多赞扬对方,不要不舍得开金口。

③和攻击性较强的人相处,对方的话不必放在心上,除了侮辱人格时应义正严词外。

④在关系僵持或恶化的时候，一定要主动表示友好，不要碍于面子、难为情。

⑤不要来硬的，要投其所好，如果对方喜欢搓一顿，那么就私下请他搓上一顿，改善关系。

⑥人际沟通的能力很重要，人际适应的能力更为重要。

第一节　沟通和写作能力的重要性

一、大学生讲话与写作能力现状

1. 大学生的沟通能力现状

美国某大学曾对10年前的毕业生做过跟踪调查。调查结果表明：在校时学习成绩拔尖而不善于人际沟通的学生，毕业后获得事业成功的只占20%，而那些在校时学习成绩一般却显示出善于沟通、人际关系好的学生，走向社会后获得事业成功的占80%。另外，美国普林斯顿大学对1万份人事档案进行分析后发现，其中"专业技术"和"经验"只占成功的25%，其余75%决定于良好的人际沟通能力。

事实的确如此。企业在选拔毕业生的时候，无一例外也都特别看重学生的沟通交际能力、表达能力。同样，从学生角度看待这一问题，也得到了印证。上海某职业顾问公司的"2004年大学生职业发展调查"显示，31.63%的学生认为"与人沟通、交往、相处的社交能力"是最能决定就业成功与否的因素，超过"专业知识技能"选项，位居第一。

事实证明，美国的卡耐基所指出的一个人事业的成功，专业技术只占15%，另外85%则靠人际关系和处世技巧，此言不虚。而良好的人际关系的建立，很大程度上都是要基于较强沟通能力的发挥。可见，沟通能力在影响大学生就业能力的因素中所占的比重不言而喻，且已成为用人单位与大学生的共识。正如许多学者所说，沟通能力是一种能证明和让对方发现你具有社会工作能力的能力。表面上看来，它只是一种能说会道的能力，可实际上它却包罗了一个人从穿衣打扮到言谈举止等一切行为的能力。因此，沟通能力会表现在一个人行为和做事的诸多方面。

现今大学生沟通交际能力普遍较为薄弱，主要表现在以下几个方面。

第十一章 为什么要提高讲话与写作能力

（1）不愿意沟通

上海教育电视台曾经对同济大学、华东理工大学和上海师大等大学的500名在校本科生做过一项调查，有45.8%的被调查者一天说话时间不超过30分钟。另外，一天说话少于10分钟的"闷葫芦式"大学生的比例达到10.7%。上课或者开会时，尽管教室或者会议室前面空位很多，但一些学生总是习惯往后面坐，往角落里面钻，喜欢与讲台或主席台拉开距离；还有一些同学，常常形单影只，独来独往，总是尽量回避与他人沟通交流，甚至宁愿沉溺于网络世界也不愿与他人开展正常的人际交流。

（2）不正当沟通

也有部分学生从实用主义出发进行不正当沟通交际。表现在与同学交往中，不考虑对方的品德性格因素，也不考虑兴趣爱好是否相投，只要其有一定的政治背景或经济背景，就趋炎附势，或者为了达到自己评优、竞选等目的，在同学中吃喝拉拢，进行庸俗"公关"。在与老师的交往中，对分管学生工作的领导和老师以及正在授课的老师热情有加，而对一般老师装作没看见。究其原因，不能全部归咎到学生身上，这跟市场经济产生的负面效应及一些不良社会风气的影响有关，需要社会和学校各方面的正确引导教育。

（3）不擅长沟通

当然也有不少大学生渴望与人沟通，也有足够的热情，渴望真诚地与他人交流，但沟通效果差强人意。比如，不分对象、场合乱说一气；不顾及对方感受，只求自己口头痛快；表达没有重点，废话一大堆，等等。这样往往会在沟通交际中制造一些误会、矛盾，带来一些麻烦。其原因也是多方面的。第一，大学生多数是独生子女，在家里被宠惯了，比较自我、自私、自大，对他人缺乏理解；第二，基础教育阶段不停地奔波于各种补习班、竞赛、考级应试中，高等教育阶段也常忙于考证、考研，从学校到家长主要关注学习成绩，教育的重心主要放在知识技能的传授上，而忽视沟通技能的传授和培养。

总之，大学生的总体沟通能力水平不高，存在着这样或那样的问题。鉴于此，飞利浦电子中国集团人力资源副总裁徐先生评价说："与国外大学生比较，中国大学生可塑性很大，素质高，负责任，但工作战战兢兢，缺乏足够的自信心，表达能力和国际视野普遍较弱，书呆子型的学生还是

比较多。"西门子中国有限公司人事部经理谢先生也曾评价说:"大学毕业生的专业知识方面是不错的,从能力角度说,喜欢变革,比较积极主动,愿望很强,但缺乏沟通能力,对环境的敏感性以及质量意识也相对欠缺。客观上说,相当一部分人不具备把一件事说清楚的能力,这是缺乏沟通能力的表现。"从这些专业人士的评价可以看出,大学生不善于沟通势必会影响他将来职业生涯的发展。如果在大学阶段还不能补上交际沟通能力培养这一课,日后亡羊补牢,为时已晚。

2. 大学生的写作能力现状

写作能力是个人语言素养的综合体现。它不仅能切合人们自身的自我表现欲望,而且能锻炼人们的思考力和创造精神,是一种以积极的思想为基础、以智能的充分开掘为核心的创造性劳动。

一个民族、一个国家写作水平的高低,直接反映着这个民族、国家的文化、科学发达状况,反映着这个民族和全社会的智力开发状况。

当今科技发达的国家都对写作尤为重视。美国要求所有的大学"将基础作文法教程列为必修课程",有的大学还提出了"学习通过写作"的口号,每门课都有具体写作要求和作业次数,数理化等课也不例外。在日本大学,作文为必试科目之一。但是在我国,当代大学生写作能力普遍不高,已经是一个很现实的问题。许多大学生甚至一些中文系大学生都不具备起码的写作能力。在大学生就业形势日益严峻的情况下,很多单位都对具有较高写作能力的大学生"大开绿灯",但这样的毕业生始终是"凤毛麟角",用人单位很难从应届大学毕业生中找到。因此,提高大学生的写作水平,是大学写作教学的首要任务,更是大学教育所急需解决的问题。

当代大学生写作能力不高是由多方面原因造成的。间接原因是改革开放以来,经济高速发展使人们对数理化等理工学科表现出一种偏爱,人文学科则只能退居其次,中文写作能力的培养始终没有得到社会的普遍重视,这在一定程度上抑制了人们对写作学习的兴趣。除此之外,大学生写作能力普遍不高的状况,还与下面三个原因有直接关系。

(1) 写作基础不牢

写作能力的提高需要一个长期的积累过程,大学生写作能力高低与写作基础有直接的关系。严格来说,大学生的写作能力是基础教育阶段写作能力的全面提升和综合深化,是对中小学生语言实践能力的一种延伸和拓展。但长期以来,应试教育始终困扰着基础教育教学,学生的写作能力仅仅表现在应试上,而这种应试能力不等于广义上个人的写作能力。这种以应试为主体的写作基础,很难提高学生的中文综合写作能力。

(2) 大学生的写作能力培养基本处于个体自然发展状态

当前大学教育对大学生写作能力的培养,分中文和非中文专业两种情况:中文专业缺乏以突出中文写作能力为重点的课程和教育资源的整合。在专业课程设置上,涉及史、论的纯理论比例过大,而对实际写作能力的培养却没有完整的培养理论和体系,写作仅是一门普通课程而已。课程内容虽然包括小说创作、诗歌创作和实用文体写作等,但大部分时间却都用在写作基本理论讲授上,写作训练处于应付和不规范状态。大部分写作教师没有写作实践经验,甚至有的大学写作教师没有进行过写作。非中文专业只讲授大学语文课程,中文写作训练几乎等于零。

(3) 大学生对提高自身写作能力普遍不够重视

写作能力有很强的特殊性,讲究个人爱好和兴趣。没有个体兴趣和学习的积极性,就很难提高写作水平。长期以来以应对考试为目的的中小学语文教育,遏制了学生的写作爱好和追求欲望。缺乏现实针对性和社会实践性的大学写作教育,造成大学生个体对写作的冷漠和忽视。他们对大学写作教育存在片面性理解,没有认识到写作是一种工具性与人文性统一的语言实践能力。

二、大学生的"写作危机"及其原因

虽然任何一所大学都活跃着一批爱好写作的学生,但其数量与我们的教育"投入"和期待是不成比例的。他们往往偏爱诗歌散文类抒发个人性情的文体,对"职场"所需的应用文并不"热情"。因此,大学生群体性的"不屑"与"不会"写作的危机是存在的。

1. 厌烦写作——应试教育"后遗症"

当前大学生中厌烦写作的比例较高。的确有相当数量的学生从不主动写作任何形式的文章,对非写不可的文章则想方设法"应付"。他们把这样对待写作的原因部分"归咎"于基础语文教学:课文几乎都被肢解成各类填空和判断题,很难体味到文章的写作之美;作文训练主要针对高考作文题型,目标就是"仿练"到在高考时得到保险的分数。如此一来,写作

兴趣无从谈起。因此，很多大学生厌倦写作实际上是一种应试教育的"后遗症"，是累积日久的一种逆反情绪在大学相对宽松的教育环境中的宣泄。

2. 轻视写作——"急功近利"的短视行为

进入高校，大学生的自我价值意识普遍增强，这既是身心成长的必然发展趋势，也是争取社会接纳之必需。然而，在其自我评价体系中，英语、计算机能力大都被"无限放大"，写作能力却被轻视到可有可无。所以，对"应用写作"类课程敷衍了事，不给写作预留"空间"的现象很平常。有些学生除了不得不写的课堂笔记和作业外，基本与写作"绝缘"，这实际上是急功近利的时风挤压出了大学生的短视行为。

近年来，英语的"地位"节节攀高：大学生的毕业证书、考硕考博、单位录用乃至职称评定，无一不看英语成绩。学生不得不把大部分精力投向外语，连专业课也无法与之抗衡。

3. 眼高手低——语文基本功薄弱

尽管大学生普遍轻视或厌烦写作，但历经十几年寒窗苦读，记叙文、议论文的写作技法一般还是有的，所以他们往往还"眼高手低"，瞧不起应用写作。但就在应用文写作中，暴露出他们汉语基本功薄弱的缺陷：缺乏文体感。一是表现为应用文的外在格式方面的"硬伤"，如所有文种一概不分段等毛病十分常见；二是表现为应用文语言表述的"软伤"，如不合事理地描写抒情，不同文种的内容表述无区别等。语句不简洁，表意不到位。缺乏语言组织的基本能力，条理不清，文意颠倒。汉字书写不规范，错别字常现。乱点或不点标点符号或以英语标点符号替代。

4. 抄袭"捷径"——网络负面效应

计算机网络以高科技为支撑给大学生打造了全新的信息平台，但是这把"双刃剑"负面效应也很多，学生依赖网络养成写作惰性就是其中之一。这主要反映在：网络上获取写作材料的便捷性，使大学生疏于或懒于通过亲自参加社会实践来搜求、积累写作材料，造成其观察、调查能力的退化；网络上多数文章复制、下载的非限定性以及通过链接、粘贴等方式即可拼接、组合成文的快捷性，让很多学生找到了抄袭"捷径"，使其变得更加心懒手懒，不仅人文社科类作业"以网代劳"，就连自然科学类的专业实习报告或毕业论文也如此。

5. 语言失范——社会语言环境不尽如人意

当前的社会语言环境对青年人提升汉语表达水平的不利因素也很多。

例如，广播、电视等媒体经常出现错别字、不合汉语语法的港台语或为经济利益驱使而被篡改得面目全非的经典成语；一些文法不通、句意晦涩不明的歌曲广泛流行；很多粗制滥造的短信四处流传；一些不负责任的网络论坛不仅格调低俗，而且极不严肃地乱用同音字、生造词、字母替代词，其所形成的语言污染直接影响了青年人对祖国语言纯洁性的自觉体认与维护。很多学生虽然经常运用网络"写作"手段，但却没有讲究语言规范意识。他们误将语言随意、汉语与外语不伦不类地嫁接掺杂等有失语言规范的现象视为时髦，乐此不疲。

三、沟通能力是竞争中的制胜法宝

沟通能力包含着表达能力、争辩能力、倾听能力和设计能力（形象设计、动作设计、环境设计）。沟通能力看起来是外在的东西，而实际上是个人素质的重要体现，它关系着一个人的知识、能力和品德。

1. 具备良好沟通能力的必要性

一般说来，沟通能力指沟通者所具备的能胜任沟通工作的优良主观条件。简言之，人际沟通的能力指一个人与他人有效地进行沟通信息的能力，包括外在技巧和内在动因。其中，恰如其分和沟通效益是人们判断沟通能力的基本尺度。恰如其分，指沟通行为符合沟通情境和彼此相互关系的标准或期望；沟通效益，则指沟通活动在功能上达到了预期的目标，或者满足了沟通者的需要。

表面上来看，沟通能力似乎就表现为能说会道，实际上它包罗了从穿衣打扮到言谈举止等一切行为的能力。一个具有良好沟通能力的人，他可以将自己所拥有的专业知识及专业能力进行充分的发挥，并能给对方留下"我最棒"、"我能行"的深刻印象。

人是社会的动物，社会是人与人相互作用的产物。马克思指出："人是一切社会关系的总和。""一个人的发展取决于和他直接或间接进行交往的其他一切人的发展。"因此，沟通能力是一个人生存与发展的必备能力，也是决定一个人成功与否的必要条件。

（1）职业工作需要沟通能力

各行各业，无论是会计、社会工作者、工程师，还是医生、护士、教师、推销员，沟通的技能都非常重要。整体护理活动的实践表明，护士

70%的时间用于与他人沟通，剩下30%的时间用于分析问题和处理相关事务。很显然，如同其他职业一样，护理不仅需要专业知识和技能，而且越来越需要与他人沟通的能力。

（2）社会活动需要沟通能力

人们在生活中每时每刻都离不开实践活动，总不免要与他人沟通。但是，沟通不是非常容易的事。要向他人表达一个意思，始终说不清楚；要为他人办一件好事，但有可能弄巧成拙；本来想与他人解除原有的隔阂，但可能弄得更僵。所以说，开展实践活动需要有一定的沟通能力。

（3）沟通也是个人身心健康的保证

与家人沟通，能使你享受天伦之乐；与恋人沟通，能使你品尝到爱情的甘甜；在孤独时，沟通会使你得到安慰；在忧愁时，沟通会使你得到快乐。英国著名文学家、哲学家培根有句名言："如果把快乐告诉朋友，你将获得两个快乐；如果你把忧愁向朋友倾吐，你将被分担一半忧愁。"

构成沟通能力有两个因素，一是思维是否清晰，能否有效地收集信息，并做出合乎逻辑的分析和判断；二是能否贴切地表达出（无论是口头还是书面）自己的思维过程和结果。而前者更重要，没有思维的基础，再好的语言技巧，也不可能得到（传达、说服、影响）效果。

有效的沟通是一门学问，也是一门艺术。说沟通是学问是因为任何沟通都有其目的，把握住沟通的目的，同时掌握沟通的要领，将相互的理解或者思想表达出来是需要练习和实践的；说沟通是一门艺术，讲的是沟通是技巧，其中包括语言的、非语言的、外部因素、交流双方对事件的把握度以及用一个什么样的态度进行沟通，等等。

2. 用人单位更看重沟通能力强的毕业生

大学生是国家宝贵的人才资源，是民族的希望、祖国的未来。要使大学生成长为中国社会主义事业的建设者和接班人，必须注重他们的全面协调发展。企业对当今大学毕业生的印象主要可概括为：在来应聘的大学生中，有不少人成绩的确优秀，可是在与人打交道时，却明显缺乏与人沟通的能力，这样的人是高分低能的人，不堪大用。

众所周知，"专业知识"是进入某个企业和某个行业的通行证，可是当大家都拥有这个通行证，都挤向一座桥、一道门的时候，谁才能成为最先通过的那个人？显然，答案只有一个，要想做第一个冲过求职终点线的人，你就得让对方发现你除了在专业知识上能拿高分之外，在社会工作中一样能如鱼得水。

沟通能力的高低常常是决定一个人在工作中能否正常发挥的重要因素。如果你是企业主管，面对着两个学历相同的求职者，你是愿意要那个适应企业变化，了解办公室生存方式，知道如何和上级、同事相处的人；还是愿意要那个一问三不知，再问更摇头的人呢？

沟通能力对于求职者，不仅是一种给企业留下好印象的基本素质，而且还是一个人的组织协调能力和应变能力的外在表现。

什么样的大学生最受企业欢迎？不少企业透露，在专业成绩相近的条件下，优先选择沟通能力较强的学生。有的企业直言不讳地说，对专业成绩要求不高，但沟通能力一定要过硬。再看看一些知名企业对职场新人的要求，"沟通能力"也一定在最重要的衡量指标之列。

四、写作能力是不可或缺的人生锦囊

1. 信息时代对写作的需要与依赖

我们的时代无疑已经进入了信息化时代，互联网实现了人类信息交流的便捷。它把世界变为一体，缩一微屏；它既显现着世界风云的巨大变化，也传输着个人情感的细微脉动；它浩瀚、奇妙、变化多端。这些信息大都是通过文字或必须经过文字的辅助才得以流传，成为让人们了解的有效信息。因此说，信息时代真正进入了"写作的时代"。这正如美国教育家韦斯特所说：信息社会，"写作，包围着你"。可以这样说，没有哪一个时代像今天这样需要写作，也没有哪一个时代像今天这样依赖写作。

写作对于任何一个普通人，不仅是记录情感、调解身心，使"高技术"和"高感情"达到平衡的需要，更是物质生产的一种手段。因为在这个社会里，物质生产、产品消费的全过程都伴随着知识的生产，而知识的载体便是文章。知识生产的过程也就是文章写作的过程。

信息时代由于劳动结构的变化，大多数从业人员从事创造和处理信息工作。这样整个社会工作便以集成电路和计算机为标志，本质上是对信息的创造、加工、复制、交流和运用。而这个流程的源泉是信息的交流、创造和加工与程序系统的编制，这本身就是一种写作。因此说，进入信息时

代,写作就是一种工作。在这样的时代,提高学生的写作能力,已成为一种迫切的要求。写作在现代社会以及人的个体发展中越来越显示出其无可替代的作用。很难想象,一个只有专业技能而缺乏写作能力的人,能在现代社会中自如地施展自己的才能,能称得上是心灵丰富、精神健康的真正意义上的人。

2. 写作是个人发展之路上的金手杖

在我们日常生活、工作、学习中,可以说时时、处处、事事需要写作。就大学生而言,不论学习哪一学科,都有储存信息、交流信息、传递信息的需要。比如给亲友写信,年节发送的手机短信,网络聊天,写申请书和思想汇报、学习计划和学习总结、日记、散文诗歌及小说、演讲稿、辩论稿。同时,在专业学习中写的各种书面作业,参加考试完成的试卷,洋洋万言的毕业论文,为就业写的个人简历、求职信及应聘书,为进国家机关做公务员而参加的申论写作考试,和用人单位签定的协议、契约及合同等很多方面都离不开写作。

当走上工作岗位之后,写作的重要性更加显而易见:工作报告、调查报告、总结报告、述职报告、请示、通知、意见、函、讲话稿、各种致辞、应聘演讲,等等。除了这些事务性的常规写作外,必然还会涉及所从事的职业需要的专用写作。比如,政法方面写各种司法文书;国家机关需要写的政府13类公文;教育行业的多种教育行政文书。此外,评职称还会涉及专业研究的论文和学术专著,等等。

综上所述,在今天,写作已经成为普遍性的普及性的大众活动,写作已经成为现代人存在的一种标志,写作的神秘感已经被打破。可以说,写作能力的高低会直接影响到你人生事业的进退。你有可能凭一份成功的自荐书,找到一份理想的工作;有可能一份高质量的文稿,就成为你人生进步和发展的阶梯。

正因为写作能力的急需、急迫、急切,所以现代人非常重视写作的学习和训练,将其称为"个人发展之路上的金手杖"、"就业的金饭碗"。各高校根据社会需要,已纷纷重开写作课程,认为"写作课是最具有素质教育和能力教育特点的优势学科"。

第十一章　为什么要提高讲话与写作能力

第二节　怎样提高沟通能力

我们生活在一个有声的语言世界中，语言能力是每个人一生中极为重要的生存能力，语言交流的水平高低就是语商能力的高低。过去，人们常用智商、情商来判断一个人聪明与否，能否在社会上立足。其实一个人的"语商"对于一个人事业的成败也起着关键的作用。在现代社会，由于经济的迅猛发展，人们之间的交往日益频繁，语言表达能力的重要性也日益增强，好口才、高语商越来越被认为是现代人所应具有的必备能力。作为现代人，我们不仅要有新的思想和见解，还要在别人面前很好地表达出来；不仅要用自己的行为对社会做贡献，还要用自己的语言去感染、说服别人。

语言能力并不是与生俱来的，而是人们通过后天学习获得的技能，虽然有遗传基因或脑部构造异常而存在着语能优势或语能残缺。在现实生活中，由于每个人的主客观条件、花费时间和学习需求的不同，我们获得语商能力的快慢和高低也是不同的。这就表明人的语商能力主要还是依赖于后天的语言训练和语言交流中得到的强化和提升。

一、提高大学生的"语商"

语商（LQ）是指语言商数，是一个人语言运用能力的总和；反映一个人在整体语用有效性方面的品质；是一个人智商、情商、逆商、美商、德商、灵商的外在体现。

语商高的人知识广泛、头脑灵活、判断力强、信心十足，说话富有磁性而有吸引力。同时，他们还能在各种谈话场合中得心应手，滔滔不绝，赢得别人的尊敬和赞扬。

1. 提高"语商"应具备的六个能力

（1）听的能力

听是说的基础。要想会说，建议你养成爱听、多听、会听的好习惯，如多听新闻、听演讲、听别人说话等，这样你就可以获取大量、丰富的信息。这些信息经过大脑的整合、提炼，就会形成语言智慧的丰富源泉。培养听的能力，为培养说的能力打下坚实的基础。

(2) 看的能力

多看可以为多说提供素材和示范。你可以看电影、书报、电视中的谈话节目，还可以看现实生活中各种生动而感人的场景。这些方式一方面可以陶冶情操、丰富文化生活，另一方面又可以让你学习其他人的说话方式、技巧和内容。特别是那些影视、戏剧、书报中人物的对话，它们源于生活、高于生活，可以为你学习说话提供范例。

(3) 背的能力

背诵不但可以强化记忆，还能训练你形成良好的语感。不妨尝试着多背诗词、格言、谚语等，它们的内涵丰富、文字优美。如果你背的多了，不仅会在情感上受到滋润、熏陶，还可以慢慢形成自己正确而生动的语言。

(4) 想的能力

想是让思维条理化的必由之路。在现实生活中，很多时候我们不是不会说，而是不会想，想不明白也就说不清楚。在说一件事、介绍一个人之前，建议你认真想想事情发生的时间、地点和经过，想一想人物的外貌、特征等。有了比较条理化的思维，你才会让自己的语言更加条理化。

(5) 编的能力

会编善说是想象力丰富、创造力强的标志。建议你养成善于编写的好习惯，这对提高你的语言思考和说话能力有着积极的作用。

(6) 说的能力

说是语言表达能力的最高体现。只有多说，你的语商能力才会迅速提高。

2. 提高"语商"应做到的九个方面

(1) 少用俗语

常用俗语会妨碍你在语言方面的自如运用。

(2) 多用数字

说话时多用数字，语言会更加生动，说服力强，自己也会更加自信。

(3) 多看电视

电视是最感性的语言来源，但要注意：不要只看电视剧，而应该多看那些咨询性及访谈性节目，这样能让你更好地学习别人的交谈技巧。

(4) 训练目标感

说话要有的放矢，这就好像走路一样，要有方向性地进行选择，这种

"选择"可以使你在说话中避免漫无边际地东拉西扯。

(5) 学一些新语言

在日常的工作、学习中，经常学习和吸收一些新的语言，能够更好地丰富你的语言词汇。

(6) 培养探究精神

在学习和工作过程中，建议你努力做到：要么不做，要做就做好，并不断探索生活中的各种规律。做什么事都要既知其然，又知其所以然。

(7) 训练判断力

这种能力对于语言来说是至关重要的。在与别人交谈时，如果你判断失误，就可能做出意思相反的回答，这就很可能导致不必要的误会越来越深。

(8) 多说有力量的话

有力量的话就是指说话时能够直截了当，行就是行，不行就是不行。比如：你最好不要说"我看……"、"我想……"，而应该尽量说"我认为……"，这样你的话才更有力量。

(9) 多与人交谈

不妨尝试扩大自己的社交圈子，不断增加说话机会，这样更有利于提高对语言的驾驭能力。

3. 拓展"语商"的四个策略

(1) 要实在，不要花言巧语

说话和办事一样，都讲究实在，不要一味追求使用华丽的词藻来装饰，更不要哗众取宠。

(2) 要通俗，不要故作姿态

说话要避免深奥，尽量使用大众化的语言，像谚语、歇后语、幽默笑话等，这样，你办起事来可能会事半功倍。

(3) 要简明，不要模糊不清

说话要简明扼要、条理清楚，不要长篇大论、言之无物，这样，别人会听不懂你说的话。

(4) 要谦虚，不要"摆架子"

假如你在言语中有"摆架子"的表现，倾听的人会十分反感。这样，你不但达不到说话的目的，还会影响听话人的情绪。希望你能牢记：谦虚

是讲话人的美德。

二、塑造大学生的沟通魅力

在沟通魅力的塑造中，我们应从两个维度进行：一是沟通性情与意识的锻炼，二是沟通能力与技巧的培养。

1. 在沟通性情和意识方面

或许有人会说，人进入社会都会沟通，只不过是嘴说说，眼睛看看罢了。而现实却绝非如此，我国有句俗话，"一言能使人笑，一言也能使人跳"，讲得就是这个道理。而沟通能力的提高是建立在每个个体具有良好的自我性情和意识的基础上，但有人说："我从小就性格内敛、言语不多，要提高沟通能力有如登天。"有如此想法的人犯了一个大错，任何事情都是可以改变的，更何况是我们在主宰一切，问题在于我们是否具备自我意识和性情的修炼的三个方面。

（1）认识自我

要说服他人，先要说服自己；要了解他人，先要了解自己；这样才能"知己知彼，百战不殆"。我们要做到清晰地认识自我，应强化一种勇气：敢于客观地审视自我吗？敢于承认自己的问题所在吗？有了这股勇气，才能在静心思考自我的场景下进行自我价值的正确定位，才会从社会认同和社会道德的高度来克服物质自我、精神自我的片面诱惑，真正形成社会自我的修炼体系和意识动机。

（2）情绪管理

有一句话说得好："我们没有办法阻止事情发生，但我们可以决定这件事带给我们的意义。"你可以选择"问题"，亦可选择"机会"，结果总是"如你所愿"。但我们愿望的实现是一时的冲动所致，还是我们的 EQ 主导的结果？我们所期望的应是后者的理智。要想成为情绪的主人和 EQ 高手，我们应摆正一个基本的人生态度：均衡的处世态度，乐观的为人情怀。在心平气和、海纳百川、且慢发作的指引下，我们的人际才是圆融的，我们的沟通才会是有效的。

（3）换位思考

换位思考是沟通的本质，是建设性沟通、人际关系持续发展的重要元素。换位思考到底是什么呢？其实就是"理解"别人的想法、感受，从对方的立场来思考事情。它需要一点好奇心，好奇心使我们暂时放下自己的主观思想来理解别人的观点，了解之后才能真正地开始"换位"，换位之后，才能开始比较正确地思考，沟通的第一步就是这个。美国学者基蒂·洛克认为，获得声誉有三种方法：换位思考、突出正面效应和使用非歧视语言，其中最根本的是换位思考。换位思考的运用，可以使人际交往、沟通更有说服力，同时，也会树立自己良好的声誉。

2. 在沟通能力和技巧方面

（1）用言辞修饰沟通

语言表达恰当与否的真谛是：你能否在恰当的时候和适当的场合用得体的方式表达你的观点。当你要表述自己的观点、维护自己的立场或听到一种令人生气的回答时，使用一种委婉幽默的词语将能使表达效果更好。要具有较好的言辞修饰、表达能力，要求我们博览群书，建立自身的语言词库，在言语沟通中提高言辞智商。只有这样，我们才能在口头沟通、书面写作中有效地行事。

（2）用身体语言强化沟通

我们在日常交流中，在运用口头语言和书面语言的同时，还在运用许多非语言的行为进行沟通，包括身体动作、姿态、仪容仪表等形式。这种非语言的沟通方式统称为"身体语言沟通"。管理界中所说的领导魅力就是一项很强的非语言的交流方式。研究表明，人的情感沟通能力只有7%是通过语言所表现的，37%在于你在话中所强调的词，56%完全是身体语言所引起的效果。身体语言的修炼可从以下三方面进行：

第一，用温文而雅的举止、姿态表现沟通魅力。大学生在学习、工作、生活中要以规范的标准来要求自身的身体动作和姿态形式（如站姿、坐姿、走姿、手势等），从中反映出自信心、庄重稳定、优良的道德修养和深厚的文化底蕴。

第二，用微笑装点沟通魅力。在现代管理中，"微笑管理"是一种行之有效的管理艺术。真正和诚实的微笑就像一个"魔力开关"，能立即开启与他人沟通的友好感情。微笑使管理、沟通在一个轻松的氛围中展开，可以消除由于陌生、紧张带来的障碍。微笑可表示出对对方的尊重和真诚，有利于建立大学生的可信度。

第三，用服饰修饰沟通魅力。郭沫若先生说过："衣裳是文化的表征，是思想的形象。"服饰反映一个人的精神面貌、文化素养和审美水平，整齐、得体的服饰可以给大学生的形象增添不少迷人的风采。大学生们要清醒地认识到：在学校或社会中，他（她）不仅仅是一位大学生，而是富有深刻素养内涵的被公众所称赞的审美对象。因此，大学生的服饰要端庄宜人，根据不同的时间、地点、场合、对象选择不同的服饰，这样可使大学生的外在形象更趋完美。

（3）用实践锻炼沟通

我们具备了修炼沟通意识的理念之后，还应在实践中锤炼沟通能力。作为当代大学生，应在社会实践中培养沟通能力。学校社团是培养沟通能力的最佳舞台。社团常常和企业或其他社会机构联合组织活动，像演出、义卖、知识竞赛等。我们可以尝试活动组织、节目主持、广告宣传等多种角色，在角色扮演、角色交往、人际冲突中获得丰富的社会体验。利用寒暑假、学习空闲时间到企业实习，是培养沟通能力的传统方式。实习能使我们熟悉组织文化，了解办公室的生存方式，知道如何与上级、同事相处，掌握每个人的行为方式和管理风格。沟通能力，是一种能证明和让对方发现你具有社会工作能力的能力。表面上看来，它只是一种说话的能力，可实际上它却包罗了一个人从穿衣打扮到言谈举止等一切行为的能力。

三、加强大学生沟通能力的培养教育

1. 开设管理沟通的相关课程

高校是传授知识的殿堂，当然也要传授沟通方面的知识。针对目前大学生沟通理论缺乏、沟通能力不足的现实，高校必须开设管理沟通的相关课程，并合理设计教学内容，制订教学计划。通过管理沟通课程的学习，增强大学生对管理沟通的认识，为提高大学生的沟通能力奠定雄厚的理论基础，也为大学生今后适应社会做必要的准备。因此，我们需要对理论课程体系进行变革，与时俱进地引入先进的理论，如开设《管理沟通》、《人际沟通与礼仪》、《公共关系学》等课程，加强学生对沟通重要性的认识。

2. 加强心理教育克服心理障碍

心理健康是大学生健康必不可少的一部分，当前部分大学生正是由于心理不健康而影响其沟通能力的提高。因此，高校应该对大学生进行心理

教育，培养大学生良好的心态，克服大学生之间的沟通障碍，实现大学生之间的良好沟通。通过心理教育，消除大学生的各种心理疾病，培养大学生自信、宽容、理解、合作、助人的品格，成为受社会广泛欢迎的人。

3. 加大沟通能力的训练力度

管理沟通是一门实践性很强的学问和艺术，沟通能力的提高仅靠书本上的知识是远远不够的，必须通过实践经验的总结不断提高。因此，高校要在不放松基础理论教育的前提下，加大沟通能力的训练力度。

加大实践教学力度，为大学生进行外部沟通提供条件和机会。教学人员选择一定的背景和场景，设计具体的沟通问题，给出特定的沟通对象，让大学生深入第一现场，扮演不同的角色，以提高实际沟通能力。鼓励大学生加强自我训练。沟通能力的提高是日积月累的，不是一蹴而就的，自我训练非常重要，因此要鼓励大学生利用一切可以利用的机会和条件，自觉地进行自我训练，促使沟通能力快速提升。

第三节　怎样提高写作能力

【案例11.2】浓缩的才是更好的

要使说话简短、写作精炼，就要学会浓缩。浓缩就是语言的提炼，浓缩的语言是语言的精华。

几百年前，一位聪明的老国王召集一群聪明的臣子，交待了一个任务："我要你们编一本《智慧录》，留传给子孙。"

这群聪明人离开以后，便开始了艰苦的工作。他们用了很长一段时间，最终完成了一部十二卷的巨著。他们将《智慧录》交给老国王看，他看了后说："各位大臣，我深信这是各时代的智慧结晶。但是，它太厚了，我担心没有人会去读完它，把它浓缩一下吧！"这群聪明人又经过长期的努力工作，删减了很多内容，最后完成了一卷书。可老国王依然认为太长了，命令他们继续浓缩。

这群聪明人把一本书浓缩为一章、一页、一段，最后浓缩成一句话。当老国王看到这句话时很高兴，说："各位大臣，这才是各时代的智慧结晶。各地的人只要知道这个真理，我们一直担心的大部分问题就可以顺利

解决了。"

这句经典的话就是：天下没有免费的午餐。

这句话告诫人们：即使是满足自身生存的最基本需要，也必须自己去做；即使你的祖辈、父辈能为你提供丰厚的物质基础，也需要自己去做。否则，你就只能坐吃山空。

一、提升大学生自身的写作能力

1. 读书破万卷，下笔如有神

有不少学生平时很少看课外书报，特别是语文课外阅读方面的书籍，写作的知识贫乏。写作文时，想一句写一句，感到无话可说，无物可写。或者刚开了个头，敷衍了几句，就草草收场，对作文望而生畏。

好文章在于大量的阅读，大量的积累材料。这句话道出了读书与写作密切关系的真谛。蚕只有吃进一片片桑叶，才能吐出精美的丝；蜂只有采集百花，才能酿造香甜的蜜。写作何尝不是如此？读别人的文章写自己的语言，把别人的文字运用到自己的文章中来。"书读百遍，其义自见。"书读多了，才能博古通今，写起文章来，才胸有成竹，得心应手。要做到出口成章，下笔成文，平时要多进行阅读，多积累写作素材。只有厚积薄发，才能保证写作的高质量。

特别重要的是要多阅读优秀的作品，多读名著。如果你不读更多的好作品，你就不知道如何写出更好的作品。优秀的作家都是从阅读别人的佳作开始，接着开始模仿，最后超越他们，形成自己的风格。

2. 结合读书思考，感受生活

我们在读书的同时也要学会思考，然后用生动、有感染力的语言把它写下来，把自己的情感融入字里行间。但是写作不能照搬生活的原样，而必须通过自己对生活的感悟，通过自己对生活的深入思考，生活的原样才能变成写作的材料。

写作就是要把从现实生活中积累下来的感受，通过深入的思考，使文章具有深度。写作也不能照抄所阅读的作品，只有通过对所读作品的感悟思考，才能吸取作品中的各种精华去充实自己的写作能力。所以，生活也好，阅读也好，都必须通过感悟，通过思考，才能形成自己的写作材料，提高自己的写作能力。

耳聪目明，时时留心，处处在意，遇事敏感。善于发现生活的美，善于激发心中的情，写作就富有"灵性"。我们要去体会身边的每一样事物，并从中受到启发和感受。社会生活成为文章写作取之不尽、用之不竭的源泉，坚持实践是学习写作、提高写作能力的根本途径。

3. 付诸实践，多写多练

在读过书，思考过后就要不断练习。我们可以随性而发地去写些东西，但要坚持，每天写一点。熟能生巧谁都懂，可是真正能坚持的有几个？所以即使不能天天进行写作，也要在自己闲暇的时候，放下一切，静下心来去写一些内心的东西。我们不是不可以写出好的作品，只是把真正的写作给抛弃了，沦落到世俗中。只要静下心来好好地去写作，不知不觉中能力就会提高。

经验告诉我们，仅仅靠多读是不够的。阅读是写作的先导，没有读的"耕耘"就没有写的"收获"。所以在强调学生读书的基础上，要对所读之书进行熟读精思，融会贯通，积累素材，让它成为自己写作的"活水源头"。

4. 获取别人的意见和感受

闭门造车不会有任何进步，让别人读读你的文章给你回馈。当一篇文章完成时，可以让身边的人读读自己的作品，给自己反馈。最好是师长、作家和编辑，他们见多识广，会给自己很中肯的建议。不断汲取别人的意见，肯定会对自己作品的升华有所帮助。

文章是写给别人看的，不是为了自我欣赏。所以写文章首先要明确这篇文章是给什么人看的，想让他们从中知道什么。对于不同的人，不同的内容，在遣词造句、表现方法上，都有所不同。这是写好作文的前提。

5. 把修改看成是不断的再创作过程

在初稿完成之后，修改是作文水平提高的一个重要途径。一看层次是否清晰，二看详略是否分明，三看语言是否凝练，四看语言节奏是否鲜明。写作时要千遍万遍毫不厌倦地修改，在修改中让思维更严密，在修改中提高语言鉴赏力，在修改中提高写作能力。

很多人一旦写好就不想修改，认为已经费时费力地写好了，还要再花时间修改，是一件吃力的活。但如果你想写得更好，就要学会如何修改。好的作品是经过反复的推敲和修改而成的，这会让你的作品从平庸中脱颖

而出。修改的目标是：更清晰，更直接，更鲜活。

二、提高写作能力的 6 条技巧

1. 随时记下灵感

观察现象或读书过程中，我们会有很多灵感。这时，应该马上把灵感记下来。一个灵感可能创作出一部好的作品。当听别人谈话或是看风景时，会有所感悟，应该立马记下来。灵感总是转瞬即逝，及时记下来，便可成为写作的素材。灵感多了，会产生优秀的作品。

2. 随便涂鸦

面对整张的白纸，整版的白屏，无从开始，肯定恐怖。你会想：我还是看看邮件或是小憩一会儿吧！千万别这样，马上开始写，马上打字，你写什么没有关系。只要你开始写了，什么都好办了。关键是：开始可以随便写写，随便涂鸦，但是后面要尽快开始写正文。

3. 先打腹稿再写

这好像和"随便涂鸦"有些矛盾，实际上不是这样。在坐下来正式写之前，先做个计划或是脑子里先预演一下，这是非常管用的办法。每天跑步的时候想想要写的东西，或是散步的时间来个头脑风暴。然后把想到的记下来，做一个扼要的提纲。等真正准备好开始写了，可以很快的展开，因为思路和想法都有了。

4. 创新风格

你需要模仿名家，这并不意味你要跟他们写得一模一样。你可以试试新的写法，从这里学一点，从那里学一点。渐渐地，你就会有了自己的风格，自己的文体，自己的思路。试试一些不一样的表达，或创造一些与众不同的表达方式，每一种方法你都可以尝试，看看它到底怎么样，不好就放弃。

5. 简明扼要

这是你在修改过程中做的最重要的一件事情。一句句，一段段地修改，把无关主题的统统删掉。一个短句比一段冗长的废话更具说服力，更富于感染力，通俗易懂的话比晦涩的专业术语更受欢迎。记住：简单就是力量。

6. 好开头和好结尾

开头和结尾是文章的重点。特别是开头。如果你不能在故事的开始就吸引读者，那他们就很难有耐心把整篇文章读完。所以要投入更多的时间去考虑怎么写好开头。读者一旦对你开头感兴趣，他们会想知道得更多。写好开头后，再弄一个精彩的结尾，这会让读者更加期待你的下一篇佳作。

三、加强大学生写作能力的培养教育

1. 发挥应用写作课程的主导作用

应用写作课以培养学生写作能力为主。经过多年的教育实践和探索，高校的应用写作课在培养和提高大学生写作能力方面已经积累了比较成熟而有效的教学经验。但信息网络环境的生成，却给课程实现教学效能带来新的压力与挑战。如何才能通过提高教学效能来发挥课程的主导作用呢？通过调查与实践，我们认为，信息化时代，从教学观念到教学方法、手段的"与时俱进"是相当重要的。课程可以从两方面切入：把握应用写作与学生心理认同的契合点，用"功利性"调动其写作积极性。

在激烈的社会竞争和巨大的就业压力下，大学生普遍存在着功利化的学习心态，对此过多苛责于事无补，倒不如找准应用文明确追求实用、功利化与学生学习心理的切入点来因势利导。这样，教学就要尽量"避虚就实"——不试图在有限的学时中解决诸如语言基础、思维方法等需终生历练的内容，而集中精力在"实际"、"实力"上下功夫。可以利用情景教学、案例教学等方法加大对行政及科技文体的训练强度和真实度，让学生获得与公务员、科技工作者等社会角色置换的真切感受，体会应用写作与"职场"的关联性。

心理学认为，某种需求心理的发生必定会催发某种成就动机。能用"职场饭碗"的实用性催发学生写作训练的积极性，就是实在的教学效能。积极回应信息网络化带来的机遇与挑战，寻求传统课堂教学的优势与现代教育技术的优势的最佳结合点。多媒体技术的介入使网络信息的表达与传输实现了多样化与综合性的完美结合，也使写作文本的制作方法形态多样。应用写作课正是在新媒体环境和技术背景中，建构新的教学模式并改进教学方法和手段，摆正应用写作教学在传统与网络间的位置，既不能让作为教学活动核心的师生互动的深层意义因新技术的运用而失落，又不能无视网络信息化对大学生课程学习期望值与要求的提高。这就需要加强对信息时代应用写作行为与规律的研究，努力寻求应用写作理论解构与建构

之间的契合点；坚持"以人为本"，用素质教育的大视野统摄应用写作教学；写作教师必须更新与扩展知识结构，实现写作学与计算机学、文化学、传播学、信息学、编辑学等学科的融合渗透。

2. 开掘人文社科类课程的写作训练功能

高校设置的所有课程都有培养学生写作能力的责任。特别提及人文社科类课程，是因为这类课程开课面广，让学生以文章的形式完成作业和考试的机会也多。但是，这类课程对学生所写的"文章"往往更注重其内容及思想观点，很少有意识地从"规范写作"角度做出明确而严格的要求。很多学生脑子里也就根本没有"写作训练"那根弦，不把人文课程作业当回事，以"网抄"或复制"原文"蒙混的现象十分普遍。如果这类课程能够秉持人文学科的规律与特点，对学生的"文章"从内容到形式都给予严格的要求，那么通过完成读书笔记、论文、调查报告等作业，对培养学生规范的写作意识是一条好途径，还能有效弥补应用写作课时少、训练量不足的缺憾。

3. 重视专业课程教学中的论文写作环节

专业论文写作能较全面地培养学生的写作能力。它要求学生必须运用所学的专业知识、基础理论和基本技能来分析解决学科领域内的某一问题，对其创造能力、逻辑思维能力和文字表达能力都有较高的要求。撰写专业论文是阅读文献、选题、实验、分析数据等科研系列工作的最后一环，对学生创造能力要求很高。但由于写作课与专业课分属不同的教学模块，基本上是"自说自话"：设课在前的写作课只能"务虚"，以讲代练，设课在后的专业课又偏重知识和技能的传授。即使是实习报告或论文也把重心放在实验实践环节上，教师无暇就论文写作的"技术性"问题对学生进行较深入的指导。两类课程的前后脱节，使很多学生顾此失彼，即使有材料也写不出像样的论文。因此，有必要打通应用写作与专业相关课程的关节，这对学生能力的培养和教师知识结构的完善都有益。

4. 构筑校园文化活动中的写作能力培养平台

对大学生写作能力的培养，校园文化活动也是不可忽略的要素。丰富多样的校园文化活动能够为大学生提供很多锻炼语言能力的机会。这只要看一下校园中琳琅满目的诸如"征文启事"、"演讲赛"、"辩论赛"、"朗诵会"等海报就可见一斑。

第十一章　为什么要提高讲话与写作能力

不过，信息时代的校园文化活动还应把计算机与网络这个"巨型活动空间"纳入其中。大学生把课余生活与网络紧密联结在一起，其上网率和上网时间均占较大比率。由于高校的电子阅览室在程序上的"限定"，在那里"疯"玩游戏已经不可能，多数学生是利用网络看影片、阅读文学作品、浏览信息、发邮件、上论坛、QQ 聊天等。由兴趣所致，他们在这里"敲"的文字甚至要多于课程学习。不过，随意而为的不严谨的"毛病"也在这种网络写作中被"强化"了。因此，把学生的网上信息摄取与交流排除在校园文化活动之外，至少对写作能力培养而言是一种浪费甚至是失误。

针对大学生乐于逐高科技之新的好奇心和求知欲，我们可以改进和丰富校园文化活动形式，开展诸如"主题网络讨论"、"网络作文比赛"、"网络科技设计"、"大学生微论坛"、"优美短语征集"类的活动，以健康向上的主题来引导学生的上网行为，激发其写作兴趣和创新意识。另外，上述网络活动还能突破传统文化活动的时空限制，让更多的学生参与文化建设，最大限度地发挥其育人功能。

5. 实现暑期社会实践调查的"知行合一"

大学生的语言能力还需要在社会实践中得到锻炼与提升。受高校扩招、就业压力、英语过级、考研等多种因素的制约，近年来，大学生主动走出校门参加社会实践的机会少之又少。这样，每年一度的暑期社会实践就显得弥足珍贵了。很多高校的学团组织都对学生的暑期社会实践做出明确要求：了解、服务于社会并就某一具体社会现象或实际问题开展调查研究后撰写出调查报告。学生提交一篇有价值的暑期社会调查，获取的将是仅凭课堂教学难以得到的"知行合一"的收获。

当然，必须有相应的鼓励、督促、考评机制才能取得实效而避免走过场。一些高校的学团组织与写作教师联手开展的对学生暑期调查报告的评比、奖励，暑期实践活动征文比赛、实践体验交流及演讲等活动是值得推广的。

【案例 11.3】会说话就能写作文

同学们写作文，心里总有一番愁滋味。怕写、不会写，成了我们的通病。倘若要问："你会说话吗？"得到的答案一定是肯定的。

十二个为什么

杨老师告诉你:"你能说出来,就一定能写出来。"我国老一辈语文教育家叶圣陶先生曾说:"作文就是用笔说话","写文就是写话"。究其实,说话和写作文就是一码子事:说话和写文章有着同样的目的,都是为了表达的需要,只是表达的方式不同而已。说话是口头语言,通过我们的发音器官口发出语音,向对方传递自己的思想情感;写文章是书面语言,用文字符号向读者流露自己的心声。说话和写文章两者表达的内容也是一样的;都是来源于生活,同时又反映着生活。另外,说话和写文章在要求上也有诸多的一致性。如说话和写文章都要有一个明确的主题;都要措辞恰当,语言简洁朴实,生动形象,主次分明,有条理,有新意等。

下面我们来看一个事例:

有一位年轻的妈妈,星期天加班,不得不把孩子一个人留在家里。

妈妈临走时反复叮咛:"米饭在锅里,菜在盘子里,吃的时候一定要热一热。天气不好,下雨不要忘记关窗户。你自己在家好好玩别淘气,看好家门,有人敲门千万别开。热饭菜要放点水,别忘了时间烧糊了。关窗户要小心点,别夹了手指头。听见了吗?还有,饭菜一定要热热吃!这些事都要按我说的做,记住了吗?我走了,别出去乱跑。"

妈妈下班回来,发现孩子没有按照她的话去做,就责备孩子不听话。其实,不是孩子不听话,是她没把话说明白。饭菜要热热吃,下雨关窗户,在家好好玩。三件事纠缠不清,啰哩啰嗦,说得一塌糊涂,这怎能让孩子记住呢?

说话要有话题,写文章要有主题。这里的话题和主题,其实是一个意思,就是说或写要表达的"中心内容""主要内容"。说话和写文章都要围绕我们所要表达的中心内容、主要内容进行,否则就偏离主题。

说话和写文章旨在表达自己的观点、见解、主张、思想、意图等,都强调自说自话、实话实说,反对说大话、空话、套话、别人的话。说到这里,想到一个故事:

有人举办了一场鹦鹉演讲赛。鹦鹉一一上场,只只能说善道、口若悬河,实在难分高下。

最后一只鹦鹉上台,他只说了一句话:"呀!这么多的鹦鹉呀!"鞠躬而退。

那说了一句话的鹦鹉得了冠军。为什么呢?原因很简单,所有的鹦鹉都是学人说话,只有那只鹦鹉说了自己的话。

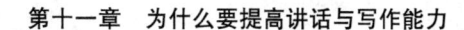

第十一章　为什么要提高讲话与写作能力

说话和写文章一样讲究内容要有新意，不能人云亦云，重复别人的话。有位企业家参加一个会议，主持人请他讲话，他婉言谢绝了。理由是：一时讲不出新的见解，与其重复别人的话，不如少说，最好不说。这叫做少说"普通话"。

我们主张少说"普通话"，并不是别人说过的话题就不必再说，而是老调可以重"弹"，但要"弹"出新声；老声可以常谈，但要谈出新意。不能重复别人的观点和主张，要换个角度或深度去挖掘，找出新内容。

【参考文献】

[1] 刘煦. 从就业能力需求看大学生沟通能力的培养［J］. 齐鲁师范学院学报，2011（06）：26－29.

[2] 姜德照，孙贻峰. 大学写作教学与当代大学生的写作能力［J］. 牡丹江教育学院学报. 2005（01）：77－78.

[3] 陈宝贵. 写作的"自由"与心灵秩序的建构［EB/OL］. http：//bbs. eduol. cn/thread－293216－1－1. html. 2007－01－06/2008－01－03.

[4] 王奕. 现代社会对大学生写作能力的要求［EB/OL］. http：//www. chinavalue. net/BookInfo/Comment. aspx？CommentID＝31824，2009－12－03/2010－01－03.

[5] 张尔升. 大学生沟通能力培养教育探索［J］. 经济与社会发展. 2008（1）：199－201.

[6] 张芳贤. 提高语言表达能力在大学生就业中的重要作用——浅谈中国高校对学生语言能力培养的缺失［J］. 社科纵横（新理论版），2008（04）：239－241.

[7] 怎样提高应变能力［EB/OL］. http：//jingyan. baidu. com/article/93f9803fcfe4d9e0e46f5535. html，2011－10－23/2011－11－18.

[8] 新时代大学生沟通魅力的塑造［EB/OL］. http：//tw. fjut. edu. cn/html/13/article－585html，2012－08－24/2012－09－22.

[9] 杨棣. 高等教育要重视对大学生写作能力的培养［J］. 中国农业大学学报（社会科学版）. 2006（4）：89－92.

[10] 姚馨茗，刘丹丹，周飞，王向波. 如何提高大学生的写作能力［EB/OL］. http：//wenku. baidu. com/view/e81c71c6bb4cf7ec4afed037. html，2011－08－16/2012－12－11.

第十二章　为什么要培养营销和管理能力

【案例12.1】俞敏洪对营销管理的看法

俞敏洪，新东方教育机构创始人，曾当选"2009中国经济年度人物"，获"中国民营经济十大人物"、"最值得尊敬的教育人物"等荣誉称号。他在给大学生做创业问题演讲时，提到大学生需要注重培养的最重要的八种能力，也是人们能成就大事业的八种能力，其中突出了大学生培养营销能力、管理能力的重要性。

"大学生一旦开始创业后，你该怎么做？比如说你的公司开了，产品也造出来了，下一步怎么办呢？如果产品造出来没人买，那公司白开了。有无数的公司都是开起来了，最后却关了门，其根本原因之一就是他们不懂如何推销自己的产品，推销自己的公司品牌。因此我们要做的是把公司"卖"出去。一个是卖公司的产品；另一个更重要的是随着产品的销售，卖出公司的品牌，就是说让大众认可你的公司品牌，让大家都知道这个产品是从你公司卖出来的。这就涉及营销。"

"营销分两部分：实的营销和虚的营销。所谓实的营销，比如我做新东方，营销的是新东方的课程，告诉学生为什么要来上这个课，上完能有什么收获。但是无数的培训机构一直以来也在营销课程，却始终只是小机构，而新东方能做大，这是什么原因呢？很简单，因为我们营销了品牌。就是说，新东方开始不断有内涵，到最后人们不是因为听到新东方有什么课程来上课，而仅仅是听到'新东方'三个字就来上课，这个时候品牌营销就算是成功了，这就是虚的营销。"

"在中国做企业，品牌营销往往还跟个人营销结合在一起，就是说你个人的形象有时候能够代表企业形象，所以往往要把个人的道德、行为和企业的道德、行为结合起来。比如大家讲到新东方的时候会说，新东方就

第十二章 为什么要培养营销和管理能力

是俞敏洪,俞敏洪就是新东方;讲到联想公司的时候会说,联想就是柳传志,柳传志就是联想。因此在中国,个人品牌的成长很大程度上就是企业品牌的成长,而企业品牌的成长倒过来也带动个人品牌的成长,这两个加起来形成你的公司强有力的虚的营销。加上你的产品本身也能被老百姓所接受,这样产品才会有价值。"

"举个例子,一个生产鞋的公司,没有任何名气,尽管鞋的质量跟著名品牌鞋的质量不相上下,但品牌鞋卖一千,他这个也许只能卖一百,这中间差的九百块钱是怎么来的呢?是品牌营销,你没品牌所以价格提不上来。所以一个公司要成功,品牌营销有时候甚至比产品营销还要重要,品牌营销的价值是无限的。这就是为什么我们中国造的包只能卖一千人民币,同样材质的包印上 LV 的标志之后就能卖十万人民币,背后都是品牌价值在起作用。"

"所以,利用营销能力把产品推销出去,把品牌推销出去,把你自己推销出去,变成了企业发展的一个重要手段,也是创业者必须具备的能力。"

俞敏洪的演讲,让我们了解到营销和管理能力对于一名大学生的重要性。假如俞敏洪只去专注他的课程而不去经营新东方的品牌,做市场推广;假如马云只会编程而不懂运营、用人和管理,那也就不会有现在闻名世界的"新东方",也不会有现在淘宝上热闹繁荣的交易景象,更不会有现在这两位备受尊重的成功企业家。

第一节 营销和管理的具体含义

在大学的学习生涯中,我们不仅要掌握扎实的理论基础和专业知识,还要重视各种实际能力的培养,尤其是营销能力、管理能力。社会青睐的也是有能力的人,营销和管理的素养对于大学生而言,是必不可少的。它是大学生实现自我价值的基础,也是大学生融入社会必不可少的条件。

一、什么是营销

简单地说,一个人去商店买一瓶水,实现了一个"买卖"的交易过程,就是一个营销的过程。但这里的营销,指的是一个销售的过程,真正

意义上的营销是个比较复杂的流程。理论上"营销"的含义是：营销是关于如何发现、创造和交付价值，以满足一定目标市场的需求，同时获取利润的过程。营销学用来辨识未被满足的需要，定义、量度目标市场的规模和利润潜力，找到最适合进入的市场细分和适合该细分市场的供给品。

企业营销的主要过程有：机会的辨识，新产品开发，对客户的吸引，保留客户，培养忠诚，订单执行。这些流程都能够处理得好的话，营销通常会是成功的。如果哪个环节出了问题，企业就会面临市场危机。由此可见，营销在企业的体系中是个很重要的部分。

营销作为一种计划及执行活动，其过程包括对一个产品、一项服务，或一种思想的开发制作、定价、促销和流通等活动，其目的是经由交换及交易的过程达到满足组织或个人的需求目标。

二、营销的作用与意义

营销是一门建立在经济科学、行为科学和现代管理理论基础之上的应用科学。在市场经济逐步完善的今天，对于作为独立经济实体的企业、公司，如果没有专业的营销人才，以科学、现代化的营销手段来"做生意"，肯定无法在竞争激烈的市场中生存。营销作为当代市场经济条件下不可缺少的部分，无论对于社会进步与发展而言，还于对于企业生存与竞争来说，都具有举足轻重的作用。

1. 营销对社会进步的重要作用

第一，解决生产与消费的矛盾，满足生活消费和生产消费的需要。在商品经济条件下，社会的生产和消费之间存在着空间和时间上的分离、产品、价格、双方信息不对称等多方面的矛盾。营销的任务就是使生产和消费的不同的需要和欲望相适应，实现生产与消费的统一。

第二，实现商品的价值和增值。营销通过产品创新、分销、促销、定价、服务方便和加速相互满意的交换关系，使商品中的价值和附加值得到社会的承认。

第三，避免社会资源和企业资源的浪费。营销从顾客需求的角度出发，根据需求条件安排生产，最大限度地减少产品无法销售情况的出现，避免了社会资源和企业资源的浪费。

2. 营销对于企业发展的重要意义

在现代市场经济条件下，企业必须十分重视市场营销。市场如战场，谁能把营销做得更好，谁就掌握了战争的主动权，就能旗开得胜。当今，我们正经历着营销的时代，我们无时无刻不在进行着营销，有人营销的是商品，有人营销的是服务，有人营销的是思想，有人营销的是战略。如果不是营销的施动方，那就一定是营销的从动方。无论是从动还是施动，至少你要了解这个行业，知道营销的手段才能掌握更大的主动性，才能提高胜利的机率。

【案例12.2】沃尔玛成功的营销策略

在短短40多年的时间里，沃尔玛从美国阿肯色州一个小镇上的一家超市发展成今天国际零售业的巨头，而且连续几年荣登美国财富500强榜首。它的成功经验是值得我国的企业研究和学习的：针对沃尔玛的目标顾客——工薪阶层，沃尔玛的"永远平价"定位是有竞争优势的。沃尔玛通过有效地组织营销组合要素——产品、价格、促销、渠道、沟通策略以及优质的顾客服务，为顾客提供了"高价值"的商品和服务。沃尔玛强调的是"高价值"的商品，但未必是"高端"的商品，这正是工薪阶层所欢迎的商品。

1. 沃尔玛的产品策略

沃尔玛所经营的商品多以生活必需品和常用商品为主，而且花样众多、品种齐全。沃尔玛不仅有品种众多的快速消费品、各种生活常用的耐用消费品，而且还有海鲜、肉类、蔬菜瓜果、药品、照相洗相中心等。除了常见的快速消费品品牌，沃尔玛很少销售昂贵的名牌商品，另外，沃尔玛还有许多自有品牌商品。

2. 沃尔玛的价格策略

在美国，零售终端的价格模式主要有两种，以沃尔玛为代表的"天天平价"（Every Day Low Price，EDLP）模式和多数高端超市的"高低价格"（High Low Price）。"天天平价"是指每天的价格都很低，而"高低价格"是指平时的价格较高而促销时的价格较低，比"天天平价"的价格还低。如果消费者要在"高低价格"的商店里买到低价的商品，就必须等到促销的时候。而在"天天平价"的商店里消费者天天都可以买到价格较低的商品。对于那些愿意并且能够等待的消费者，他们可以等"高低价格"商店促销时再购买；而对于那些不能或不愿等待的消费者，他们也许更愿意到

"天天平价"的商店去购买。沃尔玛销售的多为生活必需品和常用品，许多消费者为了方便愿意到沃尔玛去购买。所以，"天天平价"是实行"薄利"战略的核心手段。

3. 沃尔玛的渠道策略

沃尔玛店铺数量众多，而且经营业态丰富。沃尔玛经营着五种业态的零售形式，包括大卖场、折扣店、便利店、仓储会员店和网上商店。大卖场不仅销售日用百货，而且销售生鲜食品；折扣店主要销售日用百货；便利店主要销售日用必需品；仓储会员店销售的商品类似于大卖场，但是包装往往比较大；网上商店主要销售便于邮寄或太大不便于在店内陈列的商品。不同的业态满足着不同类型消费者或不同购买场合的需要，从而可以使消费者非常方便地从沃尔玛买到所需要的商品。

4. 沃尔玛的促销策略

促销是营销活动中的一个重要环节，其主要是向顾客传达信息，宣传产品和塑造公司形象。

（1）广告策略

沃尔玛在广告费用方面的投入历来都比较少，而且将来还会进一步缩减广告开支，直到降至零。

（2）活动行销

沃尔玛非常擅长选择合适的商品促销。比如，每年都举办一次大规模的圆月馅饼促销，每年仅此一项销售额就高达600万美元。此外，如有新店开张或节假日，公司还会组织一些户外大拍卖，赠送气球或请乐队和马戏团表演助兴，以扩大销售。

（3）公关塑造

沃尔玛被人们认为是一个极富人情味的企业，在人们心目中留下了极好的印象，这主要归功于其良好的公关活动。

5. 沃尔玛的沟通策略

沃尔玛同时采用人员和非人员的沟通方式。沃尔玛有一条非常著名的"十英尺法则"。当沃尔玛的员工与顾客的距离在十英尺之内时，沃尔玛的员工会热情地问顾客："我能帮您吗？"沃尔玛通过与顾客接触的每一个接触点向顾客传递着"关心顾客，为顾客服务"的信息，使顾客在沃尔玛都能有一个愉快的购物经历，从而使顾客愿意再回沃尔玛购物，成为忠诚顾客。另外，沃尔玛也经常通过电视广告和海报的形式向顾客宣传"永远平价"的市场定位和"天天平价"的价格策略，加强沃尔玛在消费者心目中的价格定位优势。

6. 沃尔玛的服务策略

顾客服务是零售企业能否出色地为顾客提供优质服务的一个重要组成部分。沃尔玛在为顾客服务的时候强调"超出顾客的期望"和"保证顾客的满意"。沃尔玛非常注重顾客购物前、购物过程中和购物后的服务。在顾客进入沃尔玛商店时，通常会有一位比较年长的员工在门口欢迎顾客，并主动为顾客准备购物车；顾客在购物的过程中也可以随时得到沃尔玛员工的帮助；而顾客在购物以后如果不满意所购商品，沃尔玛会没有任何条件地接受退货。笔者曾经在美国的一家山姆会员店亲眼目睹了这样一个场面：有一位女性顾客在排队退一本书。我发现那本书已经被翻得发黑了，我以为沃尔玛不会接受这种条件的书退货。然而，出乎我预料的是，沃尔玛的客服人员不仅给退了这本书，而且没有问任何问题。试想，沃尔玛连这样条件的书都能给退，顾客在购买商品时还会有什么犹豫呢？

沃尔玛成功的营销策略是其能屹立于商界、经久不衰的关键。由沃尔玛对营销的重视可以看出，企业重视营销、采取准确合理的营销策略并积极开展有效的营销活动是企业做大做强必不可少的条件。可以看出，营销对于企业的发展有着重要的意义，那么管理呢？

三、什么是管理

管理，作为人类的有目的的活动，广泛适用于社会的一切领域。管理活动自古有之，长期以来，人们在不断的实践中认识到管理的重要性。20世纪50年代以来的管理运动和管理热潮取得了令人瞩目的成果，形成了较为完整的管理理论体系。

什么是管理呢？从不同的角度和背景，可以有不同的理解。从字面上看，管理可以简单地理解为"管辖"和"处理"，即对一定范围内的人、事进行安排和处理。有人认为，管理就是决策；也有人认为，管理就是与别人打交道，把事情办好；还有人认为，管理就是组织、协调、优化，等等。所有这些说法都有一定道理，但都未能对管理作出完整的概括。

管理，就是要既有效率又有效果地对实现组织目标的人力资源或其他

资源进行计划、组织、领导和控制。管理是伴随着组织的出现而产生，它是协作劳动的必然产物，是协调个人努力必不可少的因素。管理其实是一个过程，是通过计划、组织、激励、领导和控制等环节来协调人力、物力和财力资源，以期更好地达成组织目标的过程。

1. 管理的目的是有效实现目标

就是使各类组织的一切职能活动既有效率，又有效益。所谓有效，是指要准确无误地去干事情。例如，工厂以最低的成本创造适销的产品，又以最优的价格出售产品并赢得顾客的赞赏。因此，一般来说，成功的管理都包含着效率和效益两层意思。

2. 管理的本质是协调

协调就是使个人的努力与集体的预期目标相一致，或是使人与人之间的目标趋于一致。每一项管理职能、每一次管理决策都要进行协调，而且都是为了协调。

3. 管理的手段是计划、组织、领导、控制和创新

任何管理者，大到国家总理，小到企业班组长，要实现管理目标就必须实施计划、组织、领导、控制和创新等管理行为与过程。这也是一切管理者在管理实践中都具有的管理职能。

4. 管理的对象是以人为中心的组织资源与职能活动

一方面，指出了管理的对象是各种组织资源与各种实现组织功能目标的职能活动；另一方面，强调人是管理的核心要素，所有的资源与活动都是以人为中心的。管理，最重要的是处理好人际关系。

我们在日常生活中，时刻都能体会到管理的过程。如：古代的秦始皇修建万里长城就是一个经典的管理的过程。为了抵御外族的入侵，计划修建长城，组织了成千上万的苦工，在管理者（军队）的利诱、威逼、拷打（某种意义上是激励控制）下，并协调各地的资源才能修建出伟大的长城，这就是一个完整的管理过程。当然，经过这么多年的变迁，管理已经发展成更为科学的学科。

四、管理的职能及意义

1. 管理与管理者的职能

许多新的管理理论和管理实践已概括表明：计划、组织、领导、控制

第十二章　为什么要培养营销和管理能力

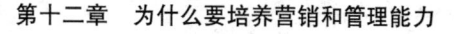

和创新这五种管理职能是一切管理活动最基本的职能，同时也是管理者的主要职能。

计划是制订目标并明确为达成这些目标所必需的行动，组织中所有的管理者都必须从事计划活动。根据工作的要求与人员的特点设计岗位，通过授权和分工将适当的人员安排在适当岗位上，用制度规定各个岗位的职责和上下左右的相互关系，形成一个有机的组织结构，使整个组织协调运转——这就是组织的职能。组织目标决定着组织的具体形式和特点，指导人们的行为，通过沟通增强人们的相互理解，统一人们的思想和行动，激励每个成员自觉地为实现组织目标而共同努力。控制的实质就是使实践活动符合计划，计划就是控制的标准。创新职能与上述各种管理职能不同，它本身并没有某种特有的表现形式，它总是在与其他管理职能的结合中表现自身的存在与价值。每一项管理工作都是从计划开始，经过组织、领导到控制结束。各职能之间同时相互交叉渗透、控制的结果可能又产生新的计划，开始了新一轮的管理循环。

2. 管理的必要性及意义

人们普遍认为，先进的科学技术和先进的管理科学是推动现代社会发展的"两个车轮"，缺一不可。当今社会中，只有深入了解管理的真正内涵，才能洞悉社会发展与运行的规律，理解财富创造与形成的过程，才能在日常的工作生活中获得良好的环境与氛围，不断实现自身价值。

一是了解社会是如何运行的，财富是怎样创造的。任何社会中，资源总是有价值并且稀缺的，组织能够更有效地利用资源，社会就可以拥有更多的财富。管理者掌管着这些资源，并决定如何利用它们。社会和个人的财富多少直接取决于它们，所以就必须了解管理，知道管理者都在做什么，又是怎样做的。

此外，管理能够帮助人们认识应该如何制订决策、做好计划、分配任务和资源，引导良好的人际关系，从而有助于人们与自己的上司、同事、下属协调关系，获得上司的赏识和同事们的尊重。

不是管理别人就是被别人管理，在任何社会中，人们都在为得到一份报酬优厚的工作、拥有一个感兴趣并满意的职业而竞争，若要两者兼得必须学习管理学。越有意思的工作，往往越复杂，责任也重大，需要承担者倾力开发管理技能，成为能够组织其他人一同达到目标的管理者。

第二节　培养营销和管理能力的重要意义

国内外的企业对于高级管理人才的薪酬是相当慷慨的，这也从某方面诠释了营销管理类人才的价值。懂得营销和管理，具备优秀的营销和管理能力，对一个人成才发展而言无疑是十分重要的。

一、对大学生进入社会的帮助

1. 对于大学生求职的帮助

我国高等教育长期以来受传统计划经济的影响，形成了一种狭隘的专业对口观念。大学教育过分专门化，专业面狭窄，知识面不宽，毕业生学科综合能力较差，适应能力、创造能力、综合分析能力和实际操作能力不强，往往需要在实践中巩固、领会和理解所学过的知识，在求知的道路上呈现出迂回前行的状态。

在知识经济时代，一个全能型和复合型人才所需的知识结构应该是"T"字型，而非"一"字型或"丨"字型。"一"字型知识结构虽然知识面宽，但缺少对专业独到精深的见解；"丨"字型知识结构只强调专业知识而忽视了知识面的宽度。而"T"字型知识结构强调的则是博专相济、相辅相成。企业要求的人才即"T"字型人才，不仅要有较高的专业知识，而且具备有一定的综合能力，尤其是营销和管理能力。

如：微软选拔人才特别注重人品、智慧、团队精神、激情；IBM 用人标准有三点：必胜的决心、又快又好的执行能力、团队精神；诺基亚考察人才分为硬件和软件系统两方面，所谓硬件系统包括专业水平、业务水平和技术背景，软件系统包括沟通能力、创新能力及灵活性等；摩托罗拉强调远见卓识、创造力、行动力、果断、道德；通用电气海鹰公司人力资源部负责人在谈到选拔人才时认为，除了看学生的学业是否优秀外，还要看学生是否拥有"speed"（讲速度）、"simplify"（管理作风简洁化）和"self‐confidence"（自信）的"3s"素质。

所以，要想找到合适的工作，专业能力强只是一方面，企业越来越看重学生自身能力，尤其是营销和管理能力。对企业而言，营销和管理能力更是重中之重。

第十二章　为什么要培养营销和管理能力

在现代快速、激烈的商业竞争下，企业对具有一定营销、管理能力的大学生越来越重视，许多用人单位挑选大学生时不仅注重学业成绩同时对在校是否担任学生干部、担任过社会工作、是否参与过营销与管理实践等方面很感兴趣。拥有这方面的经历和能力，往往能使大学生在招聘中占得先机，突出重围。因此，大学生在校期间应积极参加社会活动，尽量做一些营销和管理工作，不断增强自己的综合能力，是很有意义也很有必要的。

那么，对于已经进入工作岗位后的职业发展而言，它又有何呢？

2. 对于大学生职业发展的帮助

大学生进入公司，度过一段时间的适应期后，便会开始在企业站稳脚跟。尤其是那些专业能力突出的同学，便会慢慢走上企业的管理岗位，或者慢慢接触一些企业管理工作，也有可能参与到产品的研发与营销过程中去。

而企业对干部的营销和管理能力的培养也是放在一个很重要的位置上。比如：华为公司有其内部的管理培训系统，面向公司各级管理者进行的管理实务培训，其课程体系是在围绕公司对管理者任职资格标准要求的基础上分层分级设计和开发的，运用"学习——练习——行动"的培训模式，采用讲座、案例研讨、角色扮演、管理游戏等多种教学方法，使参培人员迅速有效地接受并理解培训内容，养成有效的管理行为习惯，逐步走上职业化管理的道路。同时，华为引进业界最优秀的管理课程，作为对管理者领导力、执行力培训的重要手段，以进一步提升华为管理者的综合素质和技能。另外，华为还将管理者依据任职资格等级及岗位责任权重划分为五级实施培养，落实高一级管理者对低一级学员的培养责任，形成低一级管理者真正成为高一级管理岗位的资源池。

从华为的管理培训体系我们可以了解到，华为对自己公司中干部的选拔和培训，都进行了很科学的定义和划分。对于选择中层干部，华为倾向于从自己的基层员工中选择。从华为选择的方式来看，不光要求专业技能，也要求具有基本的营销和管理的素质。

由此可见，具备良好的营销和管理能力，对于大学生在企业里的发展是有很多优势的。大学生应该提前做好准备，在大学期间就着手培养营销和管理能力，让自己赢在起跑线上。

二、让大学生活更充实更精彩

对于大学生而言，营销和管理的意义是什么，是不是离大学生的生活很远呢？是不是只有踏入社会才需要营销和管理能力？

其实，大学生所在的校园便是一个小型的社会。大学生在校园里不光要学习专业的知识，也会参与到一些社会活动中来，尤其是参与校园里的一些团体活动。那么，如何很好地融入到团体中去，对大学生本身所具有的营销和管理能力就是一个考验。

暑假到了，学院里要组织社会实践小分队到欠发达地区支教，你就可能承担起去某地支教的组织工作。你要做的事可能千头万绪，你也许会遇到很多意想不到的困难，而所有的事都需要你想在前面：

你在学校里张贴了招募启示，结果报名者太踊跃了，很多都是与你关系不错的同班同学，你怎么办？

学院相关部门只能给你一半的预算经费，你怎么办？

在支教的过程中，发现教学计划有问题，同时出现同学闹矛盾的现象，又有同学受不了艰苦的环境打退堂鼓，作为负责人，你该怎么办？

因此，对于大学生而言，通过学习营销和管理的知识，在实际中合理运用，便可以合理解决这些问题。以上面的例子来说，你要去支教，首先得计划自己的安排，合理建立自己的团队，并运用营销的手段去解决另一半的经费来源（找感兴趣的企业投资之类）并合理领导自己的团队。

具备良好的营销和管理能力，能让大学生在各类社会活动中得心应手、运筹帷幄，能够使大学生活更加丰富多彩，充满激情，也有利于在同学中出类拔萃，脱颖而出。

第三节 大学生如何培养自己的营销和管理能力

一、注重掌握营销和管理基础知识

大学生在学校里，拥有最好的学习环境和学习条件。大学里拥有大量的和营销管理相关的书籍可供我们阅读，其中，很多经典的书很好地诠释了营销和管理的基本理论、原则及实例。大学生应该珍惜宝贵的大学时光,在大学期间多读书、读好书,尤其是营销管理的经典书籍。从经典书籍、经典人物及案例中汲取知识,吸取营养,树立营销、管理意识。注重学以致用,在实践中有意识地培养自己营销、管理方面的能力。

有一些营销管理学经典,是大学生必读的。例如菲利浦·科特勒的《营销管理》是国际公认的营销学圣经,也是国内引进的最高水平的营销学经典教材。奥格·曼狄诺的《世界最伟大的推销员》,是备受营销人推崇的自我激励书籍。艾里斯、杰克·特劳特的《定位》,是营销人、广告人、策划人的必读之书。彼得·德鲁克的经典管理学著作,如《从优秀到卓越》等,戴尔·卡耐基的《人性的弱点》,亚当·斯密的《国富论》,《杰克·韦尔奇自传》,《杜拉克管理思想全书》,等等。这些书籍无不闪烁着智慧的光芒,生动透彻地告诉我们营销和管理的理论及思想。多读这样的书籍对我们整个人生都是大有裨益的。

1. 大学生应当了解的营销学基本理论

(1) 4P 理论

产品(Product):确定产品的种类、项目、功能、服务目标定位和服务品牌等。研究客户需求欲望,并提供与客户需要相适应的产品或服务,注重产品的功能要求产品有独特的卖点,把产品的功能诉求放在第一位。

价格(Price):包含基本价格、价格组合、支付方式,根据不同的市场定位和市场竞争环境,制订不同的价格策略。产品的定价依据是产品的质量、性能、服务;竞争产品状况;客户的价格承受能力;企业产品的品牌战略和品牌的含金量。

分销渠道(Place):含直接渠道和间接渠道,企业并不直接面对消费者,而是注重经销商的培育和销售网络的建立,企业与消费者的联系是通过分销渠道来进行的。

促销(Promotion):就是通过广告、人员推销、营业推广和公共关系等方式和手段,与客户进行沟通,使企业和产品获得客户的认同,从而激发客户购买的欲望。推销员要注重推销行为的改变来刺激消费者,以各种有效的促销行为,吸引其他品牌的消费者或导致提前消费来促进销售的增长。

(2) 4C 理论

4C 营销理论以消费者需求为导向,重新设定了市场营销组合的四个基本要素：

瞄准消费者需求（Consumption）：比如物流企业首先要了解、研究、分析消费者的需要与欲求，而不是先考虑企业能提供什么样的物流服务。现在有许多企业开始大规模兴建自己的物流中心、分拨中心等，然而一些较成功的物流企业却不愿意过多地把资金和精力放在物流设施的建设上，他们主要致力于对物流市场的分析和开发，争取做到有的放矢。

消费者愿意支付的成本（Cost）：物流企业首先要了解物流需求主体满足物流需要而愿意付出多少钱（成本），而不是先给自己的物流服务定价，即向消费者要多少钱。该策略指出物流的价格与客户的支付意愿密切相关，当客户对物流的支付意愿很低时，即使某物流企业能够为其提供非常实惠但却高于这个支付意愿的服务，二者之间的物流服务交易也无法实现。因此只有在分析目标客户需求的基础上，为目标客户量体裁衣，实行一套个性化的物流方案才能为客户所接受。

消费者的便利性（Convenience）：物流企业要始终从客户的角度出发，考虑能为客户提供的物流服务能给客户带来什么样的效益。如时间的节约，资金占用减少，核心工作能力加强，市场竞争能力增强等。只有为物流需求者对物流的消费带来效益和便利，他们才会接受物流企业提供的服务。

与消费者沟通（Communication）：即以客户为中心，实施营销策略，通过互动、沟通等方式，将物流企业的服务与客户的物流需求进行整合，从而把客户和物流企业双方的利益无形地整合在一起，为用户提供一体化、系统化的物流解决方案，建立有机联系，形成互相需求、利益共享的关系，共同发展。在良好的客户服务基础上，物流企业就可以争取到更多的物流市场份额，从而形成一定的物流服务规模，取得规模效益。

(3) 4R 理论

该营销理论认为，随着市场的发展，企业需要从更高层次上以更有效的方式在企业与顾客之间建立起有别于传统的新型的主动性关系。4R 理论的四要素如下：

关联（Relevancy）：即认为企业与顾客是一个命运共同体。建立并发展与顾客之间的长期关系是企业经营的核心理念和最重要的内容。

反应（Respond）：在相互影响的市场中，对经营者来说最现实的问题

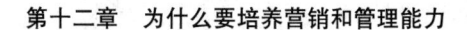

不在于如何控制、制订和实施计划，而在于如何站在顾客的角度及时地倾听和从推测性商业模式转移成为高度回应需求的商业模式。

关系（Relation）：在企业与客户的关系发生了本质性变化的市场环境中，抢占市场的关键已转变为与顾客建立长期而稳固的关系。与此相适应产生了5个转向：从一次性交易转向强调建立长期友好合作关系；从着眼于短期利益转向重视长期利益；从顾客被动适应企业单一销售转向顾客主动参与到生产过程中来；从相互的利益冲突转向共同的和谐发展；从管理营销组合转向管理企业与顾客的互动关系。

回报（Return）：任何交易与合作关系的巩固和发展，都是经济利益问题。因此，一定的合理回报既是正确处理营销活动中各种矛盾的出发点，也是营销的落脚点。

2. 大学生应当了解的管理学原理

现代管理原理是对管理的实质及客观规律的表述，它高度概括了各项管理制度和管理方法，因而对一切管理活动具有普遍的指导意义，是任何一项管理活动都必须遵循的行为规范。对于大学生而言，掌握并贯彻管理原理有助于大学生及早树立科学的管理意识，提高具体管理工作上的科学性，并能够在各项管理实践中迅速找到解决问题的途径，以不变应万变，从而提高今后管理工作中的效率和效益。

（1）系统原理

管理是由一系列相关的活动组成的有机整体，它具有系统的特征。在认识和处理管理问题时，应遵循系统的观点和方法，以系统论作为管理的指导思想。为了达到最佳管理，必须进行系统分析，抓住系统的三个环节，即目的性、全局性、层次性。

（2）人本原理

管理要以人为核心，把人看作最重要的资源，建立以人为本的指导思想，制订全面开发人力资源战略，发挥人的积极性和创造性，强调服务于人是管理的根本目的。

（3）能级原理

将不同的个人，根据其能力大小，分别安排在适当层次的组织机构中，做到人尽其才，能者多劳。不同层次授予不同的职责、权利及物质利益。

(4) 责任原理

在合理分工的基础上，明确各部门和每个人必须完成的工作任务和必须承担的与此相应的责任，确定责任必须完整、明确。管理者所负的责任、拥有的权利和应得的利益应该相对等。

(5) 效益原理

任何组织的管理都是为了获得某种效益，效益的高低直接影响着组织的生存和发展。管理实践中一个最基本的标准是：一切以效益为准绳，综合平衡，把经济效益与社会效益有机结合起来，局部效益服从整体效益，长期效益高于近期效益。

(6) 80/20 原理

在特定的群体中，重要的因子通常只占少数，而不要的因子却占多数，在管理活动中控制住具有重要性的少数因子，便可以控制住全局。就像少数人占有社会的绝大多数财富，80%的价值来自20%的少数因子，找出这些"关键的少数"，并进行重点管理，往往能达到事半功倍的效果。

二、在实践中培养营销和管理能力

1. 学会营销自己

成功学大师拿破仑·希尔说："每个人都总是在销售自己。无论你是谁，或从事什么职业，每当遇见一个人、向他人解释、和人通电话或表达自己的观点时，你就在销售最宝贵的财富——你自己。"

【案例12.3】营销自己价值千金

一天，在美国新泽西州，西奥兰治市，一位年轻人从一列货车上跳下来，匆匆赶往爱迪生实验室。秘书将他拦在了门外，并示意他爱迪生先生很忙，不是所有来访客人都有机会面谈的。接着，秘书问及他的来意，他坚定有力地说："我将成为爱迪生先生的合伙人！"秘书注视着眼前这位风尘仆仆的年轻人，眼神儿里的不屑迅速转化为一种惊异和崇拜。她迅速去通报爱迪生。而爱迪生同样受到这个"合伙人"的合作机会的吸引，痛快地接见了他。就是这样一个冒失大胆的举动为他赢得了机遇：1小时。

在这1个小时的时间里，年轻人对自己进行了充分的自我销售。1小时之后，他成为了实验室的一名员工，为爱迪生工厂擦地板。但是5年之

第十二章 为什么要培养营销和管理能力

后,他却真的成为了伟大的爱迪生的合伙人,并作为口述记录机的经销商而闻名于世。这1小时的自我销售可谓价值千金。这个年轻人就是了伟大的埃德温·巴恩斯。

埃德温·巴恩斯积累了巨额的财富,这一切都要归功于他那1个小时的自我销售,他成功地达成了自己和爱迪生的合作,虽然只是一个为工厂擦地板的机会,却最终为他开启了财富的大门。

摩托罗拉中国公司人事部的一位负责人在清华大学对毕业生进行就业指导时指出:巧妙地推荐自己,是变消极等待为积极争取、加快实现自我的不可忽视的手段。如果你具有非常优异的才能,而没有把它表现在外,这就如同把货物藏于仓库的商人,顾客不知道你的货色,如何叫他掏腰包?各公司的董事长不可能像X光一样透视你大脑的组织。因此,积极的方法是自我推销,如此才能吸引他们的注意,从而判断你的能力。在知识经济时代的今天,想做大事业,必须更新观念,勇于并善于推销自己。具体可从以下几个方面努力:

(1) 要学会表现自己

靠别人来发现,总归是被动的。靠自己积极地表现,才是主动的。一个人数年埋头苦干,兢兢业业,却默默无闻,这说明他不懂得干的艺术和说的艺术。成功者善于积极地表现自己最高的才能、德行,以及各种各样的处理问题的能力。这样不但可以表现自己,也能够吸收别人的经验,同时获得谦虚的美誉。年轻的朋友,学会表现自己吧——在适当的场合,适当的时候,以适当的方式向你的同学、领导与同事表现你的能力和业绩,这是很有必要的。

(2) 最大限度地表现自己的美德

人是复杂的、多面的,既有长处,也有短处;既有优点,也有缺点。懂得扬长避短,最大限度地表现自己的美德,是现代青年人必备的素质。聪明人能够使自己的美德像金子一样闪闪发光,具有永恒的魅力。你是否最大限度地表现了自己的才能和美德呢?这可是成功的一大秘诀,它有利于丰富你的形象,有利于你事业的成功。

如何尽最大限度表现自己的美德呢?请记住"尽善尽美"四字。事情无大小,每做一事,总要竭尽全力求其完美,这是成功人的一种标志。

人们都想得到一个较高的位置,获得一个较大的机会,使自己有"用

武之地"。但是，人们却往往容易轻视自己简单的工作，看不起自己平凡的位置与渺小的日常事务。成功者即使在平凡的位置上也能做得十分出色，自然就能更多地吸引上级的注意。成功者每做一事，都不满足于"还可以"、"差不多"，而是力求尽善尽美，问心无愧。他们的任何工作都经得起"检查"。他们的美德，就是在一件件小事中闪闪发光的。

最大限度地表现自己的美德，这里还有一个"度"的问题。表现自己而又恰如其分，这既是一种能力，也是一门艺术，它往往体现一个人的修养。

（3）适当表现你的才智

一个人的才智是多方面的。假如你想表现你的口语表达能力，你要在谈话中注意语言的逻辑性、流畅性和风趣性；如果你想表现你的专业能力，当领导问到你的专业学习情况时就要详细一点说明，你也可以主动介绍，或者问一些与你的专业相符的新工作单位的情况；如果你想让领导知道你是一个多才多艺的人，那么当上司问到你的爱好兴趣时就见机发挥，或主动介绍，以引出话题。如果上司本身就是一位爱好广泛的人，那么你可以主动拜师求艺。至于表现自己的忠诚与服从，除了在交谈上力求热情、亲切、谦虚之外，最好的方式是采取附和的策略，但要尽量讲出你之所以附和的原因。上司最喜欢的是你能给他的意见和观点找出新的论据，这样既可以表现你的才智，又能为上司去教育别人增加说理的新材料。如果你实在想表示与上司不同的意见，不妨采用迂回的办法。

（4）另辟蹊径，与众不同

这是一种显示创造力，超人一等的自我推销方式。款式新颖、造型独特的商品常常是市场上的畅销货；见解与众不同，构思新奇的著作往往供不应求。独特、新颖便是价值。物如此，人亦然。他人不修边幅，你则不妨稍加改变和修饰；他人好信口开河，你最好学会沉默，保持神秘感，时间越长，你的魅力越大；他人总是扬长避短，你可试着公开自己的某些弱点，以博得人们的理解与谅解；他人自命清高，孤陋寡闻，你应该尽力地建立一个可以信赖的关系网；他人虚伪做作，你要光明磊落，待人坦诚；他人只求可以，你则应全力以赴，创第一流业绩；他人对上级阿谀奉承，你却以信取胜。倘若你愿意试试以上方法来表现自己，就一定可以收到意想不到的效果的。

第十二章 为什么要培养营销和管理能力

（5）推销自己是自然地流露而不是做作地表现

会表现的人都是自然地流露而不是做作地表现。成功者从不夸耀自己的功绩，而是让其自然地流露着。比如，在你向领导汇报工作时，不妨说："我做了某事，但不知做得怎么样，还望您多多指点，您的经验丰富。"这样，你好像是在听取领导的指点，而实际上你已经表现了自己，又充分体现了你谦虚的美德。如果你以请功的口气直接向领导说，我做了某事，这事很不简单，做起来真不容易，其具有多么高的价值。这样，在领导心目中就已经损害了你的形象，也降低了你在领导心目中的价值。

2. 培养计划能力

学会制订计划，执行计划，修正计划，是我们一生都要掌握的重要能力。计划是一座桥梁，连接现在和将来要达到的目标，并能使未来不会发生的事，现在有可能发生。做任何工作都应有计划，以明确目的，避免盲目性，使工作循序渐进，有条不紊。同样一个事情，别人做的紧凑有序，而你却丢三落四。为什么有时候你感觉自己天天在忙碌，而似乎没有任何成果，总是裹足不前呢？为什么有时候感觉有许多事要做，但却不知道从哪件事开始做呢？其原因就是没有一个合理的计划。

计划是提高做事效率的一个前提，也是管理的一项重要职能。计划有利于合理配置资源，减少重叠性和浪费型的活动，取得最佳效益。企业有年度计划、季度计划、月计划、周计划，这些计划明确了这个月、这个季度要完成的任务，以及当年要完成的任务。同样，个人在日常生活中也需要这样的计划，要明确这个月要完成哪些事情，把事情进一步细化至周、日，就是这周要完成什么事情，今天要完成什么事情，明天要完成什么事情。只有在计划指导下的大学生涯才不是盲目而杂乱无章的。大学生要培养做计划的能力。

对于大学生而言，要制订自己的计划，才能有目的学习、生活，以及把握未来的发展方向。那么对于大学生而言，需要去做些什么呢？

（1）确立自己的目标

大学期间，有许多学生放任自己，虚度光阴，甚至始终找不到自己的目标，以致大学生活临近结束才蓦然发现大学期间竟一事无成，后悔不已。没有计划的人生就像一艘轮船没有舵一样，只能随波逐流，无法掌握，最终搁浅在绝望、失败、消沉的海滩上。对于我们大学生而言，要实

现自己的人生价值、拥有美好的未来，就必须及早规划自己的未来，就必须确定目标，那么我们应该做什么呢？

自我分析。主要分析自己的专业、性格、气质和价值观等，找出自己的特点。比如是否喜欢团队合作，个性是外向还是内向，是属于管理类还是属于技术类，等等。

分析内外部环境。对自己所处的内外环境如社会发展趋势，经济文化环境等进行分析，确立自己的位置。例如，去关注每天的政治财经新闻，了解所在环境中的人们关心什么，大的经济状况是什么以及社会需要什么样的人，等等。

确立职业方向。根据上面的分析结果，选定职业和职业生涯路线，确定朝哪个方向发展。通过上述分析来决定自己以后是做开发，还是营销，还是行政；是去外企还是去国企，或者去政府，等等，都会成为要事先决定的方向。

确定相应的行动计划和落实措施。根据自己所选的方向确定自己是出国还是考研，是毕业就直接工作还是继续深造。所有这些，都要通过学生自己详细的规划。同时，要将这些规划落实到日常的学习和生活中，指导每一天向着目标而迈进。

在这种计划的过程中，我们可以更好地认识自己、了解自己、估计自己的能力，明确自己的优势，衡量自己的差距，并以此来开发自己、塑造自己，成功地把握自己，使自身能够得到不断完善和发展。因此，大学期间为自己确立一个总体的目标，能够为我们指明方向，很好地指导我们的大学生活，帮助我们发挥更大的潜能，有利于自己的事业发展获得成功。同时，这种计划的能力在未来的工作生活当中，会给我们带来很大的帮助，不仅可以让我们有个美好的未来，也会让我们的能力有很大的提高。

（2）循序渐进，提高效率

效率，就是单位时间内所做事情的多少。比如学习，要想提高效率，必须在尽量短的时间内，学尽量多的东西。要这样，就必须尽量减少犹豫时间，减少走弯路，减少无用功，减少精力的浪费。而一个科学且周密的计划，恰恰具有这些作用：做什么，做多少，计划中全有了，这有利于尽早进入实战，无须观望犹豫。大学生将计划的过程用到学习上，就会促成学习效率的提高。反观一些平时无计划的同学，到考试前必然连天加夜苦战，造成负担过重，脑细胞大量阵亡，不仅学习效率提不高，还会严重损害身体健康。

（3）提高认知能力

人们总是用自己以往的经验指导未来的生活，学生也不例外。计划，考虑的是未来，但它的依据是"过去"。同时一个好的计划还必须顾及当前实际和个人的主观条件，在对"过去"的经历的回忆中，在对当前客观情况的考察中，在对个人主观条件的分析中，不仅提高了自我认识能力，而且对客观世界认识的能力也会得到锻炼和提高。比如大学中一些见多识广的人和学生干部，接触和从事计划的实践多些，因而生活能力、工作能力、认识问题的能力也普遍高些，做起事来也往往得心应手。

3. 在团队中合作做事

在日常生活中，经常会有这样的事，不管你愿意还是不愿意，你必须与别人共同来完成。事实上，我们面临的绝大部分事情都需要与人合作来完成。你要想成功做事，就要培养团队意识，学会与人合作。中国古语说得好："一个篱笆三个桩，一个好汉三个帮。"没有别人的帮助，不与人合作做事，将拉大你与"成功"的距离。

与人合作经常是以团队为载体来完成的。团队是一群人为了共同的目标或使命而组成的有机整体。在大学里，你总有机会成为一个团队的一员。既然是团队的一员，你就有相应的权利与义务，你就要懂得依靠团队的力量去做事。个人的力量是相当有限的，一滴水，如果放在岸边马上就蒸发了，只有汇入大海才会有力量。团队给你带来的最大好处是使你有力量感，而且可以互相取长补短。所以，我们必须"借"别人的脑袋一起思考，"用"别人的手一起做事，从现在开始就要这样去努力。

当你成为团队的一员时，该如何发挥自己的作用呢？显然，你首先应该明确自己在团队中的角色。一个团队，简单地说它应该拥有领导者、合作者、执行者三种基本角色的成员。领导者——必须具备统筹能力，能够对团队的发展进步把好舵，比如学生会主席、班长、社团负责人；合作者——参与团队决策的制订，负责任务的分解与组织实施，比如各部部长、班委委员，他们需要对领导者负责，但是他们本身也是一个小领导者；执行者——落实执行团队的各项具体工作，是一线的工作人员，比如

干事或普通成员。在你参与的组织活动中,你要清楚自己是充当领导者、合作者还是执行者。只有明白自己的角色,你的目标和行动才有针对性。其次,你应该了解他人在团队中的角色,相应采取不同的沟通和工作方式。

在团队活动过程中,任何人都会有自己的价值和贡献。大学生往往会有过度自信或自卑的倾向。前者常犯的一个毛病就是喜欢指手画脚,对他人的想法不屑一顾;后者则常表现为唯唯诺诺,即使有想法也不敢表露,怕说错做错,结果错失很多锻炼自己的机会。

俗话说:"世界上没有完全相同的两片树叶。"我们应该尊重和欣赏团队角色之间的差异。正是各种差异通过合作弥补,才可能创造出"完美"。遗憾的是,人性的弱点是"容易看到自己的优点,不容易发现自己的缺点;容易看到别人的缺点,不容易发现别人的优点",因此,也就不容易去包容别人的缺点。有很多人就只认可与自己性格和能力相同或相似的成员,而排斥甚至打击与自己性格和能力相异的成员。结果呢,他自己也就很难被别人所承认,削弱自己做事的力量。

所以,我们需要明白"生活中不是缺少美,而是缺少对美的发现。"同样,"不同的团队角色,不是他们缺少优点,而是缺少对优点和缺点的发现和利用"。作为团队成员,我们在学会尊重其他成员的同时,既要学会把自己的缺点(或弱点)限制在别人可以接受的范围内,不要让它们影响到同学间的融洽相处和合作,又要充分发挥自己的优势,最大限度地展现自己的独特"风格"。如果你做到了,你将是一个成功的合作者。

小张是一个新生,进校后通过激烈的纳新招聘,成为某社团的宣传部干事。因为社团不大,作为新人要做很多如盖章、发传单等的琐事。刚开始,由学长带领他完成,熟悉工作,忙得不亦乐乎。可是一段时间后,小张的新鲜感就没了,觉得这样的小干事做着意思不大,除了跑腿、忙些杂七杂八的小事没有什么收获,于是犹豫着要不要退出社团……

在大学校园里,像小张这样的并不是个别现象,很多大学新人都有这样的经历。那么对于小张的这个想法,你是怎么认为的呢?细想一下,小张的工作虽然繁杂细小,却有很多你不去做就不可能有的收获:

出海报——你可以加深对活动内容和形式的把握,比一般人更早更多地了解信息,还可以训练提高你的策划能力和书画水平;到学工办加盖核准章、到教务部借教室等——需要对学校各个部门办事流程的了解，同时你还可以与相关老师有一个相互认识与了解的机会；做横幅——如果就是把内容报给文印室当然没有技术含量，但是长度、内容、价格等，都是你要了解的，甚至要货比三家，你的砍价能力这个时候可以得到锻炼；发传单——可以让你学习决策和应对。你要思考什么时间段发最有效果，什么样的传单有吸引力，如何克服害羞心理，如何对待别人对你传单的拒绝等。所以，千万不要小看目前的这份工作，如果你是一个有心人，宣传的工作你可以做得很到位，不出一年，你就是行家了。

当你还是跟着做的时候，你需要提高自己的观察力和执行力，要多观察"老师"、"领导"是如何思考，如何布置任务的，这些方案可不可行。作为一个好干事、普通同学，你有最深切的体会，也有更大的发言权。要想提高自己的执行力，你就要做到对交办的任务"执行有力"，要时时刻刻做个有心人，主动承担起力所能及的任务。

4. 注重修炼自己的领导力

马克·吐温曾说："做得对了不起，教别人做得对更了不起。"一个人如果想超越自身潜能，实现人生价值，就要尽力争取更多的力量、资源，就要能领导别人做事。如果你希冀未来的事业多一些成功的砝码，就要把提升领导力作为一项必修的内功来加强"修炼"。

领导者虽然不是人人都能做的，但领导行为却是人人都要做的。即使你不在领导岗位，也有可能"客串"领导者的角色。何况世事不可预料，说不准哪一天自主创业或者组织需要，你就可能"披挂上阵"走上领导者的岗位。接受过高等教育、掌握了相当程度的科学文化知识的大学毕业生，属于推动社会发展的骨干力量，将来不管是何种类型的人才，身处什么岗位，都随时可能承担起领导者的角色。所以不管你以后做什么，领导力是一定要训练的。

建立"领导是人人都要做"的理念，有助于你主动寻找一切机会担任"领导"的角色。在学校，有许多学生组织，如学生会、学生班级、各类学生社团等，这些组织中的学生骨干都是学生中的领导者；根据工作需要，由一些比较优秀的高年级学生组成的学长辅导组成员，某种意义上也是学生中的领导者；学生寝室长可以说是学生中的"七品芝麻官"，是学校里面权力最小却很不容易当的"领导"。这些岗位都是大学生训练领导

能力的很好平台。

由思想活跃又各具个性的年轻人构成的校园是一个"准社会",具备了现实社会的一般特征。而学生组织中的领导者与被领导者是同学关系,相互资历地位差异小,人际利益关系相对要简单得多;大学生在校园里做事,有老师指导,要承担的经济和政治风险比较小,对领导行为失误的宽容性大。所以大学是青年学生学习领导、训练领导力的最佳环境。那么如何培养自己的领导力呢?

(1) 锤炼你的决策力

毛泽东说过:当干部,一是出主意,二是用干部。出主意就是决策,决策力是领导力的两大要素中的第一要素。凡事得先谋,谋定而后动,做事才会有方向,有成功的把握。出主意不是领导者的专利。要出好主意,作对决策,就必须先"民主",再"集中"。所以决策的过程分为两个阶段:

第一阶段是领导者调用他人的"头脑"来思考,领导者的任务是"创造"出主意的环境和条件,让大家发散思维。这一点对于大学生中的领导者来说尤为重要,因为你的生活经历和工作经验不足,决定了单凭自己往往不足以做出正确的决策。只有跟其他同学进行大量的交流,才能准确把握要做的事,了解大家的心理感受。这种交流可以是正式的,也可以是非正式的。

第二阶段是领导者在集中和认真分析大家的建议和意见的基础上,作出决策选择。在绝大多数情况下,这种选择是综合分析各方面的利弊,做出"舍"与"得"的权衡后作出的。最后的决定最好也不是一个人作出,而是由组织的核心人员共同讨论确定。这样的决策才会比较切合实际,符合大家的共同意愿,有利于目标实现。作为学生组织的领导者,由于经验缺乏,并且与其他同学的地位比较平等,更应该注意这一点。

在实际工作中,我们往往会陷入一种"晕"圈,即为了活动而搞活动,为了完成一项任务而盲目做事,很少去计较做事、搞组织活动真正的目的是什么,意义何在。所以常常事前没有认真策划,过程缺少调控,事后没有总结。这样做事的方式是"脚踩西瓜皮,滑到哪里算哪里",收效很差,组织者的领导力也得不到很好的培养。

一般情况下,决策要形成一个策划方案。根据实际需要、背景情况与条件的可控程度,策划方案可以比较笼统,也可以做得非常细,具体到每个细节。策划方案原则上应包含以下一些内容:明确目的,确定目标与要求,选择对策,确定方法与创新途径。

选择实现目标的方法与具体途径是战术性问题。解决一个具体的问题应该走什么途径,采取什么样的方法,很难有统一的标准答案。对于某一特定的问题,解决的途径和方法有很多,需要具体问题具体分析。然而也有一些基本的思路可以帮助我们有效地思考问题:问题的关键是什么?造成问题的因素是什么?有什么可以解决的方法?最佳的解决办法可能是什么?这样做有助于找到解决问题的有效途径与方法。

对于大学生,经验的积累尤为重要,做事不必太拘泥规则。要善于创新,敢于标新立异,同类型的事可以尝试用不同的方法去做。

(2)提升你的影响力

影响力是领导力的第二要素。卡耐基的墓碑上刻了这么一句话:"这里躺着一个人,他明白如何集合比他能干的人在他身边。"独木不成林,成功需要你运用你的领导才能去集结一批能手为你效力,这种集结的凝聚力就是影响力。

大学生领导者要让人对你信任,提升自己的影响力,就要努力修炼以下品质:

相信自己能够成功。史蒂芬·柯维在其《领导艺术》一书中说:"一个不能说服自己相信自己能做好所赋予的任务的人,不会有自信心。"试想,一个连自己都缺乏信心的人,谁又会放心跟你走?其实就眼前的实力与经验,大学生有许多事情做不了。但是我们可以选择适合我们做的事情去做。每一项集体活动都需要人牵头,你要争取"为王",学习领导。

尽力关心和帮助别人。"得道多助,失道寡助",这是孟子说的话,论述的是国君施仁政多寡与其帝位能否长久的关系。学会关心别人,会换来别人对你的支持。如果只想着自己的利益,甚至不惜暗箭伤人或以势压人,那就会失去众心,失去支持,最终成为孤家寡人。史蒂芬·柯维说得很有道理:"假如我能帮助你在领导的道路上取得成功,你不用感谢我,因为那也是在帮助我自己,人生是相互帮助,相互友爱的。"我们要牢记,助人者自助。尤其是大学生,真正的利害冲突不多,在一起学习生活的根本目的是共同进步,更应该做到这一点。

培养和发挥好自己的特长。所谓特长，史蒂芬·柯维是这样定义的："特长就是在人类的一切所作所为中，某人所据有的对事物的高深见解或巧妙技能。它是一个领导者吸引他人追随自己的最重要的力量源泉。"在大学生群体中，可以说是"高手如云"，每个人都有自己的特长。当然同样的，每个人也都会有不如别人的地方。一个群体要想成功，一个重要的条件就是发挥好每个人的特长，整合好每个人的特长，做到取长补短，和谐发展。大学生中的领导者不仅要注意发挥好而不是故意"卖弄"自己的兴趣特长，还要注重培养团队需要的某些特长，以适应工作的需要，展现领导的魅力。

始终保持乐观开朗的精神状态。工作中总会有一些挫折，生活中也会有一些不顺心的事。但作为一个领导者，需要有一种气质，就是胜不骄、败不馁，以自己最佳的精神状态去感染别人，而不能因为个人情绪影响团队。这一点很能体现一个人的成熟度，要做好非常不容易，需要有很深的"功底"。大学生往往容易情绪偏激，意气用事，需要进行自我磨练。

（3）养成好的工作习惯与方式

领导能力是在领导活动的不断实践中得到发展的，这当中，习惯起着非常重要的影响作用。习惯可以改变人的一生。下面列举的五种习惯，是作为一名合格的领导者的五种习惯，这些习惯并不复杂，但作用却非常显著。

习惯之一：延长工作时间。

你不仅要将本职的事务性工作处理得井井有条，还要随时应付其他突发事件，经常思考下一步发展规划。为了完成一个计划，你需要在岗位加班；为了理清管理思路，你需要多读书、思考；为获取信息，你需要在业余时间与朋友们联络……

习惯之二：始终表现出你对工作的兴趣和热爱。

你应该利用任何一次机会，表现你对工作的兴趣和热爱，不论是在工作时间，还是在业余时间；不论是对组织内成员，还是对其他人。当你向别人传播你的兴趣和热爱时，别人也会从你身上体会到你的自信和对组织的信心。

习惯之三：自愿承担艰巨的任务。

常常会有一些不属于你的职责范围内却比较紧急或重要的事件发生，当需要你去做的时候，应该积极去处理这些事情。这种迎难而上的精神会让大家对你产生认同。此外，承担艰巨的任务也是锻炼你能力的难得机会。

习惯之四：在工作时间避免闲谈。

并不是每个人都很清楚你的工作和效率，所以闲谈只能让人感觉你很懒散或不重视工作。闲谈也会影响他人工作，引起别人的反感。在岗位上你不要做与工作无关的事情，你必须让人感觉到你在工作时间的每分钟都是充实和高效的。

习惯之五：向领导提出问题及建议。

你必须始终以管理者的眼光观察所发生的事情，并及时对发现的问题进行归纳总结，向领导提出建议。你必须让别人感觉到，你始终关心着组织的发展。

许多大学生中的领导者都会有这样的感受，他们在目前情况与期望目标之间看到一道巨大的鸿沟，他们看清了需要什么，但就是不知从何着手，不知怎样实施领导。这个问题很难简单地做出回答，只有靠多思考、多实践、多总结。但是有一点可以提醒大家，领导活动方式对领导行为影响很大，必须注意选择。

5. 学会与人合作做策划

大学里我们可能会在一个规范的组织里做事，也可能会在一个非正式的团队中工作，还会与另一个团队临时性合作。无论是在什么样的情景下，都需要我们主动去寻求合作，把事情做得漂亮。为了达到自己的做事目标，你就得有自己的想法，自己进行或者与他人配合进行一些策划。

这不是一件容易的事，要有好的想法不容易，要让别人接受你的思路与想法更难。在做策划方案时，我们必须注重以下规律：

（1）寻求双赢

在人类历史上，人们相互之间交往，一直受"零和游戏"原理的影响。所谓"零和游戏"是指在一项游戏中，游戏者有输有赢，一方所赢，正是另一方所输，游戏的总成绩永远是零。

"零和游戏"的原理使游戏的利益完全向一方倾斜，而不顾及另一方的利益。胜利者的光荣往往伴随着失败者的屈辱和辛酸。但是，要知道在"零和游戏"原理中，双方是不可能维持长久的交往关系的，因为谁也不愿意长久地以损害自己的利益为代价来保持双方关系。学会站在他人的立场考虑问题是一种很重要的思维方式。作为 21 世纪的大学生，你的思维必须调整到位。

（2）有效沟通

团队合作不可能没有沟通。沟通可以交换想法，统一认识；沟通可以消除冲突，协同步调。沟通是一门艺术，当你与合作对象发生争执时，你会考虑采取什么方法来解决矛盾？当你的想法与他人完全不同，却有一定可操作性时，如何去说服人家？这些需要你通过长期的实践来积累经验。成功的沟通应遵循以下五个法则：

①有趣：内容充实，能引起对方的兴趣。

②平和：脸上总是充满微笑，令人感觉愉快。

③真诚：对人绝对诚实。

④观察场合：视对象、时间、地点不同改变话题。

⑤积极：适时赞赏对方，很少使用否定句。

学习沟通还有很重要的一点——学会倾听。戴尔·卡耐基说："专心听别人讲话的态度是我们所能给予别人的最大赞美。用心倾听，不是只听对方的言辞，还要懂得那些话里的真正意思，把握对方的心理，知道他需要什么，关心什么，担心什么。只有了解他的心，自己讲话才会增加说服的针对性。"

（3）多种备选方案

成功的合作往往是妥协的产物，这意味着我们不能固执于一个方向，必须准备多套方案，以便优中选优。

有七个僧人曾经住在一起，每天分一大桶粥。但要命的是粥在每天都不够。一开始，他们抓阄决定谁来分粥，每天轮一个。于是乎，每周，他们只有一天是饱的，就是自己分粥的那一天。后来，他们开始推选出一个大家认为公正的人来分粥。结果大家挖空心思去讨好他、贿赂他，搞得整个小团体乌烟瘴气。然后大家开始组成三人的分粥委员会，结果互相扯皮，粥吃到嘴里全是凉的。最后大家想出一个办法：轮流分粥，但分粥的人要等到其他人都挑完之后拿剩下的最后一碗。为了不让自己吃到最少的，每人都尽量分得平均。大家快快乐乐，和和气气，日子越过越好。

同样七个人，不同的分配办法，就会有不同的风气，达到不同的效果。所以，方案的设计非常重要，不妨分组多策划几个，经认真论证后选

第十二章 为什么要培养营销和管理能力

择其中最优的予以实施。

为了有效地提高你的策划水平,你最好能写出策划文本,一方面便于沟通交流,另一方面以便实施落实。最好你在大学生涯内有过一两次真正自己策划做事的经历,这对于今后营销、管理能力的进一步提高也是大有裨益的。

6. 在社会实践中提高营销与管理能力

谷歌全球副总裁、中国区总裁李开复谈到他的大学生活时,说到了大学生社团活动对成长很有帮助。但对自己的这段经历,他感到很遗憾:"我今天非常遗憾在大学的时候没有参加更多的社团活动(除了桥牌社之外)。虽然我在读高中时,参加了很多社团,非常活跃,有很多参与社会工作的良好记录:学生会副主席、创业三次……经历非常丰富。但那时,这些事情都是我强迫自己去做的,只是为了在申请大学的时候履历表上多一行字。现在回头想想,我从中得到的最宝贵的东西是与人相处的能力,而不是大学申请表上的那行字。"

(1)在团队中锻炼自己

大学里的社团活动具有思想性、趣味性、娱乐性和实践性,还有相当的社会性。在社团的活动中,我们还可以学到课堂上学不到的东西,能够帮助我们形成健全的人格和卓越的综合能力。在社团中我们能接触很多专业以外的同学,学会与各种人交往,学会合作与创新,在公平竞争中学会做人。学校社团如此之多,如何使自己的社团脱颖而出,使自己在社团中脱颖而出,是社团人都要思考的一个问题。竞争意识是必备的,同时又必须协调各方面的力量,为社团的发展创造良好的内外环境。大学期间,多参加社团活动,还可以开阔眼界,拓展胸怀,培养处事冷静、以平常心对待成败的气质。

在社团中我们学会在竞争中合作,学会与人沟通,学会营销自己、展露自己的实力,在一项项具体活动中体会计划、领导、激励和控制,而这种状态其实和我们日后走向社会,在实际工作中的模式是一样的。

(2)积极参加社会实践

参加社会实践可以让大学生提前体验和校园生活完全不同的生活,在增加社会经验的同时还可以提高社交能力和管理能力。例如导游、节假日促销、家教等都能让我们的沟通能力、表达能力、营销、协作能力得到很

好的锻炼。此外，大学生还可以参加一些有针对性的社会实践活动，如全国高校市场营销大赛、营销能力秀大赛、创业设计大赛等，以提升自己的营销和管理能力。

　　大学生在选择社会实践活动时，要进行仔细筛选，一份好的实践工作不在于能收到多少报酬，更重要的是这份工作能够增长你的实践经验，提高你的技能。实践和兼职工作的环境、内容等在无形之中对你的未来人生观都将产生作用。大学生就像一张白纸，兼职工作是你在人生路上写下的第一笔，工作中良好的人际关系、文化氛围、领导和周围人的为人处世方式等，都会对你今后的工作产生巨大的影响。但是，学习和社会实践一定要做到平衡，时间要控制好，不能舍本逐末。只要这样才能在实践的过程中增加社会经验，提高自己的营销和管理能力，既做好兼职，丰富自己；又能加强自己的学习紧迫感，提高学习成绩。

【案例 12.4】韦尔奇的 GE 管理秘笈

　　韦尔奇在 GE 的功过是非尚在争论之中，但人们仍然津津乐道于他在管理这个庞大帝国时的别出心裁。

1. 生产"人才"

　　杰克·韦尔奇在业界之所以重要，是因为他生产"人才"。在最近一次 GE 全球前 500 名经理人员会议上，杰克·韦尔奇透露他成功的重要秘诀之一时说，GE 成功的最重要原因是用人。与很多 CEO 不同，杰克·韦尔奇把 50% 以上的工作时间花在人事上，他认为自己最大的成就是关心和培养人才。

　　杰克·韦尔奇至少能叫出 1000 名通用电气高级管理人员（GE 的员工约 17 万名）的名字，知道他们的职责，知道他们在做什么。这对一名雇员来说是莫大的鼓舞。韦尔奇曾说："我们所能做的是把赌注押在我们所选择的人身上。因此，我的全部工作就是选择适当的人。"杰克·韦尔奇亲自接见所有申请担任通用电气 500 个高级职位的人。他坚信对他们有足够的了解才能信任他们。

　　他说："我不懂如何制造飞机引擎，我也不知道在 NBC 应播放什么节目。我们在英国有项有争议的保险业务，我不想做那项业务，但是那个给我提建议的人想干，我相信他。我相信他能干好。"在世界最令人钦佩的

第十二章　为什么要培养营销和管理能力

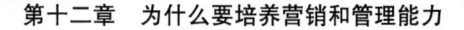

公司中,很少有老板能这样做。

2. 非正式沟通

GE最成功的地方,是杰克·韦尔奇在通用电气建立起来的非正式沟通的企业文化。通过这种非正式沟通,韦尔奇不失时机地让人感到他的存在。

使公司变得"非正式"意味着打破发布命令的链条,促进不同层次之间的交流,改革付酬的方法,让雇员们觉得他们是在为一个几乎人人都相知甚深的老板工作,而不是一个庞大的公司。韦尔奇比他人更知晓"意外"两字的价值。每个星期,他都会不事先通知地造访某些工厂和办公室;临时安排与下属经理人员共进午餐;工作人员还会从传真机上找到韦尔奇手书的便笺,上面是他遒劲有力又干净利落的字体。所有这些的用意都在于领导、引导和影响一个机构庞大而复杂的公司。韦尔奇最擅长的非正式沟通方式就是提起笔来写便笺。写这些便笺的目的就是为了鼓励、激发和要求行动。韦尔奇通过便笺表明他对员工的关怀,使员工感到他们之间已从单纯的主管与下属的关系升华为人与人之间的关系。

3. 打破边界

韦尔奇还提出了一个"无边界行为"的概念,并大力推广它。他坚信不论何时何地都会有一个拥有好想法的人存在,而当务之急是设法将他找出来,学习之,并以最快的速度付诸行动。"无边界行为"的目的就是"拆毁"所有阻碍沟通、阻碍找出"好想法"的"高墙"。它是以这些理念本身的价值,而非依照提出这些理念的人所在层级来对其进行评价的。韦尔奇这样做就是想铲除所有阻碍沟通的障碍。他有一个形象的比喻:"一栋建筑物有墙壁和地板,墙壁分开了职务,地板则区分了层级,而我要将所有的人全都聚在一个打通的大房间里。"GE一直通过群策群力的方法大规模清除企业的界限。这一做法被称为Workout计划。从各个企业、各个层次来的员工济济一堂,发泄他们的不满,提出各种建议,清除一个又一个不具有生产能力的工作,员工不必担心因为发表意见而受批评。群策群力的方法开放了GE的企业文化,使之能够接受来自每一个人和每一个地方的创意。

【参考文献】

[1] 丁夫. 清华能力培养完全手册[M]. 北京:地震出版社,2002.

[2] 刘荣莉. 进入大学要读的第一本书［M］. 武汉：武汉出版社，2009.

[3] 胡礼祥. 成功跨越：从中学到大学［M］. 杭州：浙江人民出版社，2007.

[4] 杨明刚. 现代实用管理学——知识·技能·案例·实训［M］. 第2版. 上海：华东理工大学出版社，2005.

[5] ［美］菲利普·科特勒. 营销管理［M］. 上海：上海人民出版社，2009.

[6] ［美］琼·玛格丽塔. 什么是管理［M］. 北京：电子工业出版社，2003.